고조선과 21세기

영실평원의 독사들

고조선과 21세기

영실평원의 독사들

김상태 지음

글로벌콘텐츠

머리말

고조선은 현실적인 문제이고 현대적인 문제이다. 하지만 이것을 설명하기는 어렵다. 어떻게 그 먼 옛날 일이 현재의 문제일 수 있단 말인가. 그래도 한때는 설명을 해보려 애썼다. 지금은 생각이 바뀌었다. 있는 대로 두고 그냥 바라보기로 했다. 애를 쓰는 것도 한 가지 일이고 그냥 두고 바라보는 것도 한 가지 일이다.

이 책의 내용은 거칠고 규모가 크다. 현대 한국사와 세계사, 현재 한국 상황과 국제 정세가 서로를 물어뜯으며 태풍을 일으킨다. 그래서 독자들에게 자주 경고를 한다. 그래도 이 책을 만난 독자가 있다면 영화를 구경하듯 편하게 읽을 수 있기를 바란다. 전쟁 이야기라도 영화라면 그렇게 할 수 있으니까.

이 책의 부제인 '영실평원의 독사들'은 고조선에 접근하기가 어렵다는 사실을 비유한 말이다.

한라산 영실코스를 오르면 1,500고지쯤에서 넓은 평원을 만난다. '선작지왓'이라 불리는 한라산의 완사면이다. 그 높이에 그런 평원이 있다니 새삼 신비한 평화를 느끼게 된다. 하지만 그 평원은 평화와는 거리가 멀다. 보기에는 연인과 아이들이 뛰어놀 것 같지만 그 안의 키 작고 가시 많은 나무들이 한 발짝 걸음도 쉽게 용납하지 않는다. 그 평원은 보기와는 달리 갈 수 없는 곳이며 보기와는 달리 평화롭지 않은 곳이다. 나는 이 작은 덤불들이 독사들 같다고 생각했다. 우리는 누구나 고조선을 안다. 그러나 그것은 영실평원 한가운데 저 멀리 왕관처럼 솟아 있는 백록담 정상과 같다. 누구에게나 개방된 것처럼 보이는 고조선은 그 주변에 독사들이 엎드려 위장한, 가짜 평원의 한가운데 서 있는 봉우리와 같다. 그곳은 아무나 가까이 갈 수 있는 곳이 아니다.

이 비유가 독자들이 마음의 준비를 하는 데 약간이라도 도움이 되길 바란다. 나머지는 본문에 맡기기로 하자. 이 책의 출간에 도움을 준 많은 분께 감사를 드린다.

사전필독

이 책을 읽을 사람은 거의 없다. 이 책의 주제는 사람들의 관심 대상이 아니며 이 책의 저자인 나는 무엇 하나 주목할 게 없는 평범한 사람이기 때문이다. 그럼에도 불구하고 당신이 어쩌다 이 책을 손에 들고 읽기 시작했다면 우선 비극적 코미디라는 역설적 함정에 들어선 것을 환영(?)하겠다. 왜 비극적 코미디이며 역설적 함정인가.

조금 미안하지만 별로 예쁘지 않은 예를 들어보겠다. 방에 바퀴벌레 한 마리가 보였다면 그 집엔 수천 마리의 바퀴벌레가 산다는 말이 있다. 축축한 구석방 비닐 장판을 들어보았더니 거기에서 수백 마리의 바퀴벌레 떼가 발견되었다고 하자. 당연히 놀랄 것이다. 그래서 비극적 코미디이며 역설적 함정이다. 그 안온한 집이 바퀴벌레 천국이었고 나의 잠자리 밑에 수백 마리의 바퀴벌레가 함께 자고 있다니 왜 그렇지 않겠는가.

또 미안하지만 비슷한 예를 한 가지 더 들겠다. 단독주택 마당에서 뱀 한 마리를 발견했다고 하자. 그래서 집을 뒤졌더니 마루와 구들장 밑에 수백 마리의 뱀이 살고 있는 걸 발견했다고 하자. 역시 당혹스러운 비극적 코미디이고 역설적 함정이다. 바퀴벌레와 차이가 있다면 뱀의 경우가 더 끔찍하다는 것뿐이다.

이 책의 함정이 지독하다는 걸 말하고자 이런 예를 들고 있다. 그만큼이나 이 책의 이야기가 모질다는 말이다.

왜 고조선 이야기가 그런 함정이란 말일까. 그것은 까마득히 먼 역사 이야기 아닌가. 그런데 세상이란 그 까마득한 게 문제가 될 때가 있다. 특히 그것이 특별한 형태로 현재와 만날 때 그렇다. 이에 대해서도 예를 들어보겠다.

2021년 2월, 여자 배구계에서 스캔들이 하나 발생했다. 인기 절정의 국가 대표급 쌍둥이 자매 선수가 학창 시절 폭력을 자행한 학교 폭력 가해자였다는 것이다. 학교 폭력이야 어제오늘 이야기가 아니고 동서고금에 특이한 일도 아니며 사정이 그렇다는 걸 모르는 사람도 없다. 하지만 이 사건은 대한민국 전체를 흔들어 놓았다. 사람들은 자기가 학교 폭력을 당하는 것처럼 고통스러워하고 분노했으며 그 덕에 이런 일에 좀처럼 움직이지 않던 배구계가 강력한 징계를 내리고 대책을 강구했다. 나중에야 어찌 될지 모르지만 당시로서는 그만큼이나 심각했으며 나아가 이 사건은 다른 스포츠계와 연예계로 산불처럼 번져나갔다. 까마득한 옛날 학교 폭력의 기억이 현재와 기묘하게 얽히는 순간 이런 폭발이 일어났다. 고대사도 비슷하다. 잊고 살면 옛날의 학교 폭력보다 깜깜한 사건이다. 그러나 현재와 특별하게 얽히면 아주 심각한 일이 된다. 수천 마리의 바퀴벌레와 뱀이 모를 때는 없는 것이지만 발견된 순간에는 견디기 어려운 악몽이 되는 것처럼 고대사도 그렇다.

그럼 고조선이란 아득한 고대사는 지금 이 순간 현재와 특별하게 얽혔는가? 아직은 얽히지 않았다. 하지만 이것은 30년 이내로 폭발할 것이다. 정확히 말해서 나는 그렇게 본다는 것인데 이왕 시작했으니 조금 더 말해보자.

> 고조선이 현재와 특별하게 얽히는 때는 일본 경제가 무너져 그 악명 높은 1경 원 이상의 재정 적자가 곪아 터지고, 중국 정치·경제가 기간의 모순으로 인해 최소한 시진핑 체제가 붕괴하고, 서구와 미국이 극동 아시아의 파트너로 일본 대신 한국을 선택하는, 바로 그때이다.

낯선 이야기일 수 있지만 낯선 김에 한마디 덧붙이기로 하자. 이때는 그저 한마디의 구호 같았던 4차 산업 혁명이란 것이 구체화되고, 한국의 그 유명한 반도체와 배터리 산업이 4차 산업 혁명의 석유와 같은 기초 첨단 기술의 메카가 되는 때이다. 도로의 대부분을 전기차가 점유하고, 바다의 배들이 국제항해기구의 협약과 환경 조약으로 인해 더 이상 벙커시유(중유의 일종)를 사용하지 않는 때이다. 다른 말로 하면 세계 자본주의 구조의 질적 변화와 재정립이 이루어지는 시기가 앞으로 30년 이내에 올 것이며 그때 고조선은 현재와 만나 폭발을 일으킬 것이라는 말이다.

예를 들어 짐 로저스라는 유명한 투자가는 '일본이 50년 이내로 범죄 국가로 몰락할 것이기 때문에 하루라도 빨리 일본을 탈출해야 하며 정 그럴 수 없다면 총을 준비해야 한다'는 말로 세간에 널리 알려졌는데 나는 이 말에 상당히 동의하는 사람에 속한다. 또 2021년 2월 한국의 유명한 전투기 사업의 총아인 KF-X가 4월 출시를 앞두고 조립완성품을 공개했으며, 바로 그 시점에서 찰스 브라운 현직 미 공군참모총장이 '페라리는 주말에 타는 것이다'라는 말로 미 공군 전략의 전환을 시사했다는 기사가 발송되었다. 그것은 한국의 KF-X 사업과 적지 않은 관계가 있어 보인다. 구체적으로 2021년 3월 1일, '노컷 뉴스'의 "다음 달 첫 순수 국산 전투기 KF-X 나온다… 4.5세대 '다크호스'"라는 제목의 기사에 나오는 이야기다. 잘 모르지만 수입된 깡통 비행기나 운용하던 한국 공군이 아니었던가? 그런 한국이 언제부터 이런 비행기, 미국과 세계 공군 전략을 재고하게 할 만큼 위력적인 비행기를 만들기 시작했던 것일까? 이 전투기 KF-X는 긴 실험을 거쳐 2026년에 실전 배치된다고 하는데 그동안의 과정을 보면 계획대로 실현될 가능성이 높다. 이렇게 빨리 변하는 시대 속에서 내가 말하는 특별한 시기의 정립이 30년 이내라는 것은 그리 긴 기간이 아니다. 추측기로는 그보다 빠를 것이다. 바로 그때 고조선의 기억이 현재와 특별하게 만난다는 것, 이게 내가 하고자 하는 말이다.

그때는 배구계의 학교 폭력 사건보다 놀라운 일들이 벌어질 것이다. 바퀴벌레 떼처럼 보이지 않던 사건과 사람들이 조명을 받을 것이며, 학교 폭력 사건보다 훨씬 잔혹했던 죄악과 악몽들이 사람들의 눈에 드러날 것이다. 이렇게 미래형으로 말한다고 해서 너무 무시하면 안 된다. 귀신처럼 아무도 모르게 다가오는 시대라는 건 점쟁이의 수다가 아니라 우리의 직접적인 경험이다. 이것도 예를 들어보자.

2019년 7월, 그 유명한 일본 아베 정부의 수출 규제 사건이 있었다. 어떤 사람들은 이 때문에 한국 반도체 산업과 경제가 당장에라도 붕괴할 듯 떠들어댔다. 하지만 사정이 무엇이든 사람들은 불매 운동을 시작했다. 이 불매 운동은 얼마나 지속되었을까? 지금도 지속 중이다. 지속 중이다 못해 일상이 되었으며 이 일상은 일본이 무너지는 그때까지 유지될 가능성이 높다. 게다가 불매 운동과 맞물려 한국 산업은 일본에 의존하던 소재 부품 산업을 자생화하거나 공급 루트를 다변화하기 시작했다. 그래서 일본의 주요 산업 일부가 한국 시장에서 박살이 나고 말았다.

내가 보기에 이것은 단지 몇천억이나 몇조 원의 영업 손실에 그치지 않는다. 액수 자체는 일본 경제 규모에 비추어 흔적도 남지 않는 푼돈이다. 문제는 일본이 한국에서 잃어버린 돈이 종잣돈의 손실이라는 것이다. 한국 전쟁 이래로 일본의 경제 구조를 감안하건데 한국 시장에서 이런 식의 손실은 잠시 가물었다는 것이 아니라 일용하는 우물 구멍이 막혔다는 뜻이다. 일본은 그동안 받아놓은 물을 사용하거나 멀리 떨어진 강물을 길어 먹을 수는 있어도 집안의 우물물을 길어 먹을 수는 없다. 그 종잣돈을 벌려면 중국 시장과 미국 시장과 동남아 시장에서 손을 벌려야 하는데 이미 기울어진 일본의 힘으로는 반 걸인 같은 짓을 해도 쉽게 벌리지 않는다. 중국 외교부장 왕이가 코앞에서 센카쿠 열도가 중국 땅이라 우기는 데도 모테기 일본 외무상은 웃는 일밖에 못 했다고 모든 뉴스가 시끄러웠다. 또한 코로나가 시작되자 베트남은 갑자기 한국을 멸시하며 일본 자본의 베트남 진출을 도모했지만, 이후 2년도 못 지난 2021년 1월에 베트남 공산당 전당대회에서 주요 인사가 친한파로 교체되기도 했다. 일본은 빌어서라도 중국 시장에서 돈을 벌어야 하며, 베트남은 일본이 장사할 게 별로 없는 나라임을 확인함과 동시에 정말로 장사를 해야 하는 나라는 한국임을 자각했다는 뜻이다. 불매 운동으로 인해 반영구적으로 자동 입금되던 한국으로부터의 종잣돈 유입 통로가 줄어들자 일본이 무력한 걸인으로 전락하기 시작했다는 말이다.

일본을 이렇게까지 만든 한국의 지속적 불매 운동은 어떻게 가능했는가? 이건 전에는 없던 일이다. 그렇게 많은 불매 운동을 했어도 이만큼 집요하고 지속적인 적은 없었다. 그렇다고 누가 시킨 것도 조직한 것도 아니다. 그런데 어떻게, 하필 이 시대에, 그것도 단 한 번만 이런 일이 발생했는가?

이것이 시대라는 마술이다. 그게 무엇이건 그럴 만한 시대적 조건이 사건을 만든다. 그런 사건이 얼마나 현실적인가를 알려준 사례 중 하나가 '일본 불매 노재팬' 운동이며 실은 위의 학교 폭력 스캔들도 같은 사례에 속한다. 그럼 그 조건이란 무엇인가?

　만일 이런 얘기들로부터 '역사는 힘을 가진 자의 서술이다'라는 말을 떠올린다면 눈치가 빠르다고 말하겠다. 그러나 역사를 오로지 힘을 가진 자의 서술이라고 말한다면 그건 옳지 않다. 왜냐하면 그건 역사의 폐기이고 포기이기 때문이다. 그러나 역사 서술에서 힘이라는 요소의 위력을 무시하거나 외면한다면 그건 역사에 대한 무지이다. 역사에서 힘은 전부는 아니지만 정말로 중요한 요소이다. 위의 학교 폭력 사건이나 일본 불매도 한국 민주주의와 국민의 힘, 그리고 국력이라는 요소와 직접적인 관련이 있다. 결국 30년 이내로 고대사로서 고조선이 현실과 얽힌다는 이야기는 한국 사회의 힘과 직결된 것이다. 바로 그때 구석방의 수천 마리 바퀴벌레와 구들장 밑의 수천 마리 뱀들이 모조리 뜨거운 햇살 아래 드러날 거라는 말이다.

　이 책은 고조선이라는 고대사가 21세기와 만나는 특별한 현실을 고찰한다. 그것을 비극적 코미디이자 역설적 함정이라 부르면서 독자들에게 심상치 않은 경고를 하고 있는 것이다. 그러기에 미리 염두에 두어야 할 사안도 범상치 않다. 아래가 그것이며 독자들이 숙고하기를 바란다.

　첫째, 이 책의 저자인 나는 평범한 독자인 당신과 똑같이 평범한 사람이다. 이 말은 나는 학자가 아니고, 학계와 어떤 관계도 없으며, 고대사와 관련된 어떤 단체에도 가입한 적이 없고, 관련된 어떤 인맥을 가지거나 활동을 한 적도 없다는 뜻이다. 또 이 책에 등장하는 모든 이를 전혀 알지 못한다. 그들과 사적으로 얼굴 한번 마주한 적이 없다. 이런 이야기를 하는 이유는, 이 책의 저자인 내가 객관적 사실과 나 자신만의 주관적 판단 이외에 어떤 편파성도 가지지 않는다는 걸 분명히 해두고 싶기 때문이다. 그것은 내가 공정한 사람이라는 의미가 아니다. 사정이 이렇기 때문에 편파적이고 싶다 해도 애당초 그럴 수 없는 사람이란 뜻이다.

둘째, 이 책의 저자인 나는 평범한 독자인 당신과 똑같이 평범한 사람이다. 이 말을 반복하는 이유는 내가 이 책을 통해서 얻을 수 있는 이득이 전혀 없다는 것을 말해두고 싶기 때문이다. 나는 이 책을 통해 지위, 돈, 명예, 인맥 같은 것을 얻을 일이 없다. 그냥 평범한 사람이라서 그런 것과 관련될 만한 계기 자체가 없기 때문이다. 그럼 왜 이 책을 쓰는가. 두 가지 때문이다. 하나는 내 스스로 이 사안을 정리해 두고 싶다는 것이며 다른 하나는 최소한의 기록으로 남겨두고 싶다는 것이다. 그게 전부다. 또 어떻게 이 책을 쓸 수 있게 되었는가도 말해두고자 한다. 내가 이 책을 쓰는 건 역사가 나의 관심이나 취미이기 때문이다. 그것은 어떤 사람이 등산 마니아이거나 테니스 마니아인 것과 같다. 나는 역사학에 대해 그 이상의 어떤 능력도 가지고 있지 않다.

셋째, 이 책의 저자인 나는 평범한 독자인 당신과 똑같이 평범한 사람이다. 이 말을 다시 반복하는 이유는 그렇기 때문에 하고 싶은 이야기를 솔직하고 거리낌 없이 할 수 있다는 사실을 밝혀두고 싶기 때문이다. 유일한 제한이 있다면 누구나 지켜야 하는 일반적인 규범뿐이다. 만일 평범한 사람이 아니라면 고조선에 관해 솔직하고 거리낌 없이 말할 수 없다. 그것은 정치판 안에서 정치인이 정치적으로 발언하지 않을 수 없는 것과 같다. 다른 것도 그렇지만 고조선 관련 고대사는 특히 그렇다. 옳든 그르든 오로지 평범한 사람만이 고조선에 대해 원하는 대로 정직하게 말할 수 있다.

넷째, 이 책의 저자인 나는 평범한 독자인 당신과 똑같이 평범한 사람이다. 이것을 다시 반복하는 이유는 나의 애국심이 평범한 국민인 당신과 똑같다는 것을 말해두고 싶기 때문이다. 어떤 애국심인가.

'무슨 일이 있어도 한일전은 이겨야 한다.'

'독립운동은 못했어도 불매 운동은 한다.'

딱 여기까지다. 평범한 당신과 나는 우리를 눈물짓게 하는 위대한 독립운동가처럼 모든 것을 헌신할 만큼 용감하고 열렬한 애국자는 못 된다. 그러나 한일전을 이겨야 하고 불매 운동은 해야 하는 그만큼의 애국심만은 에누리 없는 진실이다. 왜 이 말을 해 둬야 하는가. 애국을 위장한 매국노와 사기꾼이 많기 때문이다. 이런 사정은 고대사를 논할 때 많은 혼돈을 준다. 그 혼돈을 방지하고자 하는 말로, 나의 작은 애국심이지만 사실을 직시하는 것으로는 가장 정확할 수 있기에 적어두는 것이다.

다섯째, 이 책의 저자인 평범한 나는 평범한 독자인 당신과 다른 부분이 있을 수도 있다. 우선 나는 종교를 가지고 있지 않다. 그리고 내가 가장 신뢰하는 것은 수학과 물리학을 포함한 자연과학과 사회과학 등 이른바 과학이라 불리는 것이다. 특히 과학의 정의 속에 '자신이 틀릴 가능성을 잊지 않는다'는 전제를 신뢰한다. 이것은 애국심보다 우선한다. 다른 사람은 어떨지 몰라도 나는 애국을 위해 진실과 사실을 포기해야 한다는 말을 조금도 믿지 않는다. 오히려 고통스럽더라도 사실과 진실에 충실한 것이 진짜 애국이라 믿는다. 리영희 선생은 일찍이 '내가 일평생 추구했던 것은 애국이 아니야, 내가 추구했던 것은 진실이야'라고 했는데 나는 리영희 선생이야말로 진짜 애국자라 생각한다. 이 책의 모든 전제도 이런 과학적 전제 위에 있다. 나에게 중요한 것은 위대한 민족사가 아니다. 나에게 중요한 것은 우리의 진실한 민족사이다. 따라서 진실이기만 하면 우리의 고대사가 잘났건 못났건 문제가 되지 않는다. 나는 진실된 그 민족사를 무조건 사랑하며 이는 내가 한일전을 이겨야 한다는 감정 이상으로 직접적이고 정직하다.

여섯째, 이 책의 저자인 평범한 나는 평범한 독자인 당신과 다른 부분이 있을 수도 있다. 나는 민족주의보다 민주주의를 우선한다. 나의 경우 이것은 선택의 문제가 아니다. 나는 민족주의 없는 민주주의는 가능해도 민주주의 없는 민족주의는 불가능하다 믿기 때문이다. 민족이 없거나 다민족으로 구성된 사회에서는 국가주의는 몰라도 민족주의 같은 건 없을 것이다. 예를 들어 미국이 그렇다. 반면 민족으로 구성된 사회에서 민족주의는 생물학적 본능이다. 하지만 이 사회에 민주주의가 부재하면 그 자연스러운 본능은 훼손되고 오용되며 궁극적으로 반민족적 매국주의로 전락한다. 민족개조론으로 민족을 들먹인 친일파 이광수가 그랬고 불함문화를 주장하던 친일파 최남선이 그랬다. 전 세계 모든 독재자들이 민족을 권력 유지 수단으로 남용하며 자기 민족을 팔아먹는다. 이 비극의 이면엔 민주주의와 진실에 대한 억압이 도사리고 있다. 진실을 향할 자유를 보장하는 민주주의가 없으면 진실한 감정으로서 민족주의도 있을 수 없다. 대신 일본의 천황 숭배나 히틀러의 아리안 인종주의처럼 거짓되고 위선적이며 강압적인 민족 구호만이 싸구려 광고처럼 난무한다. 따라서 나는 나의 자연스럽고 정직하며 소중한 민족 감정을 오롯이 보존하기 위해 다른 어떤 것보다 민주주의가 중요하다고 믿는다.

일곱째, 나는 이전에 고조선과 관련된 몇 권의 책을 출간한 적이 있다. 그것은 『엉터리 사학자 가짜 고대사』, 『한국 고대사와 그 역적들』, 『고조선 논쟁과 한국 민주주의』, 『일본, 사라지거나 해방되거나』 4권이다. 이것을 말해두는 이유는 책을 광고하고자 하는 게 아니다. 앞으로의 논의와 참고를 위해 말해두는 것이다. 또 그 책들에 기대는 바가 적지 않다는 것도 밝혀두기 위해서다.

　이상 사전필독의 내용들이다. 이를 통해 독자들이 본문의 내용이 험난할 것을 한 번 더 느꼈다면 나는 오히려 만족할 것이다. 실제로 그런 각오가 있었으면 좋겠다.

목 차

제3장   **고조선과 진보사학**

제1장

고조선의 간단한 개요

🔖 고조선을 얼마나 아세요?

고조선은 단군이 기원전 2333년에 세운 나라라고 한다. 이 이야기에는 환인, 환웅, 곰과 호랑이, 풍백, 우사, 운사 등의 이름이 함께 등장한다. 여기까지는 대한민국 모든 국민이 아는 이야기다. 그럼 이 나라는 구체적으로 언제, 어디서, 어떻게 존재했는가? 불행히도 이 질문에 대해서는 대부분의 사람이 거의 아는 바가 없다. 어찌 어찌 하다 중국 한나라의 침공으로 멸망해서 그 자리에 낙랑, 대방 등 한사군이 설치되었다는 정도만 안다. 하지만 그 한사군이 언제, 어디서, 어떻게 존재했는지는 잘 모른다. 대충 한반도 북쪽이나 만주 어딘가에 있다가 고구려에 의해 멸망되었노라 생각할 뿐이다.

그래서 누군가가 사실을 좀 더 알아보기로 했다고 하자. 그는 아마도 책이나 인터넷 자료를 찾아볼 것이다. 예를 들어 영국의 역사를 구체적으로 알고 싶은 사람이 비슷한 자료를 찾아보는 것과 같다. 그럼 고조선을 알아보고자 하는 그의 시도는 성공할까? 아니다. 성공은커녕 전보다 더 혼란에 빠진다. 왜 그런가?

인터넷에서 이 자료를 뒤지면 극단적으로 다른 견해가 수백 수천 종 등장한다. 고조선의 기원이 무려 1만 년 전에 이르고 그 영토가 중국을 포함한 유라시아 대륙 전체에 걸쳐 있다는 주장이 있는가 하면, 반대로 고조선은 사실 존재한 적도 없고 한국 역사의 시작은 한사군에서 출발하며, 이 한사군은 한반도의 충청도와 경상북도까지 이르러 정복되지 않은 한반도 지역은 겨우 전라도와 경상남도 정도뿐이라는 주장도 있다. 그나마 그 일부는 일본의 임나일본부에 점령되어 있었다고도 한다. 인터넷상에서 주류를 이루는 건 고조선이 웅장했다는 쪽이지만 정확한 사실을 따지기로 한다면 그 모든 주장은 거의 비슷한 수준의 신빙성을 가진다. 논거와 논리가 정확하지 않아 어차피 혼자 중얼거리는 수다에 불과하기 때문이다.

그럼 학술적 자료, 즉 논문이나 학술 서적은 어떨까. 그러나 여기도 사정이 다르지 않다. 어찌해서 목록을 찾아보면 고조선 관련 논문이나 학술 서적이 몇천 편에 달하는 걸 알게 된다. 그 많은 것들이 쓸모가 있든 없든 일단 목록은 그렇게 많다. 그리고 두 가지 문제에 봉착한다. 첫째는 어렵거나 애매해서 읽기가 거의 불가능하다는 것이고 둘째는 읽는다 해도 극단적인 견해차가 난무하다는 것이다. 이 점에서는 위 인터넷 자료와 별반 다르지 않다. 그럼 결론이 무엇인가.

결론은 이렇다. '고조선에 관하여 대한민국 국민 대부분은 절대로 알 수 없다'는 것이다. 혹자는 이 혼란을 정부가 해결할 수 있지 않느냐고 물을 수도 있다. 물론 정부가 해결할 수 없다. 학자, 관료, 관계자 전부를 망라한 위원회를 조직해도 그 내부의 의견 차이를 조절할 수 없다. 그렇다고 정부나 권력자가 강제할 수도 없다. 기본적으로 학문은 권력이 개입할 수 없는 사안이며 만일 그렇게 한다면 독재자의 철권으로만 가능한데 그런 정부는 이미 학문을 말할 수 있는 정부가 아니다. 실은 고조선 문제에 관해서만은 철권을 가진 독재자도 마음대로 못한다. 그게 그렇게 되어 있다. 따라서 이 문제는 그대로 방치할 수밖에 없으며 그러는 한 일반 국민은 고조선에 대해 절대로 알 수 없게 되는 것이다.

오히려 물어야 할 것은 왜 이렇게 되었느냐는 것이다. 사실 이것이 야말로 이 책의 핵심 주제이므로 여기서 윤곽만 간단히 정리하기로 하자. 고조선 연구 속에는 일제 강점기 이래 지금에 이르기까지 피비린내 나는, 그리고 거대한 이해 당사자들의 역사가 있다. 얼마나 거대한가. 우선 학계의 이권이 있으며 그에 대항하는 재야사학계의 이권이 있다. 또 정치적 역학관계와 이해관계가 얽혀있다. 그리고 미국, 중국, 일본을 망라하는 전 세계 차원의 역학관계가 숨어 있다. 고조선을 모르는 전체 국민 사이에서도 막연히 들끓는 문화적·감정적 차원의 이질성이 도사리고 있다. 이것이 너무도 복잡해서 여기엔 친구와 적의 구별조차 쉽지가 않다. 진보와 보수 각 진영 내부에서도 이해관계가 다르고 심지어 한 정당 내부에서도 이해 당사자가 천차만별이다.

너무 지나친 평가 아니냐고 반문할 수도 있다. 동북아 구석 한반도 작은 나라의 까마득한 고대사가 세계 역학관계와 무슨 관련이 있단 말인가. 하지만 이 작은 나라를 둘러싸고 있는 러시아, 중국, 일본, 미국, 한국은 모두 세계 10위 안에 드는 군사력으로 각축하는 나라들이다. 또 이들의 경제력은 미국까지 포함하여 지구촌의 절반 이상을 차지한다. 대만이라는 작은 땅덩어리가 지금은 중국과 미국 간의 3차 대전을 우려하게 하는 것처럼 동북아시아 구석 작은 나라의 고대사는 아무도 모르는 사이에 전 세계 첩보 기관이 개입하고 있다 해도 이상하지 않을 만큼 심각하다. 왜냐하면 이 고대사가 세계적인 차원에서 규정될 때, 가령 고조선이 만주의 거대한 부분을 차지했었다고 결정된다면 중국의 만주 지배권은 타격을 받을 것이며 이는 곧바로 티베트와 신장 위구르 지역의 분리라는 기왕의 불안을 대폭 증가시킬 것이기 때문이다.

또 이 결정은 2차 대전 이후 동북아시아의 미국 관리인으로 자리 잡았던 일본의 위상을 극단적으로 추락시킨다. 왜냐하면 일본 고대사와 현대사의 독자성은 오로지 한국 고대사의 왜곡에 달려있기 때문이다. 처음 듣는 사람은 믿기 어렵겠지만 사실이다. 따라서 서구와 미국이 지금 흔들리는 일본을 용도 폐기하려 한다면 그 첫 번째 사업은 독도를 한국 영토로 선언하는 것과 동해를 일본해가 아닌 동해 혹은 제3의 이름으로 표기하는 것, 그리고 고조선사의 진실을 드러낸 학문적 성과를 전방에 내세우는 것이다. 알다시피 이것은 너무 중요하기 때문에 전 세계는 위안부 문제나 독도 문제 하나만으로도 신중에 신중을 기한다. 이 문제들은 미 국무부의 브리핑 하나만으로도 세상을 들었다 놓을 수 있다.

이렇게 되면 한국의 모든 세력은 아슬아슬한 줄타기를 해야 한다. 일본 불매 운동이 시작되었을 때 줄타기를 했던 롯데그룹을 돌아보라. 롯데는 일본에 자신의 이권을 상당히 기대고 있으므로 기업 생리상 줄타기를 하지 않을 수가 없다. 유니클로와 아사히 맥주 수입에 직접적 관련이 있는 롯데가 어떻게 그렇지 않을 수 있겠는가. 고조선 문제도 마찬가지다. 모든 고조선 관련 학자, 모든 고조선 관련 시민 단체나 그룹, 모든 정치인이 어떻게 변할지 모르는 정세 속에서 고조선 문제를 속으로 저울질한다. 이렇기 때문에 이 문제는 누구도 해결할 수 없으며 해결할 능력도 없다. 결국 국민은 절대로 알 수 없는 고조선을 모르는 그대로 방치하고 살아야 한다.

물론 우리는 그런 방치를 대수롭게 생각하지 않는다. 그러나 이것은 우리가 분단 상황을 대수롭지 않게 여기는 것과 다르지 않다. 외국인들이 보기에는 당장이라도 터질 것 같은 화약고에 살고 있는 우리지만, 우리는 여기서 살아왔고 앞으로도 여기에서 살아가야 하므로 외국인들에게는 공포와 경악인 현실을 일상으로 알고 산다. 고조선도 그렇다. 방바닥 아래 8만 마리의 바퀴벌레를 모르고 사는 것처럼 고조선도 모르고 산다. 단지 그뿐으로, 그렇다고 별일이 생기는 것도 아니고 그렇다 해서 그 끔찍한 공존이 사라지는 것도 아니다.

그 밖에도 숱한 이야기가 남았지만 나머지는 뒤로 미루고 여기서는 고조선 문제의 난감함에 대한 다른 비유를 하나 들고 싶다. 머리말에서 말했듯이 한라산 영실코스라는 곳을 오르면 해발 1,500고지쯤에서 넓은 평원을 만나게 된다. 이 평원은 멀리 백록담 봉우리를 작은 이정표처럼 세워 둔, 그야말로 평탄하고 평화로운 대지처럼 보인다. 그러나 이 평원은 잔디밭이 아니다. 주어진 산책로 바깥으로는 걸어갈 수가 없는데 그 이유는 이 평지가 키우는 작지만 가시가 달린 잡목으로 끝없이 덮여 있기 때문이다. 언뜻 보면 갈 수 있을 것 같지만 가까이 가서 한 발자국만 걸어 보아도 가시 잡목에 정강이가 붙잡혀 나아갈 수가 없다. 그곳은 눈으로는 천상의 평원처럼 푸르고 아름답고 평화로운 땅이지만 사막이나 늪지 이상의, 지나갈 수 없는 불모와 고통의 땅이다. 낫과 괭이를 들고, 목숨을 걸고 한 걸음씩 가시 잡목을 헤치며 가겠다고 작정하지 않는한, 그 평원은 1킬로미터도 못 가서 오도 가도 못한 채, 찢어지고 긁힌 상처투성이로 굶어 죽어야 하는 곳이다.

고조선이 딱 그렇다. 고조선을 잘 모르는 당신은 고조선으로 나아갈 수가 없다. 한라산 영실평원의 잘 닦여진 산책로만 걸어야 하듯 당신은 고조선의 대명사인 단군 할아버지 이름만 외우는 것으로 평생 만족해야 한다. 더 알려고 하지 말라. 영실평원의 가시 잡목 덤불숲처럼 고조선의 역사는 당신이 갈 수 있는 곳이 아니다. 따라서 '고조선을 얼마나 아세요'라는 질문에 대한 답은 '모른다'는 것이자 '앞으로도 영영 모를 것이다'라는 것이다. 인터넷의 수천 가지 이야기, 학계의 수천 편 논문은 모두 당신이 지나갈 수 없는 영실평원의 가시 잡목 수풀들이다. 그러므로 당신이 스스로 고조선을 알 방법은 없다. 적어도 이 시대, 특히 30년 이내로는 그렇다.

그럼 우리는 고조선을 포기해야 하는가? 꼭 그렇지는 않다. 우리가 혼자서 고조선으로 갈 수는 없지만 우리를 고조선으로 데려다줄 누군가가 있을지 모르기 때문이다. 그렇다면 그 누군가는 누군가. 그런 자들이 있기는 한가? 바로 다음 이야기다.

〰 죽음의 땅을 지나간 사람들

죽음의 땅이라는 고조선을 건넌 자들이 있다. 대신 그들은 정말로 비명에 죽었거나 죽음에 가까운 고통을 겪었다. 이들의 이야기는 이 책에서 많이 반복될 것이므로 여기서는 그 이름만 요약한다. 신채호, 정인보, 윤내현, 신용하, 복기대가 그들이다.

신채호는 고조선을 과학적 역사로 처음 정립한 불세출의 천재이다. 그러나 그는 일경에 체포되어 혹한의 여순감옥에서 뇌졸중으로 사망했다.

정인보는 신채호를 이어받아 과학으로써 고조선을 다진 한국 현대사 최고의 유학자이다. 그는 한국 전쟁 당시 북한에 납치되었다. 이어 행방불명되었으며 추후 비극적으로 사망하였음이 추정된다.

윤내현은 고조선 역사의 완성자이다. 과거 모든 고조선 연구는 윤내현이라는 거대한 호수로 이어지고 차후 모든 고조선 연구도 이 호수로부터 흘러나간다. 천생 학자이자 선비지만 이 멀쩡한 서생은 빨갱이라는 모략을 받고 5공화국 시절 안전기획부 조사까지 받아야 했다. 30년 이상 불굴의 열정으로 연구와 활동에 매진했으나 노년에 파킨슨병으로 은퇴하였고 2021년 현재까지 투병 중에 있다.

신용하는 서울대학교 사회학과 원로교수이다. 윤내현 전성기에 사회학자의 입장에서 윤내현과 공동 연구를 수행하였으며 현재에도 연구에 몰두하는 노익장을 과시한다. 거의 60권에 달하는 저서를 남긴 신용하는 '사회학적 상상력'이라는 연구 틀을 설정하고 투철한 과학적 근거를 토대로 과감한 상상력을 전개한 것으로 유명하다. 그는 일평생의 과제인 사회학적 민족 개념을 재정립하였는데 이것은 이 개념에 무지한 서구 학계에 차후 중대한 방향타가 될 것이다. 다만 그는 고조선 관련 연구자로 고생을 덜 한 학자에 속한다. 그러나 그렇게 된 이유도 그가 고대사 연구자가 아닌 사회학자였기 때문이다. 사회학 등 여타 학문과 달리 고조선은 그만큼 죽음의 땅이다.

복기대는 윤내현의 제자이며 고고학 전공자이다. 윤내현을 이어받아 지금도 왕성하게 활동하고 있다. 현재 그는 전쟁터 같은 고조선 연구 현장에서 유일하게 남아 있는 과학적 연구의 대표자라 할 수 있다. 만일 그가 후학을 남기지 못하거나 다른 곳에서 그만한 학자가 자생하지 못한다면 과학으로써 고조선 연구는 그날로 끝이라 해도 과언이 아니다. 그는 일찍이 수십 년 전부터 고구려 장수왕이 천도한 평양이 현 북한의 평양이 아니라고 주장하는 논문을 써왔는데 최근 그가 조직한 연구팀은 이에 대해 놀라운 성과를 얻어냈다. 장수왕이 천도한 평양은 요령성(랴오닝성) 요양 부근이며 이어 고려의 서경 또한 같은 요양 부근이라는 연구를 제출했다. 더불어 고려의 영토가 평양 이남의 한반도 내부가 아니라 중국의 요동반도(랴오둥반도)와 러시아의 연해주 남단을 양 끝으로 하는, 한반도와 만주 일대 전체를 아우른다는 연구 논문을 제출했다. 이 이야기는 누구라도 경악할 만한 것이지만 과학의 전통적인 격언 '과학이 좋은 것은 당신이 믿든 안 믿든 사실이라는 것이다'라는 말을 재확인하게 한다. 일단 이 논문을 읽고 난 다음에는 복기대와 그의 연구팀이 주장하는 내용을 인정하지 않을 수 없기 때문이다. 실제로 복기대는 자신들의 연구가 등장한 이후로 학계로부터 단 한 건의 비판도 제출받지 않았다고 말했다.

그러나 복기대의 학자로서의 이력은 험난했다. 그는 미학을 공부하고 싶었던 문학 소년이자 낭만주의 기질이 강했던 사람이지만 대학 학부시절 윤내현을 만나며 극적인 인생 유전을 경험한다. 직장에 다니다 결심한 바가 있어 윤내현과 상의하고 혈혈단신으로 중국 유학을 단행한다. 그는 돈 없고 연줄 없이 중국 고고학계로 유학을 가는 건 그 자체로 지옥이라 말한 적 있다. 국내로 돌아와서도 사정은 크게 달라지지 않았다. 지금도 그는 매 순간 학문적 목숨이 오락가락하는 공격과 감시에 시달린다. 다만 궁핍에 시달리던 옛날보다는 조금 나아졌다는 것이 유일한 위안이다.

이 밖에 북한에도 거론해야 할 학자들이 있다. 북한 고조선 연구의 태두 리지린, 고대 한반도와 일본 관계 연구의 세계적인 석학 김석형, 그의 제자이자 가야사 연구를 완성한 조희승이 그들이다. 40년 전만 해도 이들을 거론하는 것은 국가보안법 위반 사항이었다. 그러나 현재 이들의 저서는 모두 합법적으로 출판되어 있다. 원하면 우리 중 누구도 이 책들을 읽을 수 있다. 시대가 그만큼 바뀌었다. 하지만 여기서는 우리가 살고 있는 남한의 학자들에게 집중하기로 한다. 북한 학자들에 대해서는 뒤에 다시 논할 것이다.

이들은 혼자서는 갈 수 없는 고조선 영실평원, 그 죽음의 땅으로 우리를 데려다줄 수 있는 사람들이다. 이들 말고는 어디에도 답이 없다. 학계에는 날고 긴다는 무수한 학자들이 거들먹거리고, 재야에는 민족사를 재건한다는 자칭 애국지사들이 까마귀 떼처럼 득실대지만 다 소용없다. 그들의 이야기는 들으면 들을수록 혼란에 빠진다. 목마르다고 짠 바닷물을 마시는 것과 같다. 그러므로 우리는 오로지 위에 언급한 이름들을 따라간다. 그렇게 할 때 이 거친 고조선의 가시 잡목 덤불 지형도 진면목을 드러낸다. 다음은 이들을 따라 정리한 고조선의 아주 간략한 개요이다.

☜ 대고조선론과 소고조선론,
그리고 만리장성의 동단과 낙랑군의 위치

고조선이 한반도 귀퉁이의 한 줌 땅덩어리라는 주장부터 고조선이 중국과 유라시아 전체를 포함한다는 주장까지 수십 수백 가지 잡설들이 난무한다고 말했다. 먼저 이것들을 분류하여 크게 대고조선론과 소고조선론으로 나눈다. 이 개념은 내가 처음 말한 것으로 단지 편의를 위해 설정한 것이다. 개념이 지시하는 그대로 의미는 단순하다. 고조선을 오래되고 큰 나라라고 주장하는 이론들을 대고조선론이라 하고 고조선을 오래되지 않고 작은 나라라고 주장하는 이론들을 소고조선론이라 한다. 학계에 따라 분류하면 소고조선론의 핵심은 주로 강단사학계이고 대고조선론의 핵심은 재야사학계이다. 다만 윤내현을 포함한 위의 강단 학자들, 즉 윤내현, 신용하, 복기대는 특별하게 대표적인 대고조선론자들이다. 그들이 그토록 고생하는 이유도 소고조선론의 아성인 강단사학계의 이단적인 강단사학자들이기 때문이다.

대고조선론과 소고조선론의 개략적 분류는 그렇다. 하지만 문제가 하나 남는다. 이론이 그렇게 다양하다면 어디서부터가 대고조선론이고 어디서부터가 소고조선론인지 헷갈릴 수 있기 때문이다. 실제로 적당히 크고 오래되었다고 주장하는 이론들 사이에서는 구분이 어렵다. 또 다른 이들의 시선이나 여론을 의식하며 의도적으로 자신의 이론을 헷갈리게 전개하는 자들도 있다. 예를 들어 방송에 나와 겉으로는 고조선을 찬란하고 웅대한 나라였다고 칭송하면서도 그 이론은 실상 굴욕적인 소고조선론인 경우도 많다. 그러므로 대고조선론과 소고조선론 사이에 확고한 기준이 있어야 할 것 같다. 그럼 그런 것이 있는가? 있다.

한 가지 질문만 기억하자.

'당신은 중국 진시황의 진나라와 그 뒤를 이은 한나라 무제 시대의 만리장성 동쪽 끝을 어디로 보고 있는가?'라는 질문이 그것이다. 더 줄여서 이것을 만리장성 동단문제라 한다.

여기에 대해서 '그때 만리장성 동단은 지금의 산해관(현 북경 근처의 하북성 갈석산 부근)에 있었다'라고 하면 그는 대고조선론자다.

반대로 '그때 만리장성 동단은 최소한 요하(지금 산해관으로부터 수백 킬로 동쪽에 있는 요동반도 부근)에 있었다'라고 하면 그는 소고조선론자다.

엄밀히 말하자면 이렇게 단순화할 수는 없다. 이 문제를 학문적으로 따지자면 족히 몇 권의 논서가 되고도 남는다. 그럼에도 단순화를 강행하는 이유는 고조선을 잘 모르는 대중에게 간단한 기준을 제공할 수 있는 가장 효과적인 방법이기 때문이다. 그러므로 일단은 이렇게 시작하자. 누가 고조선을 이야기하면 첫 번째로 만리장성 동단에 대해 물어보자. 다른 때도 아니고 딱 그 시기, 진시황과 한나라 무제 시기, 더 줄인다면 딱 한나라 무제 시기에 만리장성의 동단이 구체적으로 어디였는지 말해보라고 하자. 그럼 그걸로 끝이다. 뭐라고 말하든 산해관에 있었다고 하면 그는 99퍼센트 이상 대고조선론자이고 요하 이동에 있었다고 하면 그는 99퍼센트 이상 소고조선론자이다. 그럼 이게 왜 그토록 강력한 기준인지 상식적 차원에서 알아보자.

평범한 사람들이 고조선에 대해 알고 있는 소수의 지식 중에는 고조선을 이은 위만조선이 기원전 109년 한나라 무제의 침공으로 망했다는 것이 있다. 연도나 지역은 잘 몰라도 그렇게 망했다는 이야기는 안다. 그렇다면 이제 이 시기에 만리장성의 동쪽 끝이 산해관에 있었다고 생각해 보라. 더불어 그때 위만조선이 하필 한반도의 평양에 있었다고 생각해 보라. 그렇다면 한나라 무제는 대체 무슨 볼일이 있어 그 멀리 있는 작은 나라를 침공해야 했을까? 이것은 좀처럼 이해가 안 된다. 그래서 이론적으로 둘러대려면 상당한 무리가 따른다. 반대로 당시 만리장성 동단이 산해관이고 위만조선이 그 옆에 붙어 있었다고 하면 모든 게 순조로워진다. 그리고 이에 따라 엄청난 결론이 따라 나온다. 위만조선이 거기 있었다면 위만조선이 망한 후 설치된 한사군의 낙랑군도 거기에 있었다는 것이 그것이다. 이는 철심같이 박혀있는 낙랑군 평양 위치설의 뿌리를 뽑아버리는 것이다. 실제로 대고조선론과 소고조선론을 나누는 기준으로 만리장성 동단설 이상의 선명함을 주는 것이 낙랑군의 위치이다. 다른 걸 뭐라 하건 당시 낙랑군의 위치가 한반도 평양에 있었다고 주장하면 그는 소고조선론자이고 그게 아니라 한반도 바깥 만주의 어딘가에 있었다고 하면 그는 대고조선론자이다.

사정이 이렇기 때문에 그 당시 만리장성 동단이 중요하다. 따라서 소고조선론자는 그 당시 만리장성의 동단을 동쪽으로 늘리기 위해 기를 쓴다. 동시에 이것이 동북공정에 눈이 먼 중국 정부와 학계의 발악이기도 하다는 건 두말할 필요도 없다. 마찬가지로 대고조선론자는 만리장성 동단의 위치를 현 산해관 부분으로 확정하기 위해 필사적으로 방어한다. 그럼 사실은 무엇인가. 다시 말하지만 이것은 지금도 논쟁 중인 사안으로 학문적으로 따지자면 끝도 없는 난해함으로 점철되어 있어 평범한 대중이 쉽게 접근할 수 없다. 그러나 상식적인 통찰은 가능하다. 당신이 잘 모르겠거든 한번 상상해 보라. 기원전 2세기 만리장성의 동단이 과연 지금의 산해관보다 동쪽에 있었을까? 심지어 그것이 압록강을 건너 한반도까지 혹은 그보다 동쪽 흑룡강성까지 뻗었을까? 당시 역사를 조금만 알고 있어도 이는 상식에 어긋난다. 적어도 보통 사람의 눈에는 지금 관광지로 유명한 산해관 부근이 만리장성의 동단일 수밖에 없다. 그러나 학문은 상식으로 재단할 수 없다. 지금은 이 기준을 명시하는 것으로 만족하자.

> 대고조선론 – 당시 만리장성의 동단은 현 산해관 부근이고 따라서 한사군의 낙랑군은 한반도 밖 만주 어딘가에 있었다.
> 소고조선론 – 당시 만리장성의 동단은 현재의 요하 이동에 있었고 한사군의 낙랑군은 한반도의 평양에 있었다.

☞ 고조선사의 기준, 윤내현의 『고조선 연구』

간단한 분류를 끝냈으니 본격적인 개요를 채워야 한다. 다시 말하지만 우리는 그걸 할 수 없다. 그럼 어찌해야 하는가. 여기에서 나는 아무런 전제 없이 윤내현의 이론을 제시하겠다. 고조선에 관해 현재까지 가장 완벽하고 진실에 가까운 이론은 윤내현의 이론이라는 말이다. 왜 그런가는 잠시 뒤에 설명하겠다. 우선 그 전제하에 고조선의 개요를 요약하기로 하자. 고조선에 관한 윤내현의 주저는 『고조선 연구』이다. 일지사에서 출판된 초판은 장장 900여 쪽의 대작으로 영원히 남을 불후의 명저이다. 아래 요약은 이 책에 따른 것이다.

윤내현에 의하면 고조선은 기원전 2400년 전후 한반도의 평양 부근에서 건국되었다. 그가 제시한 첨단의 인류학적·고고학적 성과에 따르면 이 시기 만주와 한반도는 이미 부족 사회와 추장 사회를 넘어 국가를 형성할 수 있는 문명 단계에 이르렀다. 이후 고조선은 긴 시간 동안 한반도와 만주 전체로 영토와 지배권을 넓혔고 기원전 1500년경에는 만주와 한반도 전체에 걸쳐 동일한 형태의 비파형 동검 문화를 이룩했다. 이 동검 문화는 현 만리장성 이남의 중국의 동검과 확연한 차이를 보이며, 만주 북서쪽 초원의 북방형 동검과도 명확한 차이를 보인다. 이 방대한 국가 고조선은 그러나 중국의 한나라나 로마제국 같은 형태의 국가는 아니었다. 여러 읍과 나라들의 중층적 지역적 연합으로 이루어진 읍제국가라는 것으로, 유사한 나라로는 같은 시기에 존재했던 중국의 은나라가 있다. 은나라에 대한 가장 유명한 연구자는 장광직 교수인데 윤내현은 하버드 대학에서 연구하던 시절에 그와 교류한 바 있다(장광직은 중국 고대 문명을 다루는 모든 서적에서 은나라에 대한 대표적 연구자로 거의 예외 없이 거론되는 학자이다. 윤내현은 장광직의 학문적 성과와 학문적 태도를 높이 평가했다). 윤내현은 이러한 장광직의 이론들을 비판적으로 참고했다. 한편 기원전 12세기경 은나라가 멸망한 후 은나라의 충신 기자가 난을 피해 연나라와 고조선의 접경 지역, 곧 지금의 산해관 근처로 이동하여 거주하였는데 여러 사정들이 경과하면서 그 후손은 나중에 고조선으로 넘어가 고조선의 제후 중 하나가 된다. 이것이 기자조선이다. 특별히 기억해야 할 것은 이 기자의 내막을 연구한 윤내현의 논문이다. 「기자신고」라는 논문인데 이 논문은 윤내현의 모든 연구 중에서도 으뜸에 속하는 논문 중 하나이다. 그 내용도 어마어마하거니와 한국 학계의 고조선 연구와 학계 자체에 남긴 의미는 그 이상으로 놀라운 논문이다. 이에 대해서는 뒤에서 다시 논하겠다.

이러한 고조선은 기원전 4세기 전후 중국이 전국 시대로 접어들면서 중대한 변화를 맞이한다. 전대미문의 격렬한 중국 내부의 영토 겸병 전쟁이 평화롭던 중국 동북방의 고조선에까지 파급된 것이다. 가장 가까이 접하고 있던 전국 시대 중국 연나라와 교류 및 충돌이 늘어나는 한편 중국으로부터 난민 유입도 많아졌다. 위만조선은 이 난민 중의 한 세력이 고조선에 정착하고 복속했다가 나중에 제후국의 제후가 된 것이다. 더 정확히 말하면 기존의 기자조선의 백성이 되었다가 반란을 일으켜 기자조선을 빼앗고 위만조선이 된 것이라 할 수 있다. 중국 전국 시대에 신하가 왕위를 강탈하고 그 제후국 나라를 빼앗는 일이 비일비재했던 것과 비슷한 상황이다. 이런 사건들을 지나며 중국 열국과의 갈등은 점차 확장되었고, 기원전 2세기 말, 고조선 서남단의 제후국인 위만조선은 전국 시대를 통일한 진시황의 진나라를 이어받아 팽창일로에 있던 한나라 무제와 대규모 전쟁에 돌입했다. 그리고 이로 인해 고조선의 일부였던 위만조선이 멸망한다. 한나라는 그 일부의 고조선 영토에 낙랑군을 포함한 한사군을 설치했으며 그 영역은 현재 산해관에서 요동반도 이서에 이르는 것으로 한반도 내부에는 존재한 적이 없다.

그러나 고조선은 이 무렵부터 쇠퇴했고 대신 고조선 내부의 여러 세력과 제후집단이 독립하기 시작했다. 그 대표적인 나라가 부여, 고구려, 동예, 옥저, 진국, 삼한과 같은 나라들이다. 그러나 그 후에도 고조선 왕가라 할 수 있는 중심 국가는 오래 지속되었다. 이는 중국의 주나라와 비슷한 경우이다. 주나라는 춘추 시대에 실권을 잃었음에도 주나라 종주국으로서 작은 영토를 지키며 오랫동안 명맥을 유지했다. 그처럼 고조선 본가도 서기 후까지 오래 지속되었으며 삼국사기 등의 사료 해석에 따르면 그 위치는 지금의 평양 부근이었다.

이후 고조선은 점점 쇠퇴하여 사라지고 한반도와 만주는 부여, 고구려 등 위에서 열거한 국가들이 병존 각축하는 시대로 접어든다. 윤내현은 이를 열국 시대라 부른다. 이 시기는 차후 신라로 통일될 때까지 이어지는데 이 때문에 윤내현은 한국사에서 삼국 시대라는 시대 구분을 옳지 않다고 비판한다. 한반도와 만주에 걸친 한민족의 역사는 한반도 남부의 가야까지 포함하며 3국만 각축했던 시기가 거의 없기 때문이다. 이 문제를 구체적으로 검토한 연구가 윤내현의 『고조선 연구』에 이어진 『한국 열국사 연구』이다. 이 역시 700여 쪽의 대작으로 길이 남을 명작이다. 이상이 윤내현의 이론에 따른 고조선의 개요이다.

이 개요를 처음 듣는 독자의 일부는 다소 놀랄 것이다. 초중고 시절 학교에서 배운 소고조선론과 많이 다르기 때문이다. 반면 다른 독자들은 콧방귀를 뀔 수도 있다. 흔히 듣던 재야사학자들의 몽상 중 하나라 생각할 것이기 때문이다. 어느 쪽도 좋다. 어쨌든 윤내현의 개요는 이렇다. 우선 개요라는 1차 과제가 달성되었다는 말이다. 이제 진짜 중요한 문제가 남아 있다.

일단 쉬운 것부터 말하자. 이 개요는 어디에 도움이 되는가, 이 개요는 왜 중요한가라는 질문이 그것이다. 만일 이 개요를 머릿속에 담고 있다면 다른 모든 고조선 이론, 수백 수천가지에 이른다는, 강단사학계와 재야사학계, 인터넷 논객 모두를 아우르는 온갖 이론들을 효과적으로 분류할 수 있다는 것, 바로 이것이 이 개요의 가장 중요한 효용이다. 다시 말해 위의 개요와 비교하면 그 밖의 이론들이 어디가 같고 다른지를 선명하게 구분할 수 있다는 말이다. 이는 갈 수 없는 영실평원 위를 드론 택시를 타고 탐험하는 것과 같다. 윤내현의 개요가 존재하는 한 모든 이론은 이 개요로부터의 거리에 따라 순서 지을 수 있다. 한마디로 윤내현의 개요는 모든 고조선 이론의 유일한 원점 좌표이다. 그럼 왜 윤내현의 이론만 그런 역할을 할 수 있는가. 간단하다. 윤내현만이 고조선에 관한 전 기간, 전 방향에 걸쳐 총체적이고 일관된 과학적 이론을 제시했기 때문이다. 그 외 다른 어떤 이론도 이와 같은 총체성과 일관성과 과학성을 갖지 못한다. 아예 비교의 여지조차 없다. 그러니 맞고 틀리고는 둘째 치고 비교의 기준이라는 역할만은 오로지 윤내현만의 몫이다. 또 그렇게 함으로써만 우리처럼 평범한 사람들이 온갖 이론들을 제대로 분류할 수 있다. 이것이 이 개요의 첫 번째 의미이다.

다음은 좀 더 어려운 이야기다. 그렇다면 윤내현의 이론이 옳다는 건, 최소한 현재까지는 가장 진실에 가까운 이론으로 인정되어야 한다는 건 어떻게 증명할 수 있는가? 바로 이 질문이 문제다. 저자인 나는 독자들에게 이 자리에서 이 증명을 수행할 수 있는가? 결론부터 말하면 나는 증명할 수 없다. 또 증명하려 하지도 않을 것이다. 이게 무슨 말인지 지금부터 설명하겠다.

먼저 말해두고 싶은 건 내가 이 증명을 시도한 적이 있다는 것이다. 이것이 이 책의 맨 앞에 나와 있는 '사전필독' 중 하나에서 말한 것, 즉 나는 고조선에서 관해 몇 권의 책을 쓴 적이 있다는 이야기다. 바로 이런 곳에 참고하려고 써둔 이야기다. 이 책 중에 『엉터리 사학자 가짜 고대사』라는 책이 있다. 놀랍게도 이 책은 500쪽이 넘는다. 놀랍다는 건 독자들처럼 평범한 내가 이렇게 두꺼운 책을 썼다는 게 스스로 돌아보아도 황당하기 때문이다. 이 책은 어떤 책일까. 그렇다. 윤내현이 옳다는 걸 증명하려고 500쪽이나 전전긍긍한 책이다. 그러니 학자도 아닌 내가 그런대로 할 만큼은 한 셈이다. 하지만 나는 이 책을 출간한 후 얼마 지나지 않아 이 책이 나처럼 평범한 대중을 설득하는 데 별 효과가 없다는 걸 깨달았다. 그 책에 의미가 있다면 지금 이 책처럼 나 자신의 정리와 기록으로 남겨두는 것 등 그 외 몇 가지 소소한 것일 뿐 다른 사람들을 설득하거나 도움을 주는 데 그리 유용하지 않다는 것이다. 왜냐고? 이것도 간단하다. 그 500쪽을 읽을 거면 차라리 윤내현의 『고조선 연구』를 직접 읽은 게 훨씬 낫기 때문이며, 윤내현의 『고조선 연구』를 읽을 여유가 없는 독자라면 내 책 500쪽을 읽을 여유 또한 없을 것이기 때문이다. 내가 나름대로 쉽게 풀어쓰려고 노력을 했다한들 수월성이란 측면에서는 오십보백보다. 그래서 나는 평범한 독자들에게 윤내현이 옳다는 증명을 하지 않기로 했다. 다만 혹시 시간과 의도가 있다면 거기 그 자리에 내가 쓴 책이 있고 그보다 훨씬 좋은 것으로 윤내현의 『고조선 연구』가 항시 대기하고 있으니 참고하라 말할 수 있을 뿐이다.

　그러나 이를 다른 말로 하면 나는 가장 완벽한 증명을 수행했다는 뜻이 될 수도 있다. 윤내현의 이론은 결코 사라지지 않을 그의 명저 『고조선 연구』, 그리고 하나 덧붙이자면 그 전 준비 작업으로서 논문집 『한국 고대사 신론』으로 인해 그 자체로 이미 증명되어 있다. 나는 독자들이 지금 그 책을 읽지 않아도 좋다. 따라서 내 말이나 내가 제시한 윤내현의 개요를 믿지 않아도 좋다. 옛날에는 그런 독자들을 생각하며 안타까워한 적도 있었지만 지금은 그렇지 않다. 왜냐하면 언젠가는 대한민국의 모든 사람이 그의 저서를 읽거나 그렇지 않더라도 최소한 그가 옳다고 인정할 거라는 확고한 믿음이 있기 때문이다. 이건 신앙 따위가 아니다. 신앙에는 과학으로 보여줄 수 있는 대상이 존재하지 않지만 윤내현의 저서는 입고된 모든 서점에 벼락같이 선명한, 책이라는 물질적인 모습으로 존재한다. 그것은 만인의 눈과 정신으로 100퍼센트 열린 채로 검증될 수 있다. 윤내현의 가장 명백한 증명은 바로 그의 저서인 셈이며 이로써 나는 아무 증명도 없이 완전한 증명을 했노라고 감히 말하는 것이다.

여기에 덧붙여 말해둘 것이 하나 있다. 나는 지금까지 어떤 논문이나 사람들 사이에서 윤내현이 정식으로 비판받는 걸 본 적이 없다. 강단 사학계의 논문들이 윤내현에 대해 이러쿵저러쿵하는 것은 비판이 아니다. 뒤에서 질리도록 확인하겠지만 그건 비판이 아니라 단순한 욕설이다. 옳고 그르고를 떠나서 학문적으로 제대로, 최소한 진지하게라도 윤내현을 비판하는 걸 본 적이 없으며 이는 윤내현 자신이 땅이 꺼지도록 개탄했던 사안이기도 하다. 평범한 독자의 경우도 마찬가지다. 정상적인 경우는 안 읽어 보았으니 모른다 하고 또 아무리 그렇다 해도 초, 중, 고등학교에서 배운 걸 그리 쉽게 바꿀 수는 없다고 한다. 이건 괜찮을 뿐 아니라 꽤 훌륭하다. 하지만 과도한 사람은 별 이상한 말로 윤내현을 비판하는데 그중 99센트는 윤내현의 책을 읽어보지 않았고 나머지 1퍼센트는 솔직히 아직 본 적이 없다(혹시나 해서 1퍼센트를 남겨두는 것이다).

그러니 이 이야기는 그만하자. 대신 다른 이야기를 하나 하겠다. 내가 윤내현의 저서를 읽게 된 사연이 그것이다. 학문은 오로지 학문적으로만 증명되어야 하므로 나의 사적인 사연이 그리 중요한 것은 아니지만 우리 평범한 독자들을 위해서는 약간의 의미가 될 것이라 생각한다.

　나에게 역사는 취미라고 했다. 나는 지금으로부터 10년도 훨씬 전에 고교 시절 이후 돌아보지 않았던 한국 통사와 고조선에 대해 관심을 가지게 되었다. 그때 나는 초, 중, 고등학교에서 배운 그대로 확고한 소고조선론자였고 강단사학계의 주류인 소고조선론 학자들을 알지도 못한 채 철석같이 믿고 있었으며 기타 고조선에 대해 어떤 견해도 없던 무지렁이였다. 그런 내가 이런저런 책을 살펴보는 도중에 송호정이 쓴『단군, 만들어진 신화』라는 책을 읽게 되었다. 표지에 적힌 저자 소개를 봤더니 서울대학교 국사학과를 졸업했으며「고조선 국가 형성 과정 연구」로 박사 학위를 받은 사람이라고 쓰여 있었다. 또 맨 앞 서문 중에는 '일반인들의 혼란된 이해를 바로잡는 데 조금이라도 도움이 되기를 바랄 뿐이다'라는 문장이 들어 있었다. 뒤에 말하겠지만 나는 이 책의 제목과 '일반인의 혼돈을 바로잡는다'는 말이 뭘 의미하는지 상상도 하지 못했다. 나중에야 그 의미를 깨닫고 공포에 가까운 전율을 느꼈지만 이는 뒤에 말하기로 하고 어쨌든 당시 나처럼 평범한 일반인으로서는 아주 반가운 책이 아닐 수 없었다. 그래서 냉큼 집어 들고 읽었다. 우선 여기서 독자들이 꼭 기억해 두어야 할 것이 있다. 송호정은 대한민국에서 고조선 연구로 박사 학위를 받은 첫 번째 사람이라는 것이다. 이는 이 책을 비롯한 다른 곳에서도 송호정 자신이 반복해 말하는 것으로, 말하자면 이 사람 이전에 대한민국에서 고조선 연구로 박사 학위를 받은 사람이 한 명도 없었다는 뜻이다.

그럼 이 책을 읽은 나의 소감은 어떤 것이었을까. 한마디로 무슨 말을 하는 건지 잘 모르겠다는 것이었다. 일반인의 혼돈을 바로잡는다 했는데 바로잡기는커녕 혼돈이 더 커졌다. 게다가 짜증이 날 만큼 재미가 없었다. 나는 스스로 물었다. 왜 그럴까. 내가 너무 몰라서 그러나? 아무리 그래도 나는 나름대로 독서가 취미인데 이렇게 애매하고 난잡한 느낌을 준다는 말인가? 그래서 나는 광화문 교보문고에 가서 책을 더 찾아보았다. 그리고 거기서 우연히 발견한 책이 바로 윤내현의 『고조선 연구』와 『한국 고대사 신론』이었다. 잘 기억이 나지 않지만 아마도 먼저읽은 책은 『한국 고대사 신론』이었을 것이다. 나는 즉시 충격에 휩싸였다. 이어서 그때부터 두 권의 책을 수학 공부하듯 샅샅이 읽었다. 나는 무엇에 그리 충격을 받았을까.

첫째, 윤내현은 철저하고 완전한 학술 논문을, 성실하기만 하면 나 같은 일반 대중도 분명히 이해할 수 있도록 서술했다.

둘째, 그 학술적 내용이 논거와 논리 전개에 있어서 너무도 완벽했다.

셋째, 문체에서 드러나는 그의 품격이 한없이 온건하고 은은했으며 그러면서도 치밀하고 집요했다.

나는 독자들에게 말하고 싶다. 윤내현의 책을 읽기는 물론 쉽지 않다. 얼마나 어려운가. 나는 이에 대해 상당히 정확하게 말할 수 있는데 고등학교 때 수학의 새로운 단원을 다소 난이도 있는 참고서로 공부하는 것만큼 어렵다. 그러나 그 공부를 성실히 할 수 있다면 당신은 윤내현의 책을 반드시 읽을 수 있으며 완전히 이해할 수 있다. 실제로 윤내현은 다른 대중서적에서 틈만 나면 독자들에게 자신의 『고조선 연구』를 읽어보라고 간절하게 권했다. 나는 이 말뜻을 나보다 잘 이해하는 사람은 없다고 생각한다. 왜냐하면 나는 평범한 일반인으로서 그의 책을 완독했으며, 윤내현 자신이 그 정도의 친절함으로 책을 썼다는 것을 스스로 알고 있다는 걸 느꼈기 때문이다. 때문에 다른 사람은 몰라도 나는 안다. 윤내현은 완전한 학술 서적을 최대한 대중적인 언어로 저술했으며 그것은 처음부터 그가 거의 목숨을 걸고 시도했던 일이었다.

그러나 아무리 그렇다 해도 한국의 고등학생 중 절반 이상은 수포자(수학 포기자)일 가능성이 높으며, 설혹 수학을 잘할 만큼 끈질긴 사람이라도 고조선이란 이 낯선 주제에 또 다시 수학 공부 같은 에너지를 쏟을 여유는 거의 없다. 독서, 그것도 학술 분야의 독서가 취미인 사람은 많지 않고 설혹 취미가 있다 해도 하필 고조선에 그런 취미를 가질 확률은 매우 낮다는 뜻이다. 그래서 윤내현의 책은 여전히 숨어 있는 책이다. 백주 대낮의 대로에 놓인 황금이지만 그것을 누런 돌멩이와 구분하기는 너무 어렵다. 윤내현은 그 황금을 번쩍거리며 빛나게 다듬고 싶었겠지만 전문적인 학술 서적을 그렇게 만드는 것, 곧 재미난 소설이나 만화처럼 만드는 건 처음부터 불가능한 일이다. 그래서 다시 한번, 나는 독자들에게 윤내현의 책을 읽으라고 권할 생각이 없다. 그냥 두라, 왜냐하면 언젠가는 알게 될 것이고 그때까지 그 책은 끝내 그 자리에 있을 테니까. 대신 지금 내가 중얼거리는 이야기 같은 것들이나 되는 데까지 편하게 들으면 된다. 그것으로 충분하다.

이쯤 되면 나의 충격이 이해되었을 것이다. 문제는 이 충격 이후 앞서 읽었던 송호정의 책에 대해 내가 어떤 감정을 느꼈겠느냐는 것이다. 나는 비로소 송호정에게 내 지성이 모욕당했다는 걸 깨닫기 시작했다. 윤내현이 쓴 전문적인 학술 서적을 완독한 내가 왜 일반인을 위해 썼다는 송호정의 책을 이해할 수 없단 말인가. 이후 얼마간의 시간 동안 나는 고조선의 바다를 헤매 다녔는데 말하자면 한라산 영실평원의 가시잡목 숲을 겁도 없이 걸어 다닌 셈이다. 아마 그 언저리 몇백 미터를 돌아다니다 상처투성이로 되돌아왔을 것이다. 대신 중대한 사실 몇 가지를 알게 되었다. 그중 하나는 한국의 강단사학자 소고조선론자들은 대중들이 알게 하기 위해서가 아니라, 대중들이 모르게 하기 위해서 글과 논문을 쓴다는 사실이다. 물론 그들이 왜 그래야 하는지도 알았다. 모든 부당한 권력이 그렇듯, 이들이 누리는 학계의 부당한 권력을 유지하고 이들을 바라보는 대중의 시선으로부터 자신들을 은폐해야 하기 때문에 그렇게 한다. 이것이 평범한 당신이 고조선을 알지 못하는 핵심적인 이유 중의 하나이다. 그리고 그들이 식민사학자라 불리는 진정한 이유이다. 소고조선론이든 대고조선론이든 이론 자체가 식민사학이라는 건 말도 안 된다. 가든 부든 진리를 추구하는 학문에 무슨 죄가 있단 말인

가. 소고조선론자든 대고조선론자든 오로지 식민사학자처럼 행동하는 자들만이 식민사학자이다. 바로 이 행동을 통해서 강단의 주류 고대사학자들은 에누리 없는 식민사학자들이다. 이 또한 뒤에서 상술할 내용들인 바, 윤내현이 옳은가라는 증명을 둘러싸고 전개한 나의 사적인 사연은 여기까지다.

⌘ 윤내현의 대고조선론과 진보적 시민 대중

여기서의 이야기는 다소 정치적일 수 있다. 하지만 고조선이라는 주제와 직결되지 않으므로 가능한 한 절제하고 3자적인 시점을 유지하려 한다. 그러나 우리의 이야기가 정치와 무관할 수는 없다. 그래서 이런 저런 색깔이 드러날 수밖에 없다면 지나치게 피할 생각도 없다. 이런 자세는 이 책 전체에 걸쳐 동일하다.

진보적 시민 대중은 윤내현의 대고조선론을 어떻게 바라보는가? 이 질문이 여기서의 주제이다. 먼저 내가 말하는 진보적 시민 대중이 누구인가를 정의하자. 그들은 4.19, 5.18, 1987년 6월, 2016년 촛불 시위 등의 한국 현대사 전 시기 동안 자율적 시민운동을 주도한 대중이다. 그중에서 특히 지적, 정치적 의식이 예민한 사람들은 합리성과 과학성 그리고 상식을 모토로 삼는다. 그리고 이들은 오늘날 언론에서 흔히 문파라 부르는 시민, 국민 혹은 유권자들을 포함한다.

여기서 이들을 거론하는 이유는 이들이 대고조선론 일반에 대해 특별한 거부감을 가지고 있기 때문이다. 사실 이들은 고조선에 별 관심이 없으며 그에 대해 많이 알고 있는 것도 아니다. 그러나 누군가 대고조선론을 눈에 띄게 주장하면 그 순간 경기에 가까운 반응을 보인다. 그게 어떤 이론이며 누가 그런 이야기를 하는가는 중요하지 않다. 낙랑군이 한반도 바깥에 있었고 고조선이 오래된 큰 나라라는 말만 들으면 그 이론이 수십 가지건 수천 가지건, 주장하는 사람이 학생이건 교수건 재야

인사건 그 이론과 사람을 불문하고 즉각 아웃시킨다. 간혹 그렇지 않은 시민 대중도 있겠지만 대세가 그렇다는 건 재론의 여지가 없다. 그들은 모든 대고조선론자들을 환빠(환빠라는 말이 무슨 뜻인지는 뒤에서 자세히 논할 것이다), 비뚤어지고 완고한 국수주의자로 이해한다.

나는 윤내현의 이론을 지지하는 대고조선론자이므로 이 현실에 마음이 아팠다. 그래서 처음엔 설득하려고 했다. 그 요지는 아래와 같다.

- 윤내현의 이론은 당신들이 생각하는 국수주의 환빠 이론과 전혀 다르다.
- 윤내현의 이론은 당신들이 말하는 과학성과 합리성과 상식에 가장 부합하는 것이다.
- 윤내현이 그 고통스러운 학문 여정 중 유일하게 빛나는 시절을 보냈던 시기는 김대중 정부 때이다. 그는 2002년 남북역사학자 공동학술대회 남측 단장을 맡아 평양에 갔으며 그 일을 자신의 생애에서 가장 보람 있던 일로 꼽는다. 그는 그만큼 김대중 정부의 정책에 부합하는 사람이었다.
- 무엇보다, 당신들이 그렇게 싫어하는 국수주의 환빠의 이론들을 타파할 수 있는 가장 정확하고 강력한 이론은 윤내현의 이론이다.
- 당신들이 그렇게 원하는 친일 청산을 위해 윤내현은 아주 중요한 사람이다. 그의 이론은 진보학계가 내어놓은 『친일인명사전』 이상의 의미와 위력을 갖는다.
- 당신들이 그렇게 싫어하는 중국의 행태, 한복과 김치를 자기 문화라 주장하고 한국을 속국 취급하며 호시탐탐 서해를 노리고 이 시간에도 동북공정이라는 역사 공작에 몰입하는 중국을 대처하는 데 윤내현보다 중요한

사람은 없다. 윤내현 한 사람만으로 중국의 모든 동북공정과 문화 침탈은 거짓말처럼 무너진다.

물론 이 모든 이야기는 아무 소용이 없다. 속된 말로 씨알도 먹히지 않는다. 사실 나도 이런 설득이 불가능하다는 걸 얼마 지나지 않아 바로 알았으며 심지어 그런 설득이 바람직하지 않다는 사실까지 깨달았다. 왜 그런가.

진보적 시민 대중의 대고조선론에 대한 경기 어린 반감은 윤내현을 읽기 전 나의 모습과 판박이이다. 나도 대고조선론이라면 이론과 사람을 불문하고 백안시했다. 또한 경멸하고 미워했다. 그리고 거기엔 그럴 만한 이유가 있었다.

윤내현 이전 혹은 윤내현과 다른 대고조선론들은 정말 문제가 많았고 지금도 문제가 많다. 어떤 문제인가.

첫째, 해방 이후 한국에서 대고조선론을 제창한 주요 인사 중엔 『친일인명사전』에 등재된 친일파 인사들이 있다.

둘째, 이들은 윤내현이 맹렬히 연구하던 시기, 학계 바깥에서 5공화국의 국풍 운동, 지금으로 보자면 일종의 사이비 국수주의 운동의 선봉에 서서 5공 정권과 유착하였다.

셋째, 『환단고기』라는 알 수 없는 책을 들고 와서 신화도 무색할 이야기를 남발했다.

넷째, 이들의 대장급이라 할 수 있는 안호상은 이승만 정권 시기 문교부 장관이자 박정희 정권 시기 국민교육헌장 기초위원으로 활약하는 등 골수에 사무친 극렬 보수주의자이다. 그는 일제 강점기 대종교나 신채호 등을 만나 나름대로 애국적인 행보를 하였다고 하지만 그의 책이나 행동으로 보자면 진보적 시민 대중에게는 정나미가 떨어지는 인물이 아닐 수 없다.

다섯째, 무엇보다 피부에 닿는 것으로, 이들의 언행은 지나치게 공격적이고 대화 불가능한 우격다짐을 벌이며, 극단적 민족주의와 국수주의를 표방하고 오만과 자족감에 차 있었다.

물론 그 당시에 내가 이 모든 걸 알고 있던 건 아니었다. 앞서 말했듯 고조선을 잘 모르고 그런 만큼 학교에서 배운 그대로의 소고조선론자로서 그 밖의 다른 견해 자체가 없었다. 다만 위의 둘째, 셋째, 다섯째에 대해서는 뚜렷하게 느끼고 있었다. 가까운 주변에서 그런 사람과 그런 이야기를 보고 들었기 때문이다. 황당한 사례를 하나 들자면 '세종대왕의 한글은 고조선의 가림토 문자 표절한 것이다. 그런데 세종대왕은 자신이 그랬다는 걸 숨기고 한글이 자기 공적인 양 역사에 기록한 파렴치한 인간이다'라는 이야기와 같은 것이다. 독자들도 예상할 수 있듯이 이런 이야기를 들으면 반론의 의지조차 생기지 않는다. 그러니 내가 어떻게 싫어하지 않을 수 있겠는가. 중요한 것은 이들과는 대화가 안 된다는 것이다. '그러니까 처음부터 말을 섞으면 안 되는 것이고 대고조선론 한마디만 튀어나오면 가만있다가도 자리를 박차고 나오는 게 상책이다. 대고조선론은 이론과 사람을 가리지 말고 사전에 아웃시켜야만 한다!' 이것이 윤내현을 모르던 시절의 나의 입장이었다. 즉 진보적 시민 대중의 입장과 똑같다. 하물며 내가 무슨 재주로 진보적 시민 대중을 설득할 수 있단 말인가. 내가 진보적 시민 대중 입장이라면 설득이 되겠는 가. 천만에, 어림 반 푼어치도 없다.

지금의 나는 전혀 설득할 생각이 없다. 더 중요한 것은 설득해서도 안 된다는 것이며 이 말은 내가 진보적 시민 대중의 현재 입장을 매우 유용하게 생각한다는 걸 의미한다. 왜 그런가. 진보적 시민 대중의 입장이 실제로 의미하는 건 '당신이 옳다면 역사와 현실 속에서 실천적인 증명을 해보이라'는 것이다. 진보적 시민 대중은 한국 현대사 전 시기에 걸쳐 피를 흘려왔으며 그 속에서 끝도 없는 절망과 좌절 그리고 셀 수도 없는 지도자와 이론들의 배신을 경험했다. 심지어는 자신들조차 스스로를 배신했으니, 노무현 전 대통령에 대한 그들의 회한과 부채의식이 대표적인 사례이다. 이 고통스러운 노정에서 어떻게 자신을 증명하는가. 그것은 시간을 기다려 시련 속에서 단련되어 끝까지 살아남아, 어떻게 하는 건지는 모르지만, 모든 사람의 가슴에 저절로 승인되는 것으로만 가능하다. 맞다. 나는 이 말에 동의한다. 그렇기 때문에 진보적 시민 대중의 대고조선론과 윤내현에 대한 태도가 중요하다. 그 태도가 아니면 역사에서는 아무것도 증명될 수 없다. 대고조선론과 윤내현도 마찬가지다. 역사의 가차 없는 시험대에서 모든 찌꺼기를 걷어내고 고갱이만 남아야 한다. 대고조선론의 진실은 그 죽음의 땅을 지난 대가들의 피를 받아먹고도 아직 부족하다. 왜냐하면 미네르바의 부엉

이는 진정 황혼에 나래를 펴는 것이어서, 역사의 진실과 지성이라는 이 정표는 가장 늦은 황혼에야 개벽의 지상 위로 비상하기 때문이다. 그리고 나처럼 평범한 사람은 아무것도 손해 볼 일이 없기 때문에 황혼의 이 멀고 긴 기다림에 일체의 거리낌이 없다. 설득은 무슨 설득, 나는 잠이나 잔다.

제2장

고조선 연구의 역사
- 피와 눈물과 영웅들의 드라마

- 신채호
- 정인보
- 윤내현
- 복기대
- 신용하
- 주류 고대사학계와 소고조선론의 행보
- 윤내현 표절 시비와 이형구 - 이런 사람도 있다

고조선 연구의 대가들은 죽음의 땅을 지나간 자들이라고 했다. 이제 그 자취를 추적할 차례이다. 하지만 이것은 단순한 학문적 연구사에 그치지 않는다. 여기엔 무엇을 상상하든 그 이상이 들어있다.

☞ 신채호

신채호의 고조선론, 신채호의 학문

문헌이나 저술로 따지자면, 고조선 관련 사료와 연구서는 산발적이지만 고대 중국에서부터 한국의 조선 시대에 이르기까지 아주 다양하다. 신채호는 이 사료들을 분석하여 한국 고대사 및 고조선론을 수립했다. 그리고 이것은 대한민국 모든 대고조선론의 비조가 되었다. 중요한 것은 그의 문헌 연구와 분석이 이전과 달리 확연히 현대적이었다는 것이다. 그는 10여 세 때부터 한학의 신동으로 이름을 날렸고 청년 때는 성균관의 마지막 유생 중 하나가 되었다. 그는 그만큼 한학의 대가였다. 동시에 그는 성균관 유생 중 가장 빨리 단발을 했을 만큼 개혁적이었다. 그는 서서 책을 읽어도 다 외운다는 전설이 있을 만큼 총명한 두뇌를 가진 사람으로 당대 서구 학문에 대해서도 일류의 지식인이었다. 따라서 그가 섭렵하고 분석한 한국과 중국의 한문 사료의 분량은 막대하며 그에 대한 비판과 분석 그리고 이에 따른 논리의 투철함은 당대 역사가 중에서 독보적이었다. 더구나 이 작업을 최초로 시작했다는 점에서 드러나는 독창성과 창조성은 그가 진정한 천재였음을 증명한다. 만일 신채호가 이 작업을 하지 않았다면 이후 한국의 대고조선론은 아예 존재하지 않았을 것이라 해도 과언이 아니다. 신채호 이후 모든 후학과 대가들은 신채호가 이룩한 바탕을 딛고, 즉 그의 틀 내부에서 그를 수용하거나 비판하며 일어섰기 때문이다.

그의 이론이 어떤 것인가는 생략한다. 앞서 윤내현의 개요에 비추어 편차들이 있다는 정도로 넘어가자. 앞의 개요를 말해둔 이유도 여기에 있다. 거기서도 말했지만 더 들어가면 복잡해져서 이 책의 취지에 맞지 않기 때문이다. 대신 동일한 이야기를 반복하겠다. 우리 같은 평범한 사람이 신채호의 위력을 느끼고 싶다면 그의 저서나 논문을 직접 경험해 보는 게 가장 좋다. 신채호의『조선사연구초』같은 책은 지금 시각으로 보아도 서슬이 퍼렇다. 거기에 들어 있는 논문 제목들을 살펴보면「고사상 이두문의 명사 해석법」,「삼국사기에서 동서 양자가 서로 바뀐 것의 고증」,「평양 패수고」,「전후 삼한고」등이 있다. 비록 제목에 불과하지만 이 정도만 해도 느껴지는 바가 적지 않다. 물론 그는 틀릴 수도 있고 실제로 많은 오류를 범했다. 그러나 이것은 현대의 어떤 학술 논문도 마찬가지다. 시간이 지나서도 오류가 발견되지 않는 연구는 없다.

이러한 신채호인 만큼 신채호의 이론은 그 시대 대종교의 단군 및 고조선론이나 이후 현재까지 이르는 수십 수백 가지의 대고조선론과 질적으로 다르다. 오늘날에도 신채호를 떠받들며 헛소리를 하는 대고조선론자들은 부끄러운 줄 알아야 한다. 왜냐하면 신채호 자신이 당대의 과장된 국수주의자들의 비과학성을 꾸짖고 개탄했기 때문이다.

한편 신채호의 시대적 한계로 인한 오류들을 비판하는 자들이 있다. 이는 심각한 문제로 꼭 짚고 넘어가야 한다. 말했듯 현 시점에서 보면 신채호는 많은 오류를 범했다. 그중엔 현재로서는 이해하기 어려운 허황된 논설도 있고 수긍하기 어려운 논리적 비약도 있다. 그런데 이것만을 나열하며 신채호를 바보로 만들려는 자들이 있다. 가장 대표적인 자들은 강단의 주류 고대사학자들이다. 그들은 신채호의 오류들만 지적하며 신채호는 몽상가고, 독립운동을 위해 민족의식을 억지로 과장하고, 애국심을 고취하고자 역사를 이념적으로 왜곡한 인물로 만든다. 그래놓고 마지막에 꼭 하는 말이 있는데 '신채호의 애국심은 존경하지만 학문적으로는 수용하기 어렵다'는 것이다. 이는 신채호를 치켜세우는 척하면서 심장을 뽑아내는 말이다. 신채호 같은 인물이 지하에서 이 말을 듣는다면 무덤에서 일어나 달려올 것이다. 신채호는 일본 놈보다 더 나쁜 놈들은 그들에게 부역하는 밀정들이라며 이 밀정들을 제거하기 위해 다물단이란 암살 조직에 관여했을 만큼 단호한 사람이었기 때문이다. 자기 목적을 위해 과학을 배신하고 왜곡했다니 이는 신채호가 용납할 수 있는 말이 아니다.

한번 생각해 보자, 현 시기 아인슈타인의 일반상대성이론에 비추면 뉴턴의 중력이론은 완전히 틀린 것이다. 『과학혁명의 구조』라는 책으로 유명한 토마스 쿤도 그렇게 말했다. 게다가 뉴턴은 말년에 신학과 성서를 연구했다. 또 그는 자신이 발명한 미분의 본질을 제대로 해명하지 못했으며 만유인력이 왜 존재하고 어떻게 작동하는지도 설명하지 못했다. 그것들은 다 후대의 학자들이 보충하고 완성해야 했다. 그 외에도 틀리고 몰랐던 것이 많다. 그러면 뉴턴의 오류와 뉴턴이 과학과 무관한 성서 연구에 몰두했던 것만을 나열하며, 뉴턴은 존경하지만 학문적으로는 수용하기 어렵다고 말할 수 있는가?

또 피타고라스학파는 인류 역사에서 처음으로 수학이라는 학문을 도입했다. 그런데 이들은 윤회설과 콩을 먹으면 안 된다는 미신을 믿었다. 또 자신들이 알아낸, 그 유명한 피타고라스 정리의 성과로 탄생한 무리수가 뭔지를 몰라서 조직이 붕괴할 정도로 혼란에 빠졌다고 한다. 그럼 그들의 오류와 무지와 허황된 것만 나열하여 학문적으로 수용할 수 없다 할 수 있는가?

과거의 학문과 학자를 제대로 평가하려면 그래서는 안 된다. 나 같은 평범한 자가 보아도 신채호의 독보성이 선명한데 어떻게 학자라는 자들이 그런 짓을 할 수 있는가. 더구나 정인보, 윤내현, 복기대와 같은 신채호의 후예들이 가공할 만한 학문적 업적으로 시퍼렇게 살아 있지 않은가. 그럼에도 대중에게 그와 같은 사기를 치는 건 우리 같은 평범한 사람들을 개돼지 취급하겠다는 말과 같다. 누가 이런 일을 했는가. 일제와 그 주구들이 그렇게 했다. 사실 강단사학자들의 그와 같은 작태는 다 일제에게 배운 것이다. 그들이 에누리 없는 식민사학자인 또 하나의 소치가 여기에 있다.

하지만 여기서 끝이 아니다. 더 놀라운 일이 있는데 이와 똑같은 일을 다름 아닌 진보진영의 근현대사학자들이 자행하고 있다는 것이다. 예를 들어 다음과 같이 말한다.

> 신채호 사학 역시 일본 어용사학의 역사 왜곡에 정면으로 맞선 반식민사학으로서의 성격이 두드러지지만, 또 그 때문에 갖는 제약성도 많았다. 우선 신채호 역사학 역시 관념적, 정신주의적 성격이 짙었다. …(중략)… 그 실증성에는 문제가 있었다.

신채호는 관념적이고 정신주의적이고 실증성에 문제가 많았다고 한다. 결국 일제에 맞선 건 존경하지만 학문적으로는 별 의미가 없다는 말이다. 이 말을 누가 했을까? 1985년 강만길이 「일제시대의 반식민사학론」이라는 논문에서 한 말이다. 지금 강만길이라고 했다. 그렇다. 역사에 관심 있는 사람은 누구나 아는 대한민국 진보사학의 태두 그 강만길이다. 그런 그가 신채호는 관념적이고 정신주의적이고 실증성에 문제가 많다고 한 것이다. 강만길은 근현대사학자이다. 그가 고대사에 대해 무얼 알기에 이런 말을 할까? 이 경우에도 신채호는 무덤에서 일어나 달려올 것이다. 신채호가 관념적이라니. 신채호는 최남선이 쓴 3.1 독립선언문을 읽고 나서 그 자리에서 찢어버렸다고 한다. 너무 나약하고 타협적이고 관념적으로 보였기 때문이다. 그런 신채호의 관점이 옳은지 그른지는 잘 모르겠다. 그러나 그는 누구보다 비타협적이고 누구보다 실천적이었으며 누구보다 치열한 현실주의자였다. 정신주의니 관넘론이니 하는 건 신채호와 체질부터 맞지 않는다. 또 실증성과 과학성에 대해서는 둘째가라면 서러워할 사람이다. 신채호가 틀렸으면 틀렸다고 하면 되는 거지 어떻게 거기에 대고 관념이니, 정신이니, 실증성이 부족하다느니 떠들어 댈 수 있단 말인가. 차라리 남자를 여자라 우기는 게 낫지 않을까?

기가 막힌 건 내가 신채호를 읽기 전에 강만길과 똑같은 생각을 하고 있었다는 사실이다. 대체 왜 나는 신채호를 알지도 못하면서 그런 생각을 하게 되었을까? 바로 이것이 우리 같은 평범한 사람들이 되물어야 할 것이다. 아무래도 여기에는 보이지 않은 거대한 조작 같은 것이 있다는 느낌이 솟아오른다. 맞다. 강만길의 저 이야기는 강만길 한 명만이 아닌 진보사학계 전체의 공론이며 그것도 뼈에 사무친 공론이다. 진보사학계는 주로 근현대사를 연구하기 때문에 고대사에 대해서는 잘 모른다. 그런데도 위와 같은 생각을 신앙처럼 간직하고 있다. 이들은 왜 이럴까? 자신들과 아무 관련도 없어 보이는 한국 고대사에 무슨 원한이 있어서 저러는 걸까? 심지어 그들이 옹호하는 주류 고대사학자들은 진보사학자들의 『친일인명사전』에 올라 있는 이병도 같은 자들의 직계 후예이고 따라서 진보사학계로서는 반드시 척결해야 할 대상들 아니었던가? 그런데 오히려 그들을 보호하기 위해 그들의 가장 무서운 적인 신채호를 제거하고자 자청해서 차도살인의 자객이 되고 있는 것이다. 그러므로 이것은 차후 반드시 상론해야 할 중대한 사안이다. 독자들은 이 사실을 꼭 기억해 두기 바란다.

마지막으로 신채호와 당대 일본 관변사학자들 비교해 보기로 하자. 신채호가 피와 궁핍의 독립운동을 전개하고 있을 때 일본과 한반도 만주에서는 이 피바람을 일으킨 당사자의 주구, 즉 일제 관변사학자들이 만주와 한반도 전 지역을 헤집고 다녔다. 시라토리 구라키치, 쓰다 소키치, 이마니시 류 등등이 그들이다. 그 밖에도 많다. 신채호가 현대적 대고조선론의 비조라면 이들은 현대적 소고조선론의 조상들이다. 그리고 우리가 학교에서 배우는 고조선사는 이들의 이론을 거의 그대로 물려받은 것이다. 그야말로 1 대 100의 대결인데 이 벌떼 같은 일제 관변사학자들과 신채호는 혈혈단신으로 맞섰다. 그들이 서로 마주할 일은 없었지만 보이지도 않는 역사 전쟁은 먼 곳에서 발사되는 탄도미사일마냥 1 대 100으로 치루는 생사의 대결이었다. 과연 이 대결의 승자는 누구일까?

불행히도(?) 역사의 전쟁은 역사가의 숫자나 돈이나 군사력으로 치루는 전쟁이 아니다. 역사 전쟁은 학문과 진실의 대결이다. 그렇다면 이 승부는 안 봐도 뻔하다. 일제 관변사학자들은 엄청난 돈과 국가의 지원, 앞서 배운 서구지식과 고고학적 성과를 가지고 있었지만 그 모든 건 오로지 천황제의 몽상을 합리화하는 데 오용되었을 뿐이다. 신채호는 압록강 너머 고구려 왕릉을 답사하며 이것을 고고학적으로 조사할 수 있는 얼마간의 돈과 기회가 없다는 현실에 통한의 눈물을 흘렸지만 그가 가진 단 하나의 무기, 투철하고 강력한 문헌 연구만으로도 당대 일제 관변사학자들을 쥐새끼 취급했다. 학자의 양심과 지성이라는 측면에서 일제 관변사학자들은 처음부터 신채호의 상대가 될 수 없었다. 일제 학자들 중에도 학자다운 학자가 없지는 않을 것이다. 그러나 일본이라는 공포의 무사 사회에서 그런 사람은 살아남기조차 어려우며 혹 살아남는다 해도 그림자로 묻혀 살아야 한다. 일제 관변사학자들에는 학문이라는 게 존재할 수 없다. 그들이 써낸 막대한 분량의 서술들은 잘해봐야 엽기 소설에 불과하다. 신채호와 일제 관변사학자들 사이에 벌어진 1 대 100의 전쟁은 두 번 말할 필요도 없이 신채호의 완승이다.

따라서 한국 고대사학계가 정말 해야 할 일이 있다면 바로 이런 일제 관변사학자들이야말로 관념적이고 정신주의적이고 실증성이 부족하며 그렇기 때문에 학문적으로 수용할 수 없다고 선포하는 것이다. 그러나 거꾸로다. 그들은 일제 관변사학자들의 제자이자 주구들로 지낼 때부터 지금에 이르기까지 이 일제 관변사학자들을 실증사학의 대표자라 부른다. 대신 신채호는 실증성이 없는 관념론자라고 한다. 죽은 자가 산 자가 되고 산 자가 죽은 자가 되었으며, 독립운동가가 매국노가 되고 매국노가 독립운동가가 되었으며, 진실이 거짓이 되고 거짓이 진실이 되었다. 이것이 주류 강단사학자들이 해온 짓이고 지금도 하고 있는 일이며 그대로 놔두면 앞으로도 계속할 일이다.

이와 관련된 일본 사회 전체의 의식구조와 행태에 대해 한마디 더 하고 지나가자. 2019년 10월 일본에서 〈신문기자〉라는 영화가 개봉되었다. 그런데 이 영화의 주인공을 심은경이라는 한국 배우가 맡았고, 놀랍게도 이듬해 3월 일본 아카데미 시상식에서 최우수 여우주연상을 수상했다. 왜 일본 영화에 한국 배우가 주연을 맡았는가. 영화 내용이 당시 아베 정부를 비판하는 것이라 일본 배우들이 꺼렸기 때문이라 한다. 이것은 언론에 크게 보도되었으므로 많은 이가 알고 있는 사실이다.

이 영화에는 일본 총리실 산하에 있는 내각조사실이라는 기구가 등장한다. 한국의 군사독재시기 중앙정보부나 안전기획부와 비슷한 곳으로 특히 인터넷 여론을 조작하고 이를 위한 에이전트나 알바(아르바이트 직원)를 조직, 관리하는 곳이다. 영화에서는 주인공들이 맞서 싸우는 악의 근원으로 나온다. 이 설정을 참고하면 우린 갑자기 많은 것을 이해하게 된다. 일본의 혐한(嫌韓) 문화, 이를 주도하는 넷우익, 서점에 코너까지 따로 마련된 혐한 서적들, 기타 혐한 방송을 송출하는 각종 전범 기업과 유튜버들, 차를 끌고 도로에 나와 우익 집회랍시고 확성기 데시벨을 있는 대로 높여 떠들어 대는 반쯤 야쿠자 같은 자들이 어디서 왔고 어떻게 연결된 것인지, 한 번에 그림이 나오는 것이다. 이 그림에 따르면 모든 건 일본 정부와 관련된 기업 ,재단, 언론 등 여기에 선을 대고 있는 지배 계층 전체의 커넥션에서 나온다.

한편 한국에서도 이와 비슷한 사건들이 끊임없이 언급되었다. 극단적인 인터넷 커뮤니티, 이명박, 박근혜 정부 시절 청와대 내부에 있었다는 담당 부서, 블랙리스트, 한국 언론의 일본 언론과의 결탁, 과거에서 현재에 이르는 괴상한 집단들의 극우적 집회 행태가 다 그것이다. 한번 이렇게 말해보자. 한국에서 벌어진 이 모든 사태는 일제 강점 시기부터 지금까지 모조리 일본에서 배워오고 일본의 가르침이나 연계 속에서 이루어지는 건 아닐까? 하물며 이런 전통이 고금을 막론하고 국가 전체의 일상이 된 일본에서 그 주구인 일제 관변사학자들에게 무슨 역사적 진실이 존재하겠는가. 그런 그들이 백이 아니라 천만이 된들 무슨 수로 이 강철의 학자 신채호를 감당할 수 있겠는가.

물론 위 내각조사실 이야기가 얼마나 사실인가는 알 수 없다. 왜냐하면 이 그림은 기껏해야 영화 한 장면에서 유추한 것이기 때문이다. 그런데 우리 평범한 사람들은 늘 개돼지 취급을 당하지만 실은 제법 똑똑할 때도 있다. 그런 평범한 사람들 속 어디선가 이런 소리가 들리는 것 같기도 하다. 선수들, 왜 이러셔, 다 알고 있던 사실 아냐?

각설하고 결론을 말하자. 신채호는 옳았으며 불모의 모래사막에 솟아난 한 그루 거대한 나무처럼 그는 20세기 벽두 동북아시아 전체에 걸친 가장 위대한 역사학자이다. 바로 뒤에 말하겠지만 그의 고조선사 연구는 중국의 사마천 이래 최소한 2000년 이상 감추어진 동북아시아와 만주 지역의 고대사를 다시 쓰게 만드는 시초가 되었다. 지금은 피와 억압과 고통의 흙먼지에 덮여 잘 보이지 않지만 어느 비바람이 이 모든 걸 씻어내리는 날, 신채호의 거대한 비전은 빛나는 광휘로 세상을 덮을 것이다.

신채호와 동북아시아 고대사의 재구성

윤내현은 사마천의 『사기』에 대해 말한 적이 있다. 사마천의 『사기』는 근본적으로 만리장성 이남 중국 내부에 대한 역사이다. 「흉노열전」이나 「조선열전」 같은 주변부 이야기도 있지만 부수적이다. 이 말은 사마천이 그 바깥 지역의 역사에 대해서는 몰랐다는 뜻이다. 그리고 관심도 없었다는 뜻이다. 이렇듯 기원전 1세기까지 『사기』는 중국 외부 역사를 기록한 바가 없다. 그런데 잘 알다시피 사마천의 『사기』는 중국은 물론 동양에서 가장 오래된 본격적 역사서이다. 그 이전 『춘추』나 『국어』 등의 역사서는 『사기』보다 훨씬 범위가 작다. 따라서 중국 바깥 만주와 한반도의 그 이전 수천 년에 걸친 역사는 아무도 모른다. 그렇다면 그 시기 동안 그 지역에는 무슨 일이 있었던 걸까. 이에 대한 무지는 최소한 사마천 이후 2천 년간 지속되었다. 심지어 그에 대한 관심조차 없었다. 『사기』 이후 중국의 모든 역사서도 이에 대해 서술하거나 관심을 보인 적이 없기 때문이다. 그들이 암묵적으로 가진 생각이라면 고대의 그 지역에는 문명이 없었다는 것뿐이다.

신채호의 대고조선론은 이에 대한 첫 번째 연구이다. 고대 그 지역에 고조선이 있었다고 말했기 때문이다. 그때까지만 해도 중국의 학자들은 신채호의 연구에 관심이 없었다. 사실 관심을 가질 이유가 없다. 다시 말하지만 고대의 그 지역엔 주목할 만한 게 없다고 생각했으니까. 하지만 사정이 그렇게 간단하지는 않았다.

20세기에 들어서면서 이 지역에 유적들이 발견되기 시작했다. 급기야 1980년대에 이르러 만주 북서부와 내몽고에서 엄청난 발굴이 이루어졌다. 흔히 홍산 문명이라 불리는 것을 포함한 여러 유적들이 그것이다. 이 문화는 기원전 6천년 이전에서 역사 시대에 이르기까지, 석기 시대에서 청동기 시대에 이르기까지 면면히 이어진 고도의 고대 문명이었다. 또 이 문명은 앙소 문명과 같은 중국 내부의 고대 문명보다 오래되었으며 그 수준도 뒤떨어지지 않았고 이질성도 적지 않았다. 한마디로 중국 바깥에 중국과는 다른, 그러나 중국에 못지않은 고대 문명이 존재한다는 사실이 드러난 것이다.

중국 정부와 학자들은 이 문명을 중화 문명의 일환으로 끌어들이기 위해 분주하게 움직였다. 이것이 동북공정의 핵심 사업 중 하나이다. 하지만 이 이질적인 문화가 중화 문명으로 온전히 통합되기는 쉽지 않다. 이 문명의 실제 주인공들이 누구였느냐는 질문은 절대 사라지지 않는다.

당연히 윤내현은 이 문명의 담지자 중 하나가 고조선이라 주장했다. 그리고 그의 제자 복기대는 중국으로 유학을 떠나 이 지역을 연구한 고고학자가 되었다. 거기서 복기대는 유명한 말을 남긴다. 여기에 무언가 있었다면 그것은 고조선일 수밖에 없다고.

재야사학계에서 과도한 주장을 하는 사람들은 이 문명이 『환단고기』라는 책을 증명하는 유적이라고 한다. 물론 납득할 수 없는 이야기다. 뒤에 『환단고기』를 다룬다고 했으니 여기서 더 말하지는 않겠다. 그러나 과학적 역사학과 고고학적 연구에서 윤내현과 복기대의 이론은 흔들리지 않는다.

신채호는 후세에 벌어질 이런 일을 모른 채 오직 문헌 연구로만 대고조선론을 정립했다. 그리고 그가 그 일을 했기 때문에 윤내현과 복기대 같은 학자가 존재할 수 있었고 이 유적의 본질을 말할 수 있었다. 이것이 신채호가 동북아시아의 역사를 새로 썼다는 말의 의미이다.

끝으로 고대사의 특수성에 대해 첨언하기로 한다. 혹자는 물을 수 있다. 그런 문명이 있었다면 누군가는 기억하고 있어야 하는 거 아니냐고. 그렇지 않다. 지금은 잘 알려진 히타이트 왕국은 기원전 1200년경에 멸망했는데 그 이후 망각 속으로 사라졌다. 남아 있는 기록이 없는 것은 물론 그 이름조차 기억하는 사람이 없었다. 그로부터 3천 년이 지나 고고학자들이 유적을 발견하고 연구하기 시작하면서 이 문명의 실체가 드러났다. 또 이스터 섬의 경우도 있다. 태평양 가운데 있는 이 작은 섬에는 모아이라는 거대 석상들이 있는데 가수 서태지의 앨범에 등장할 만큼 유명하다. 처음엔 이 석상이 신비해서 우주인이 만들었다는 소문도 나돌았다. 하지만 나중에 학자들이 연구하면서 진면목이 드러났다. 한때는 인구가 많고 번성했던 섬인데 천재와 인재가 겹쳐 멸망하고 그 석상들만 남았다는 것이다. 문제는 그 섬에 남아 있는 소수의 후손들이 이러한 자기 조상의 역사를 모른다는 것이다. 그들은 모아이를 누가 왜 만들었는지 전혀 알지 못했다. 역사는 그렇게 망각될 수 있다. 이 외에도 망각된 역사의 사례는 얼마든지 있다. 고조선은 그래도 양호한 편이다. 이 문명은 생각 이상으로 많은 흔적과 기억을 남겼다. 신채호는 그것을 추적했던 사람이며, 위의 이야기들을 종합하건데 그는 옳았을 뿐만 아니라 놀랍도록 영민한 학자였다.

따라서 신채호를 거론하는 순간 동북아시아의 고대사는 재구성되어야만 한다. 그 전 수천 년간 아무도 생각하고 있지 않던 만주 지방의 고대사에 고조선이라는 문명국가를 상정했기 때문이다. 이는 사실인가? 사실이라면 이 문명은 중국 내륙 문명과 어떤 관계를 가지는가? 또 고조선으로부터 이어지는 부여, 고구려, 백제, 신라 등 만주에서 한반도에 이르는 고대국가들의 실상은 어떻게 재구성되어야 하는가? 이런 의문들이 무수히 발생하는 것이다.

　나아가 이는 일본 고대사에도 심대한 영향을 끼친다. 일본 학계를 포함하여 누구나 전제하는 사실은 일본 땅에서 과거 1만 년간 유지되던 채집사회 석기 문명인 죠몬 시대가 기원전 4세기 무렵부터 한반도에서 이주한 유민들을 통해 단번에 농경 사회 금속 문명인 야요이 시대로 대체되었다는 것이다. 그러니까 일본의 정식 고대사는 이때부터 시작하는 셈이다. 이는 일본 문명의 한반도 기원을 강하게 예시하고 있기 때문에 일본 학자들은 이를 피하기 위해 애를 쓴다. 일본 문명의 본체는 그 멀고 알 수 없는 죠몬 시대에 있었다느니, 야요이 시대를 갑자기 일으킨 이주민들이 중국 본토나 동남아시아에서 왔다느니 하는 게 다 그것이다. 또 기마민족설이라는, 한때 센세이션을 일으킨 이론도 있다. 연구를 더 해봐야겠지만 그들의 뜻대로 잘 되지 않을 것이다. 여하튼 신채호가 대고조선론을 건립한 이상 일본 문명을 시작한 한반도로부터의 이주민들에 대한 재고는 불가피하다. 그들은 누구이며 무슨 이유로 하필 그때 일본으로 건너왔는지 다시 알아봐야 한다.

　그럼 누가 언제 이것을 알아보는가. 앞서 역사 서술에는 힘이 매우 중요한 요소라 말했다. 이것이 전 세계 학자들의 관심을 끄는가는 전적으로 한국과 일본의 국력 그리고 양 국가가 세계 무대에서 어떤 영향을 얼마큼 가지는가에 달려 있다. 예를 들어 우리에게 잘 알려진 『총, 균, 쇠』

의 저자 재레드 다이아몬드는 일본의 한반도 기원에 깊은 관심을 가졌다. 그 책의 재판본에는 부록으로서 가장 중요하게 첨가된 고대 한일 관계 논문이 들어있다. 그러나 그 이면의 의도가 분명해 보이는데도 그의 언사는 조심스러웠고 무엇보다 학계의 큰 관심을 끌지 못했다. 왜냐하면 전 세계 관련분야 학자들에게 한국의 고대사는 존재하는지도 모를 만큼 사소한 것이기 때문이다.

최근에는 많지는 않아도 한국과 한국사에 관심을 가진 학자들이 늘어났다. 유튜브에서도 이들의 발표나 강연이 간혹 보이는데 듣고 있노라면 예전보다 한국 실정에 근접한 이야기를 한다. 가령 중국 문명의 주변에 불과한 줄 알았는데 금속 문자나 불교 등 한국만의 독특한 문화가 있다든가 그만큼 특수한 유교 문화가 있으며, 특히 한국이라는 나라의 국민이 상상 이상으로 긴 시간 동안 통합된 집단으로 이어져 왔다는 식의 이야기가 그것이다. 왜 이런 일이 생기는가. 다른 것 없다. 삼성의 반도체 같은 물건이 예전과 달리 전 세계 경제의 핵심 이슈로 부상하고, 방탄소년단이 빌보드를 석권하고, 넷플릭스에서 한국 드라마나 영화들이 천문학적인 이윤을 창출하고, 거의 핵미사일에 준하는 현무4 미사일이 오차율 제로에 근접하는 발사에 성공하는 등 한국의 국력이 어느 순간 비약적으로 강해졌기 때문이다. 이런 일이 생기면 한국이 아니라 어느 나라의 경우라도 그 나라의 문화와 역사에 대한 관심이 증대하기 마련이다.

이는 물리 법칙에 준하는 세태의 법칙이기 때문에, 현재의 중국과 일본이 그토록 집요하게 역사 왜곡에 몰두하는 것이다. 중국의 동북공정, 김치와 한복이 자기네 거라는 주장, 일본의 역사 비틀기, 위안부가 단지 매춘부였다는 주장들이 다 그것이다. 그것이 점점 심해지고 점점 괴상해진다는 것은 그들의 국력과 국제적 위상에 그만큼 문제가 생겼다는 뜻이다. 결국 역사 서술의 가부에는 이 사태의 가부, 소용돌이치는 국제사회 속에서 한 치 앞도 내다볼 수 없는 국가 간의 역관계가 결정적 요소로 개입한다. 신채호의 대고조선론의 운명도 이 가부를 따라 흘러갈 터인데 과연 그 승부는 어떻게 될 것인가. 신채호가 지겠는가? 나는 신채호가 이길 것 같다. 왜냐고? 다른 무엇도 아닌, 신채호가 진실과 과학을 가졌기 때문이다. 다만 우리는 시간을 가지고 기다리면 된다. 그러기에 우리처럼 평범한 사람들은 부지런히 벌어먹고, 부지런히 놀고, 누가 우리를 괴롭히면 부지런히 화내고, 남은 시간은 잠이나 잔다. 그게 우리가 국력을 키워낼 수 있는 유일하면서도 가장 유력한 방법이기 때문이다.

독립운동사와 북경의 3걸

신채호는 역사학자에 그치지 않는다. 신채호는 여러 측면에서 특별하다. 이는 세세히 살펴볼 필요가 있다. 고조선과 관련하여, 특히 그것을 대하는 자세에 있어 많은 것을 시사하기 때문이다.

신채호는 독립운동가이기도 하다. 하지만 어떤 활동을 했는지는 사람들이 잘 모른다. 또 안다 해도 그리 눈에 띄지 않는다. 그는 주로 문필과 교육 활동에 종사했다. 임시 정부를 포함한 여러 사안에 개입했지만 이 역시 두드러진 것은 아니었다. 그런데 1920년대 중국 북경에는 북경의 3걸이라 불리는 인물들이 있었다. 신채호, 이회영, 김창숙이 그들이다. 그들은 친하게 교류했지만 그 활동에 있어서는 신채호와 마찬가지로 두드러지지 않는다. 가령 안중근이나 윤봉길 의사 같은 일을 한 것도 아니고 안창호 같은 조직의 귀재도 아니며 김구처럼 널리 알려진 일을 한 것도 아니다. 그런 그들을 왜 북경의 3걸이라 불렀을까.

이들의 정신과 행동과 풍모 때문이다. 이들의 공통점은 정통 유학자이면서 동시에 가장 개혁적인 인사라는 것이다. 개혁적 인사인 만큼 계급타파나 민주적 지향에도 투철했다. 또한 이들에겐 전설에나 나올 법한 선비의 절개와 풍모가 서려 있었다. 전설이란 가령 성삼문이 세조에게 달군 인두로 고문을 받다가 '식었으니 새 걸로 바꿔 와라'라고 말했다는 이야기 같은 것이다. 북경의 3걸은 정말로 그런 일을 할 것 같은 사람들이었다. 철저히 비타협적이었으며 어느 것에도 굴하지 않았고 정도가 아니면 눈길조차 주지 않았으며 어떤 고문도 그들을 굴복시키지 못했다. 일설에 의하면 백범 김구가 유일하게 두려워한 사람이 김창숙이라 한다. 아닌 게 아니라 무서운 사람들이다. 최고의 지성을 보유했고 누구보다 온화하고 올바른 사람들이었지만 한 점의 오염이나 비굴도 용서하지 않았기 때문이다. 그러면서도 그들은 고통과 분열과 변절이 휘몰아치는 독립운동 속에 남아 있었으며 결국 그들 방식대로 생을 마감했다. 북경의 3걸이란 이 풍모와 정신과 행동을 가리킨다. 독립운동 1세대 고참에 속하는 이들이면서 당시 후배 독립운동가들에겐 별처럼 높고 청명한 어른들이었을 것이며, 그런 그들을 북경의 3걸이라 부르는 건 자연스러운 일이다. 그런데 이게 어쨌다는 건가. 이들의 의미를 이해하려면 일제 강점기 36년간 독립운동사를 돌아보아야 한다.

고조선만큼은 아니겠지만 독립운동사도 일반인이 이해하기는 아주 어려운 역사이다. 우리는 안중근, 유관순, 윤봉길 같은 많은 독립운동가의 이름을 안다. 그러나 다른 한편으로는 들어보지도 못한 아주 많은 인물들이 있다는 것도 안다. 그런데 어느 쪽이든 이 모든 이가 언제 어디서 어떻게 활동했는지는 잘 모른다. 실감이 나지 않는 것이다. 그저 흉악한 시기에 독립을 위해 목숨 바쳐 싸운 선열이라는 것만 안다. 왜 그럴까. 왜 우리는 독립운동사에 대해 현실적인 그림을 그리지 못하는 걸까.

우선 한국의 독립운동사는 포괄하는 지역이 아주 넓다. 한반도, 간도, 만주, 연해주, 러시아 내륙, 상해, 북경, 광동, 하와이, 샌프란시스코를 다 포함한다. 그리고 이 지역들은 모두 뚜렷한 특색을 지닌다. 우선 이 엄청난 거리를 연결시켜 이해하기가 어렵다.

다음으로는 독립운동의 놀라운 분열과 비극 때문이다. 한국 독립운동사는 시작하는 그날부터 분열과 충돌과 배신과 변절로 점철되어 있다. 유명한 임시 정부는 탄생하는 그날부터 갈라졌고 1년도 되지 않아 사실상 붕괴하였다. 그 넓은 지역 속에서 민족주의자, 사회주의자, 상해파와 이르쿠츠크파(고려공산당), 몇 개인지도 알 수 없는 각종 결사 자치단체와 무장조직들이 각자 도생하였다. 이들은 끊임없이 뭉치려고 시도했지만 동시에 그 시도는 사실상 한 번도 성공한 적이 없다. 그 가운데 자유시 참변 같은 사건에서는 독립군끼리 충돌이 일어나 수십 명이 죽고 천 명에 가까운 사람이 상대방에게 포로로 잡히는 비극이 발생했다. 더구나 이 사건은 그 유명한 봉오동 전투와 청산리 전투 직후에 벌어진 것이고 실은 그 승리로 인해 시작된 사건이기도 하다. 민생단 사건이란 것도 있다. 중국 공산당과 함께 싸우던 독립군이 주로 중국 공산당원에게, 나중엔 같은 독립군들에게도 밀정으로 몰려 끝도 없이 고문당하고 살해당했던 사건이다. 또 청산리 전투의 영웅 김좌진 장군이 암살된 것은 그의 군대가 주민들을 지나치게 억압하고 착취했던 것과 무관하지 않다.

노파심에 먼저 말해두고 싶은 것은 이런 분열과 비극을 쉽게 비난해서는 안 된다는 것이다. 예를 들어 일본인들이 이런 독립운동을 두고 한국인들을 당파적이라 비난할 만하다. 그러나 가소로운 이야기다. 일본 역사를 들여다보면 일본인들은 아버지와 아들이 밥상에 앉아서도 서로를 의심해야 했던 자들이다. 칼로 권력 투쟁을 해야 하는 그들로서는 그럴 수밖에 없다. 태평양 전쟁 한가운데서도 해군과 육군 및 그 내부의 파벌들이 으르렁거리던 일본이 한국 독립운동을 비판한다는 건 어불성설이다. 또 이런 분열과 비극은 동일한 조건이면 어디에서나 보편적으로 발생한다. 가령 '외압이 커지면 내분이 심해진다'는 말이 있는데 이는 거의 생물학 수준의 법칙이다. 그 지독한 일제의 탄압과 중국의 차별과 멸시 속에서 한국의 독립운동 같은 분열과 비극이 없다면 그게 오히려 이상한 일이다.

문제는 그럼에도 불구하고 이 역사를 있는 그대로 교과서에 실을 수 있겠느냐, 곧 모든 국민에게 그대로 알려줄 수 있느냐는 것이다. 나는 그래야 한다고 생각한다. 하지만 그럴 수 없다는 것도 알고 있다. 왜냐하면 우리에게 그럴 만한 힘이 없기 때문이다. 힘이라고? 무슨 힘? 두 가지다. 하나는 이 역사를 정리할 수 있는 지적 역량이고 다른 하나는 이 역사를 감당할 수 있는 정신적 역량이다. 그리고 이는 한 가지로 귀결되는데 결국은 국력이다.

잘 알다시피 현재의 우리는 좌우 이데올로기도 극복하지 못했다. 하물며 좌우가 극단으로 치달았던 독립운동사의 가부를 지금의 우리가 무슨 수로 평가할 수 있는가. 의열단장 김원봉이 독립운동가인지 빨갱이인지도 아직 결정 못하고 있지 않은가. 또 나라가 못 살고 약하면 분열과 비극의 역사를 수용할 수 있는 정신적 여유가 없다. 해방과 한국 전쟁의 궁핍 속에서 희망을 말해도 부족할 판에 독립운동의 분열과 비극을 떠올린다는 건 정말 어려운 일이다. 어떤 지도자나 지식인도 이런 일을 자랑스럽게 선전할 수 없다. 그 나라의 국력이 충실해져서, 자신들의 현재가 분열을 극복하고 지난 과거의 분열과 비극을 이해하며 그 속에서 빛나는 진실과 아름다움을 확인할 수 있을 때, 이 역사는 제대로 전달될 수 있다. 반면 우리에겐 아직 그럴 힘이 없다. 이래서 독립운동사가 어렵다. 그 분열과 비극의 참상을 알아야, 그 진실을 알아야 진정으로 사랑할 수 있을 텐데 우리는 그럴 수가 없다. 하여 모든 독립운동가와 독립운동사는 우리에게 흩어진 파편이다. 존경하기는 하지만 항상 멀고 낯설다. 그래서 어렵다.

나는 역사가 취미이므로 독립운동사에도 관심을 가졌다. 곧바로 이 분열과 비극을 만났으며 이것을 가슴으로 끌어안고자 나름대로 고뇌한 바도 있다. 그리고 그때 만난 것이 신채호이고 북경의 3걸이었다. 놀랍게도 그들은 나에게 한 줄기 해답을 주었다. 이들은 독립운동사의 오욕 속에서 기꺼이 그 오욕들과 함께 하였으며, 그러면서 한 치의 흔들림도 없이 그 오욕에 물들지 않았다. 이는 그 많은 분열과 비극을 꿰뚫는 독립운동의 본질이다. 사람이나 사건마다 천차만별이지만 그것들 속엔 북경의 3걸이 지켜낸 정신과 감정과 열정의 일부가 들어있다. 윤내현의 이론이 고조선론의 기준인 것처럼 북경의 3걸은 독립운동의 기준이다. 누구는 그 기준에 멀고 어떤 건 그 기준에 가깝다. 그리고 그 기준의 한계 내에 있는 것은 무엇이든 보석처럼 빛났다. 사랑처럼 아름답고 자랑스러웠다. 신채호와 북경의 3걸은 그런 사람들이다. 내가 보기에 그들은 한국 독립운동사에서 가장 중요한 일을 한 사람들에 속한다. 그렇게 살 수 있었던 그들은 독립운동의 본질이 무엇인가를 영원의 시간 속에 새겨 넣었다. 나아가 인간이란 무엇을 위해 사는 존재인지에 대한 질문과 대답을 남겨 놓았다. 해서 우리가 중얼거리는 '독립운동은 못해도 불매 운동은 한다는 말'의 정확한 뜻을 알게 하였다. 북경의 3걸 당신들처럼 살진 못해도 그 정신의 일부만은 우리 속에 분명히 살아 있다는 뜻이다. 그리고 신채호의 대고조선론은 이 정신 속에서 단련되고 완성된 위대함이었다.

끝으로 독립운동가 후손 문제에 대해 덧붙이고자 한다. 안중근은 우리가 잘 아는 독립운동가이다. 그럼에도 그는 우리가 알고 있는 이상의 인물이다. 안중근은 침략의 원흉 이토 히로부미를 척살했다는 정도에서 그치지 않는다. 그가 옥중에서 남긴 자서전과 저술 그리고 그의 여타 족적이 이를 보여준다. 그는 한국판 장사나 무인의 전형을 예시한다. 어느 나라나 자신들만의 무인과 무인 정신이 있듯 안중근은 한반도 역사 속에서 형성된 독특한 무인과 무인 정신을 표상한다. 그런 안중근을 살펴보면 문치의 나라 조선에 왜 이순신이나 곽재우 같은 의병장들이 존재했는지 이해하게 된다. 어느 마을에나 있었던 장사들의 존재도 마찬가지다.

안중근의 무인 정신은 보편적 의리와 명분이 뚜렷하다. 이는 그들의 호쾌하고 과격한 기질과 상반되는 것이 아니라 서로를 북돋는 것으로, 일본의 사무라이와는 그 결이 완전히 다르다. 안중근으로 표상되는 한국 무인 정신에 비추면 일본 사무라이 정신은 단지 사람 잡아먹는 좀비에 불과하다 해도 과언이 아니다. 고난의 구한말 시기 의병을 구성했던 이 장사들은 무수히 살해되고 고문 받았다. 그러나 나라가 약해 죽어갔던 것이지 사정이 달랐다면 이 장사들의 무공은 혁혁했을 것이다. 안중근이 소년 시절에 추구했던 패기가 그가 저술한 동양평화론 같은 명분과 결합했을 때 한국의 무인은 바위산처럼 강인하고 의연하다.

하지만 안중근의 이런 의미도 우리에게 오롯이 전해질 수 없다. 독립운동사가 오롯이 전달될 수 없는 이유와 비슷하다. 그래서 안중근의 생생한 삶 대신 그가 남긴 붓글씨나 보고 있어야 한다. 그러나 여기까지만 하기로 하자. 그리고 시간을 기다리자. 지금 해야 할 이야기는 그의 자손들에 대한 것이다.

안중근의 형제들은 안중근처럼 독립운동에 헌신했다. 하지만 그의 아들 안준생은 달랐다. 1939년 일제의 억압과 회유에 굴복했던 안준생은 이토 히로부미의 아들을 찾아가 아버지 안중근의 행동을 사죄했다. 당연히 일본 총독부가 연출한 것으로, 신문에 대서특필된 이 사건은 온 세상에 화제가 되었다. 현재의 우리 중에도 아는 사람은 다 아는 일이다. 이 사건은 아주 많은 걸 시사한다. 하지만 지금은 한 가지만 주목한다. 우리는 이 사람 안준생을 어떻게 처리해야 하는가. 당시 대로했던 김구처럼 처단해야 할 매국노로 규정할 것인가. 아니면 끔찍한 궁핍과 탄압과 회유에 시달렸던 안준생을 이해하고 포용할 것인가. 이 문제도 우리는 아직 해결할 수 없다. 역시 독립운동사가 처한 딜레마와 유사하며 그 해결 또한 국력의 정도와 시간에 달려 있다.

하지만 한 가지는 분명히 해야 한다. 우리는 범국가적으로 독립유공자들의 후손을 보호하고 대우해야 하지만 독립운동가와 그 자손이 다를 수 있다는 사실만은 정확히 알아야 한다. 그렇지 않으면 어딘가에서 훼손과 혼란이 일어나기 때문이다.

북경의 3걸 중 한 명인 이회영에게는 공인으로 우리에게 알려진 두 명의 손자가 있다. 전 국정원장 이종찬과 전 민주당(당시 새정치민주연합) 원내대표 이종걸이 그들이다. 이들의 삶에 대해서 나는 관심이 없다. 그러나 이들이 자신의 할아버지 이회영을 언급할 때는 사정이 다르다. 이종찬은 박정희·전두환 군사 독재 시절, 중앙정보부 및 안전기획부의 핵심 관료 중 하나였다. 그들의 정당인 민정당에서 국회의원을 역임했고 나중에 김대중 진영으로 옮겨 초대 국정원장을 맡았다. 다시 말하지만 이러한 그의 여정에 나는 관심이 없다. 그러나 그의 여정이 자신의 할아버지 이회영과 다르다는 것만은 틀림없다. 북경의 3걸 중 하나인 김창숙은 해방 이후에도 이승만 독재 정권에 비타협적으로 투쟁했다. 김창숙은 본인이 사망하기 직전 쿠데타에 성공한 박정희가 병실로 찾아왔을 때, 움직일 수조차 없이 망가진 몸을 돌려 박정희를 외면했다고 한다. 박정희가 일본군 출신이었기 때문이다. 말했듯 북경의 3걸은 이런 사람들이다. 그중 하나인 이회영은 과연 자신의 손자 이종찬의 이력을 용납했을까?

또 다른 손자 이종걸은 학생 운동과 인권 변호사의 길을 걸었다. 그 점은 이회영의 손자다운 데가 있다. 그러나 원내대표 시절 그의 우왕좌왕 행보는 사람들을 놀라게 했다. 도처에서 호부견자라는 탄식이 흘러나왔다. 그럼에도 그는 국회 필리버스터에서 자신의 할아버지 이회영을 언급했다. 이회영의 사전에는 그런 식의 우왕좌왕이 존재하지 않았는데, 왜 거기서 어울리지 않는 이회영의 이름이 등장해야 하는가.

현 국민의 힘 소속 국회의원 윤주경은 윤봉길 의사의 장손녀이다. 박근혜 대통령 인수위원회에서도 활동했던 그녀는 이 정당의 흐름과 일관되게 함께했다. 하지만 이 정치 세력은 백범 김구 암살과 직결된 이승만을 국부로 생각한다. 어떤 일이 있어도 대한민국 건국 주체는 이승만 정권이지 김구의 임시 정부가 아니라고 말한다. 하지만 김구는 윤봉길과 생사를 함께 넘어, 윤봉길을 윤봉길로 만든 당사자 아닌가. 사정이 이럴진대 윤봉길은 과연 자신의 손녀 윤주경의 행보를 용납할 수 있을 것인가?

한 번 더 말하는데 나는 이들의 행보에 관심이 없다. 가부를 평가할 생각도, 비판이나 칭찬을 할 생각도 없다. 나에게 문제가 되는 건 상황이 이렇기 때문에 우리가 독립운동사를 이해하기 어렵다는 사실이다. 그의 자손들이 적절치 않은 조건에서 독립운동가를 거론하면 독립운동의 내면에 흐르는 정신을 느낄 수가 없으며 그러는 한 독립운동사는 언제나 멀고 낯선 파편으로 남는다. 이게 진짜 문제이며 이것이 독립운동사가 일반 국민에게 제대로 전달될 수 없는 원인이라는 말이다.

그러나 이 문제에 관해 현재 우리의 능력은 속수무책이다. 얽혀 있는 다양한 정치권, 거기에 다시 얽혀 있는 다양한 사회 세력, 그 위에 겹쳐 있는 다양한 이권들 때문이다. 해결은커녕 누구라도 말 한마디 던질 수 없다. 우리처럼 평범한 사람들이 이 책에서처럼 구석진 곳에서 수군거리는 것만 가능하다. 임금님 귀가 당나귀 귀라는 사실은 아무도 없는 대나무 숲 구덩이에 대고 말하는 것이지 청중이 운집한 강당에서 할 수 있는 얘기가 아니다. 하여 왜 독립운동사가 그렇게 어려운지 독자들은 다시 한번 공감했을 것이다.

신채호는 만고의 절개로 빛난다. 하지만 그의 조상은 만고의 변절로 기록된 신숙주이다. 세상은 그런 것이다. 우리 모두 잘 알고 있는 사실이다. 그러니 혼돈하지 말자. 이건 이거고 저건 저거다. 아무리 헷갈려도 북경 3걸의 본질은 흐려지지 않는다. 그렇듯 아무리 감추고 덮어도 독립운동사의 본질은 사라지지 않는다. 역사는 언젠가 이것을 제 모습대로 복원할 것이다. 마치 윤내현의 대고조선론이 그러하듯이.

폼생폼사 신채호, 완전한 인간의 초상

물론 완전한 사람은 없다. 신채호도 근본은 보통 사람이다. 하지만 신채호는 흠집 없는 사람으로 유명하다. 그는 고집불통으로 악명 높지만 그럼에도 좌우를 막론한 어느 파벌도 신채호를 비판하지 않는다. 찾아보면 빈틈도 있겠지만 살아생전 풍모가 워낙 비상했기 때문일 것이다. 이는 같은 북경3걸 이회영과 김창숙에게도 공통된다.

신채호의 이런 풍모에 대한 일화가 많은데 예를 들어 서서 세수를 했다는 얘기가 그것이다. 이게 잘하는 일인지는 모르겠으나 신채호의 대쪽 같은 성품을 말해주는 것이기는 하다. 이런 신채호를 가리켜 폼생폼사 신채호라는 이름을 붙여 보았다.

1910년 중국으로 망명길에 오른 신채호는 중간에 정주 오산학교에 들렀다. 당시 신문주필로 문명이 높았기 때문에 학교에서는 환영식을 열었다. 그리고 신채호의 답사를 청했다. 그런데 신채호는 일어나서 청중을 형형한 눈빛으로 돌아보았을 뿐 한마디 말도 하지 않았다. 그 의미가 무엇이든 환영식 답사는 그것으로 충분했다. 폼생폼사라 하겠다.

북경에 거주하던 시기 신채호는 신문 기고로 고달픈 생계를 삼고 있었다. 그런데 한번은 신문편집자가 어조사 한 글자를 임의대로 삭제하는 일이 있었다. 그 일로 신채호는 기고를 중단했다. 신채호의 기고문은 신문 판매를 늘리고 있었으므로 사장이 와서 사과를 했다. 그래도 신채호는 마음을 돌리지 않았다. 글자 한 자의 문제가 아니라 중국인들의 조선인에 대한 의식적, 무의식적 괄시를 보았기 때문이다. 어지간한 궁핍에 어지간히 필요한 돈일 테지만 신채호는 원고료에 못 이기는 척 돌아설 수 있는 사람이 아니다. 역시 폼생폼사라 하겠다.

그가 여순감옥에 있을 때 국내 신문 기자가 면회를 했다. 인터뷰 중에 신채호는 이런 말을 했다.

"그리고 퍽 망념된 생각이나 '조선 사색 당쟁사'와 '육가야사'만은 조선에서 내가 아니면 능히 정곡한 저작을 못하리라고 믿고 있습니다. 그러나 이 중에서는 그런 것은 쓸데없는 소리고 만일 내가 건강하게 세상에 다시 나가게 된다면 이것만은 자신 있게 발표할 수 있다고 늘 생각하고 있습니다."

어찌 보면 오만이 넘치는 말이다. 하지만 사실이다. 신채호의 '육가야사'는 발표되지 못했지만 그가 최초로 불을 지핀 가야사 연구는 수십 년 뒤 북한의 조희승이 『가야연구사』라는 책으로 완성했다. 당연히 이 연구는 일본의 임나일본부설을 영원히 잠재운 것이다. 그러자 한국 강단 사학계는 모든 힘을 동원하여 김태식이라는 학자를 양성했다. 그가 쓴 책이 『가야연맹사』인데 그 핵심은 한 가지이다. 임나일본부가 남한에 있었다는 것이다. 신채호가 이런 일들을 미리 알지는 못했겠지만 가야사의 본질을 예감한 당대 유일의 대가였던 것만은 분명하다. 그런 이야기를 옥중에서 저토록 시니컬하게 말하는 것은 또 한 번의 폼생폼사다.

개중엔 신채호를 아는 사람들도 있다. 그들은 하나같이 이 거목의 삶에 압도당한다. 그것이 신채호를 완전한 인간으로 만든다. 그는 단순한 애국지사를 넘어 인간성의 근원을 웅변한다. 우리처럼 평범한 사람이 폼생폼사 하면 재미난 일에 그치지만 신채호 같은 사람이 폼생폼사 하면 완전한 인간의 초상이 된다. 어디 신채호뿐이겠는가. 북경3걸의 나머지 두 사람 이회영·김창숙, 그리고 윤봉길·안중근 모두가 완전한 인간들의 초상이다. 그 밖에도 무수한 별들이 빛나고 있다.

그리고 그로부터 우리는 사람됨의 자부심을 획득한다. 신채호와 독립운동사는 영욕의 고통과 더불어, 이 자부심의 거울로 한국 사회의 마르지 않는 양분이 될 것이다. 단지 하나의 저항이 아닌 지성과 품격과 영혼의 아름다움, 그 모두를 담고 있기 때문이다.

☞ 정인보

여기서는 정인보를 중심으로 북한 학자 리지린과 한국 주류 고대사 학계의 원조인 이병도를 함께 논한다. 비슷한 시기의 인물들로 상호 관련성과 상호 비교가 중요하기 때문이다.

정인보의 학문과 대고조선론

정인보는 현대 한국의 가장 유명한 유학자 중 하나이다. 1893년 생으로 신채호보다 13살 연하다. 1910년대 초반에서 20년대 초반까지 10여 년 간 중국에 유학했다. 거기서 여러 독립운동가들과 교류하였는데 그중 1인이 신채호다. 아내의 부고 소식을 듣고 또 노모를 봉양하고자 국내로 돌아왔다. 이후 양명학을 연구하는 등 연구와 교육에 종사하다가 1930년대부터 역사 연구에 집중하였다. 당시 일제가 평양의 낙랑 유적을 날조하는 것에 의분을 일으킨 것이 동기라 한다.

정인보의 대고조선론은 약간의 편차가 있지만 신채호의 이론을 정리, 발전시킨 것이다. 대신 자료와 서술이 상세하고 치밀하다. 이 연구는 30년대 신문에 '오천년간 조선의 얼'이라는 제목으로 연재되었다가 해방 이후 1946~1947년에『조선사연구』라는 책으로 간행되었다. 이로써 상대적으로 소략했던 신채호의『조선상고사』나『조선상고문화사』는 정인보의『조선사연구』로 단단하고 풍부하게 정립되었다.

정인보의 업적 중 가장 독창적이고 중요한 것은 일제가 날조한 낙랑유물을 정밀하게 비판했다는 것이다. 이는 차후 일제와 남한 주류 고대사학계의 낙랑 유물 및 낙랑군 평양 위치설에 치명타가 되었다. 이와 같은 정인보의 선구적 연구는 후학들에 의해 강화되면서 윤내현에 이르면 되돌릴 수 없을 만큼 명확해진다. 지금도 주류 고대사학계는 낙랑유물을 근거로 낙랑군 평양 위치설을 일제 강점기 때와 똑같이 주장하지만 예전처럼 힘을 발휘하지 못한다. 윤내현에 따르면 이 유물들은 낙랑군의 평양 위치설을 주장하는 게 아니라 오히려 한사군의 낙랑군이 평양에 없었다는 증거로 기능한다. 앞서 말했듯 낙랑군의 위치가 어디인가는 고조선 연구에서 핵심 중 핵심이기 때문에 정인보의 연구는 그 의미가 매우 크다.

정인보의 학자로서 위상을 기억해 두는 것도 중요하다. 당시의 역사학은 지금처럼 고고학을 포함한 여러 방법론이 없었거나 빈약했으므로 문헌 연구 비중이 컸다. 따라서 최고 수준의 한학자인 정인보의 위력은 역사 연구에서 압도적인 것이었다. 흔히 정인보가 한국 전쟁 때 납북되지 않았다면 한국 고조선사의 운명이 달라졌을 거라는 말을 한다. 쉽게 말해 교과서가 달라졌을 것이고 우리가 학교에서 배우는 고조선사도 지금 같은 소고조선론이 아닌 대고조선론이었을 수 있다는 말이다. 정인보는 그만큼 대단한 학자였고 그만큼 인망이 높았다.

정인보의 인품도 짚어두어야 한다. 그는 정통적인 선비였고 보수적이었으며 그런 만큼 뜻이 맑고 도의가 높았다. 그런 그였기에 이승만 정권은 삼고초려를 마다하지 않고 관료로 끌어들였으나 정인보로서는 부패한 정권의 모습을 그냥 둘 수가 없었다. 비리에 대해 직언을 멈추지 않자 이승만 정권은 그를 쫓아내었다. 그 후 한국 전쟁이 발발하였고 북한에 의해 점령된 서울에서 비극적으로 납북되고 말았던 것이다. 그 상세한 내막은 여기서의 주제가 아니므로 지금은 생략한다. 다만 위에서 말한, 독립운동사의 연장선상에서 반복된 분열과 비극의 한 단면임을 확인해 둔다.

리지린

북한 정부가 수립된 이후 현재에 이르기까지 북한의 고조선 및 한국 고대사 연구는 방대하다. 또 이 연구를 통해 그들은 일본의 한국 고대사 왜곡, 특히 임나일본부와 낙랑군 한반도 위치설을 완전히 해체했다. 그들에 비교한다면 해방 이후 남한 주류 고대사학계의 고조선 및 고대사 연구는 사실상 없었다고 해도 과언이 아니다. 남한의 주류 고대사학계는 일제와 그들의 후계자 이병도의 소고조선론 및 임나일본부론을 그대로 유지했을 뿐이다. 한국 주류 고대사학계는 북한의 업적을 매도하지만 이는 어림없는 일이다. 왜냐하면 예전과 달리 북한의 주요 연구 서적이 남한에 번역되어 있기 때문이다. 원하는 독자는 당장에라도 구입해 볼 수 있는데 이 자체가 북한 연구 업적의 명징한 증명이다. 물론 이 책들은 고대사 서적 일반이 그렇듯 평범한 국민이 읽기는 상당히 어렵다. 가령 윤내현의 책보다 훨씬 어렵다. 그러나 이 책들은 현존해 있고 또 언제까지나 현존해 있을 것이므로 사람들은 언젠가 이 책들을 읽게 된다. 그리고 일단 읽으면 이 연구 업적을 외면할 수 있는 방법은 없다.

리지린은 이 과정에서 고조선사를 새로운 궤도 위에 올려놓은 대표적인 학자이다. 그는 1962년 『고조선 연구』라는 책으로 이 작업을 결산하였다. 이 책의 제목은 윤내현의 『고조선 연구』와 같다. 위에서 말한 정인보의 『조선사 연구』 이후 15년 만의 역작이다.

리지린의 대고조선론도 큰 얼개에서는 신채호나 윤내현의 대고조선론과 같다. 역시 다소의 편차가 있을 뿐이다. 그럼 리지린의 특별한 업적은 무엇인가. 리지린은 엄청난 문헌 자료 탐색으로 유명하다. 이는 신채호와 정인보를 뛰어넘는다. 따라서 리지린 이후 모든 고조선 연구자는 그의 자료 연구를 전제한다. 리지린을 지지하든 비판하든 그것을 벗어날 수 없다.

리지린이 이렇게 할 수 있었던 건 당연히 신채호와 정인보의 선행 연구가 있었기 때문이다. 그의 자료 탐색은 그 선행 연구 위에서만 가능하다. 만일 신채호와 정인보가 없었다면 중국 고대 문헌을 중심으로 한 방대한 사료 속에서 무엇을 추려 읽고 그것을 어떻게 해석해야 하는지 알 수 없었을 것이다. 리지린 아니라 누구라도 마찬가지다. 때문에 리지린의 책 『고조선 연구』에서도 신채호와 정인보의 이름이 등장한다.

그러나 리지린은 이 점을 명확히 하지 않는다. 그럴 수도 없다. 신채호는 민족주의자이자, 공산주의를 받아들이지 않은 무정부주의자였고 정인보 역시 김구와 궤를 같이하는 민족주의자이자 유물론을 수용할 수 없는 정통 유학자였기 때문이다. 사회주의 국가인 북한이 자신들의 선구자로서 정인보와 신채호를 옹립할 수는 없는 것이다. 그럼에도 그 책의 한구석에 신채호와 정인보의 이름이 들어있다. 더구나 리지린은 이 책에서 신채호를 선생이라 불렀는데 이 책 전체에 등장하는 단 한 명의 선생 칭호이다. 독자로서 이를 발견할 때는 뭉클한 감동과 아픔을 함께 느낀다. 물론 신채호와 정인보는 리지린에게 이론적 이데올로기적으로 비판의 대상이다. 이는 피할 수 없는 숙명이다.

나는 리지린의 생애에 대해서는 잘 모른다. 나는 평범한 사람이므로 접할 수 있는 자료는 서점과 도서관의 논문이나 책 그리고 인터넷 정도이다. 그런데 리지린은 북한 학자이므로 접할 수 있는 자료가 별로 없다. 또 열심히 찾지도 않았다. 지나가다 본 것으로는 리지린의 결말이 좋지 않았다는 것이다. 공산주의 국가 일반이 그렇듯 정치적 환란 어디에선가 숙청되었을 거라 추측할 뿐이다. 만일 그랬다면 리지린이 학자인 만큼 자신의 고조선 연구와 무관하지 않을 것이다. 고조선이 죽음의 땅인 것은 여기서도 변함이 없다.

이병도

현 주류 고대사학계의 태두이자 원조이다. 그러나 『친일인명사전』에 올라 있는 사람이다. 일반인에게도 많이 알려진 편이다. 그가 누구인지는 잘 몰라도 이름 정도는 들어본 것이다.

이병도는 1896년 생으로 정인보와 동시대 인물이다. 일본 와세다 대학에서 유학했으며 악명 높은 일제 식민사학자들에게 배우고 국내로 돌아와서는 일본 총독부의 조선사편수회에 복무했다. 덕분에 그는 한국 최초의 현대적 역사학자라는 칭호를 받는다. 해방 직후 국사학계의 친일 잔재 청산 논란으로 어려움에 처하기도 했으나 무사히 넘기고 자그마치 서울대학교 국사학과 창설에 참여한다. 반민특위를 말 그대로 때려잡은 이승만 정권 이후 이병도는 승승장구한다. 온갖 직위와 훈장을 받고 이승만 정권 붕괴 이후 과도정부 문교장관까지 역임한다. 그는 주류 고대사학계의 초월적인 존재로 자리 잡았고, 이런 저런 비판이 있었다곤 하지만 그의 소고조선론은 지금까지도 모든 소고조선론의 중추를 이룬다. 특히 그의 낙랑군 한반도 위치설과 일본 임나일본부설은 현재도 요지부동이다.

어떤 사람들은 이병도가 심하게 친일을 한 것은 아니고 고대사에서도 일제 식민사학자들을 넘어서려는 노력을 했다고 한다. 하지만 납득할 수 없는 말이다. 그가 이광수나 최린처럼 앞서 광분하지 않은 이유는 당시의 그들처럼 거물이 아니었기 때문이었을 것이다. 이병도 같은 피라미는 일제 선전에 별 효용이 없으므로 가져다 쓸 필요가 없었다. 일제 식민사학을 넘는 소소한 노력을 했다는 것도 국내의 시선을 의식해서 보인 제스처일 가능성이 높다. 거물급 친일파처럼 부귀를 누린 건 아니지만 엄혹한 일제 강점기 때부터 해방 이후 세상을 떠날 때까지 안락하게 살아왔던 그를 변호하기는 대단히 어렵다.

처음부터 일관되었던 그의 소고조선론은 1976년 『한국고대사연구』로 집약된다. 이병도의 학설이 중요한 이유는 80년대 윤내현이 등장할 때까지 남한 주류 고대사학계의 유일한 이론이었다는 사실 때문이다. 다른 학자들이 일부 다른 의견이나 보충 의견을 제시했지만 그야말로 일부에 불과하다. 고조선에 대한 본격적인 연구는 이병도 학설 외에 없었다. 주류 고대사학계는 윤내현이 이후에야 발등에 불이 떨어진 것처럼 바빠졌다. 하물며 북한의 고조선 연구와는 비교할 수도 없다.

왜 이렇게 되었는가. 아무도 그들을 건드리지 않았기 때문이다. 학계 바깥에서 재야민족사학자들이라 불리는 사람들이 소란을 떨었지만 그 학설이 빈약하고 의도가 수상했으므로 무시하는 걸로 충분했다. 대신 그들은 학계의 안락한 이권과 사회적 명망을 누렸다. 견제와 감시가 없는 권력은 국가 지도자에서 일개 가정의 가장에 이르기까지 반드시 부패하기 마련이다. 학계는 학문이라는 그럴 듯한 후광에 숨어 더욱 알 수 없는 음지가 되었다. 그들은 그곳에서 하수구처럼 썩어 들어갔다.

누가 옳은가

주류 고대사학계의 주요한 전략 중 하나는 신채호나 정인보를 옛 시대의 구닥다리 학자라고 암암리에 선전하는 것이다. 대신 그들의 이론을 학문적으로 진지하게 다루는 법이 없다. 그래서 강만길이 그랬듯, 온 국민이 신채호와 정인보는 애국심은 높았으나 학문적으로는 별 의미가 없다고 생각한다. 내가 그랬듯 의식하지 못하는 가운데 그렇게 세뇌되는 것이다. 반면 주류 고대사학계의 태두인 이병도는 뭔가 현대적인 학자 같다. 그의 후계자들이 늘 그렇게 말하기 때문이다. 하지만 정말 그런가?

말했듯 이병도는 정인보의 3살 연하로 완전한 동시대 사람이다. 따라서 그가 써놓은 글을 읽어보면 문체나 서술 방식이 정인보보다 구닥다리면 구닥다리지 더 새로울 리가 없다. 이병도가 가진 새로운 것이라면 일제 관변사학자들이 우기고 왜곡한 고고학 유물, 그러니까 그 악명 높은 낙랑유물 보고서뿐이다. 나머지는 모조리 문헌 연구와 해석이다. 따라서 그가 얼마나 옳은가를 확인하고 싶으면 당대 시각으로 당대의 정인보와 비교해야 한다.

그런데 정인보는 평생 한학을 공부한 사람이고 다시 반복하지만 당대 최고의 학자였다. 게다가 일제의 낙랑유물을 뼛속까지 훑어낸 사람이다. 정인보와 이병도가 단 둘이 마주 앉았다고 상상해 보라. 그렇게 둘이 논쟁한다면 속된 말로 이병도는 뼈도 못 추린다. 같은 한문 사료를 분석하고 해석하는 데 정인보가 뒤질 리 없다. 또 이병도는 일제로부터 통제를 받고 보상을 받았으므로 수동적임과 동시에 학문적 왜곡의 가능성이 아주 많은 사람이다. 외적 풍모와 내적 인품, 사람들 사이의 인망에서 이병도는 정인보와 비교가 안 된다. 실제로도 그렇다. 정인보가 정통 사학자라면 이병도는 말장난이나 하는 변설가에 가깝다.

소싯적에 배운 소고조선론의 선입관을 잠시 배제하고 이 장면을 상상해 보라. 둘이 논쟁하면 누가 이길 것 같은가. 누가 옳을 것 같은가. 상황이 공정했다면 이병도는 정인보와 한 테이블에 앉지도 못한다. 이병도가 정인보에 비해 현대적 사학자라니, 일제의 지원과 이병도의 후계자들이 만든 환상이 어지간하기도 하다. 우리는 이 허깨비가 허깨비인

줄을 모르고 산다.

비극

위에서 일단 생략했던 정인보 납북 이야기를 마저 하자. 정인보 납북에 대해 그의 아들 정양모의 증언이 남아있다.

정양모에 의하면 정인보는 유명한 벽초 홍명희의 둘째 아들이자 정인보의 둘째 사위인 홍기무에 의해 납북되었다. 기막힌 일이다. 홍명희와 신채호는 매우 친한 사이다. 정인보도 홍명희와 친했다. 그들은 셋 다 당대의 내로라하는 천재들이었고 일제 강점기 그들의 청장년 시절에 우국충정이 한결같은 사람들이었다. 그래서 정인보의 둘째 딸과 홍명희 둘째 아들 홍기무가 혼인을 하게 된 것이다.

하지만 홍명희는 해방 후 월북하였고 일제 강점기 명망이 높았던 사람인만큼 북한의 부수상이 된다. 이런 상황에서 한국 전쟁 직전 홍기무가 남한에 내려왔다가 간첩 혐의로 체포, 투옥되었다. 전쟁이 발발하고 북한이 서울을 점령하자 풀려나와 정인보를 찾아간 것이다. 그는 함께 할 수 없다는 정인보를 억지로 데려갔다. 홍기무와 북한 입장에서는 정인보의 포섭이 어지간히 탐났을 것이다. 하지만 정인보가 그런 설득에 넘어가기는 어려워 보인다. 모르긴 몰라도 홍명희가 직접 회유해도 불가능했을 것이다. 일설에는 반동으로 몰려 산중에 방치되었고 나중에 병원으로 옮겨졌지만 끝내 서거했다고 한다. 북한의 공식 발표는 미군 폭격에 의한 사망이다. 그러나 늘 그렇듯 이런 말을 믿는 사람은 별로 없다. 정양모의 증언이 어디까지 사실인지는 남은 문제지만 대략의 사정은 분명해 보인다.

비극이란 이런 것이다. 신채호와 홍명희와 정인보는 서로를 존경하는 벗이고 선후배였다. 그러나 정인보는 그토록 존경하는 선배이자 사돈인 홍명희 때문에 죽어야 했다. 또 신채호와 정인보는 그 대단한 북한 고조선 연구의 학문적 비조임에도 대우는커녕 비판 받고 반동으로 몰렸다. 그리고 무엇보다, 그들이 그러는 사이에 남한 학계는 일제 식민사학을 고스란히 물려받은 이병도 같은 자가 장악했다. 그들이 일평생 목숨을 걸고 싸웠던 일제와 그 잔당들, 그들의 입장에서는 밀정과 같은 자들에게 자리를 내준 것이다. 나아가 이런 사실은 일반인에게 잘 알려지지 않는다. 누군가 가르치는 사람도 없다. 가르치기는 고사하고 거론조차 어렵다. 독립운동사와 분단의 철벽이 너무 높고 단단하고 살벌했기 때문이다. 아직도 피가 흐르는 갈라진 가슴을 안고 현대사는 그 긴 시간을 소리 없이 신음하며 달려왔을 뿐이다. 독립운동사와 고조선사가 왜 그렇게 어려워야 하는지, 또 하나의 피맺힌 사연이 여기에도 있었던 것이다.

그럼에도 역사의 강물은 쉬지 않고 흐른다. 이 처절한, 그런 중에도 끊임없이 이어지고 불어나는 고조선사의 강물은 마침내 한 곳으로 흘러 들어간다. 그 호수가 윤내현이다. 다만 역사의 시련은 아직 끝나지 않았다. 고조선사는 윤내현이란 대학자의 피를 더 마시고자 한다.

☞ 윤내현

악마 윤내현

　윤내현의 학문을 말하기 전에 그가 주류 고대사학계로부터 어떤 취급을 당했는지 말해두고자 한다.

　2013년 10월 18일 동북아역사재단에 대한 국정감사가 있었다. 동북아역사재단은 아는 사람들 사이에서는 유명한 곳으로 원래는 중국의 동북공정에 대응하고자 만든 기관인데 어느 순간 주류 고대사학자들이 장악하여 중국에 대응하기는커녕 중국 동북공정의 한국 지부로 변해버린 곳이다. 이들이 어떻게 그런 일을 하는지는 뒤에 자세히 말하기로 한다.

　당시 민주통합당 김윤덕 의원은 동북아역사재단의 고대사 인식에 대해 질문했다. 왜 동북아재단은 소고조선론만 공시하는가, 대고조선론과 함께 공시하고 양자 간의 공정한 토론을 진행하라는 등의 이야기였다. 식민사관의 아성이라는 동북아역사재단과 주류 고대사학계에 대한 세평을 지적한 것이다. 그러자 재단 이사장인 김학준이 대답했다. 그리고 그중 핵심 사안으로 다음과 같은 말을 했다(이것은 지금도 유튜브에서 확인할 수 있다. 아래 인용은 거기서 말한 그대로를 옮겨 놓은 것이다).

　　한때 우리나라에서도 '고조선이 저 저 북쪽까지 가 있었다'라는 이론을 내놓은 분이 계셨어요. 그런데 그 분의 책을 면밀히 검토해 보니까 북한 학자가 쓴 책을 그대로 옮겨 놓은 겁니다. 그래서 그 분이 학계에서 사실상 매장되다시피 했어요. 아무개의 이 책은 북한 리지린이의 책을 출전을 밝히지 않고 그대로 옮겨 놓은 거다, 그래서 그 분이 사실은 받았던 연구비, 그때 바로 한국정신문화연구원에서 연구비를 받았었는데 정말 다 물어냈습니다. 다 물어냈고 그래서 오늘날에도… 지금 의원님 고견은 받아들이겠습니다만 …(후략)

"한때 우리나라에서도 '고조선이 저 저 북쪽까지 가 있었다'라는 이론을 내놓은 분"은 윤내현을 가리킨 것이다. 그는 빨갱이 북한 학자의 책을 그대로 옮겨 놓았고, 그래서 받은 연구비도 다 물어냈고, 학계에서 완전히 매장당했다, 이런 이야기를 자그마치 국회 국정감사장에서 한 것이다. 게다가 당시 윤내현은 병으로 활동을 멈춘 시기이다. 변명도 할 수 없고 대항도 할 수 없다. 그런데도 국회에서 그렇게 말했다. 그리고 윤내현은 이와 똑같은 이야기를 지난 30년 동안 반복해 들었다. 나는 이런 마타도어를 김대중 빨갱이론 외에 본 적이 없다.

윤내현은 이렇게 악마로 몰렸다. 결국 둘 중의 하나다. 윤내현이 정말 악마거나 저런 말을 하는 자들이 진짜 악마이다. 이 책의 나머지 부분까지 참고하여 판단은 독자들의 몫이다.

윤내현은 학문적 반대자를 어떻게 대하는가

그를 악마로 몰아감에도 윤내현은 온전한 학문적 반박 외에 한 번도 무례를 범한 적이 없다. 거친 단어나 말투를 사용한 적도 없다. 윤내현과 공동 연구를 했던 신용하나 윤내현의 제자인 복기대도 마찬가지다.

그들의 반대자는 주류 고대사학계만이 아니다. 재야사학자 중에도 그들에 대한 반대자가 적지 않다. 자신들이 주장하는 더 큰 규모의 대고조선론을 훼손했다고 생각하기 때문이다. 예를 들어 그들 중에는 윤내현이 한국사를 망쳤고 한국사를 팔아먹었다고까지 말하는 자들이 있다. 하지만 윤내현은 이들에 대해서도 똑같았다. 물론 신용하와 복기대도 마찬가지다. 무례를 범한 적이 없으며 단지 온전한 학문적 대답을 했을 뿐이다.

이런 태도를 보이는 것은 이들이 처한 소수자로서의 입장 때문이기도 할 것이다. 같이 싸워서는 도움이 되지 않는다. 오히려 그 때문에 더 곤경에 처하고 학문과 학문적 이력을 망칠 것이다. 다른 한편 그들의 성품과도 무관하지 않을 것이다.

반면 주류 고대사학자들의 태도는 아주 다르다. 예를 들면 다음과 같다. 앞서 고조선 연구로 한국에서 첫 번째로 박사 학위를 받았다는 송호정과 그의 책에 대한 얘기를 했는데 그 책『단군, 만들어진 신화』251쪽에는 이런 문장이 있다.

'어떻든 그 당시 신용하(현재 한양대 명예교수)의 사실무근의 주장이 곧바로 …(중략)… 소개되기도 했다.'

송호정은 신용하의 무엇이 사실무근인지에 대해서는 아무것도 말하지 않는다. 지나가다 한 번 거론하는 것뿐이다. 신용하 같은 대학자가 사실무근을 말하는 학자일까? 그런데도 사회학계의 대가이자 원로교수인 신용하를 이런 식으로 폄하한다. 입장 바꿔 만일 복기대가 주류 고대사학계의 원로들을 이런 식으로 표현했다면 살아남지 못했을 것이다. 복기대로서는 가능한 일도 상상할 수 있는 일도 아니다. 또 이 글은 과거 학술 잡지에 실렸던 것으로 어쨌든 학술적인 글인 만큼 막말을 할 수 있는 지면이 아니다. 따라서 학술지상의 이런 문장은 일상어로 친다면 사실상 욕설이다. 육두문자만 안 썼을 뿐이다.

또 신용하를 한양대 명예교수라 표현한 것도 가소로운 데가 있다. 신용하는 줄곧 서울대학교 교수로 근무하다 2003년 정년퇴임 후 서울대학교 명예교수임과 동시에 한양대에서 초빙한 석좌교수로 일했다. 따라서 신용하는 한양대 명예교수가 될 일이 없다. 그는 대가만 부임할 수 있는 명실상부한 한양대의 석좌교수였던 것이다. 물론 석좌교수라는 호칭이 중요한 것은 아니다. 신용하의 학문은 그런 호칭 따위로 평가될 수준을 이미 뛰어넘는다. 그런데도 송호정은 굳이 호칭을 깎아내리려 저런 헛소리를 입에 침도 안 바르고 한다. 왜냐고? 남들이 눈치 못 채는 거짓말로 그를 물어뜯고 깎아내리려 하기 때문이다.

주류 고대사학계는 이런 일을 잘한다. 특히 새파랗게 어린 소장 학자들을 시켜서 윤내현 같은 선배 학자나 원로 학자에게 이런 식의 막말을 하게 한다. 게다가 그 방식이 어찌나 비열하고 교묘한지 차라리 감동을 느낄 지경이다. 아예 그들의 일상 문화인 셈이다. 또 그렇기 때문에 앞서 말했던 국정감사 자리에서 김학준 같은 말을 서슴없이 내뱉는다. 참말이건 거짓말이건 물어뜯기로 작정하면 수단과 방법을 안 가린다.

이런 걸 처음 보았을 때 나는 화가 많이 났다. 하지만 지금은 그렇지 않다. 왜냐하면 화도 낼 만한 자들에게 내는 것이기 때문이다. 이들은 학자가 아니라 그냥 양아치 깡패이며 사실은 그것보다 훨씬 끔찍한 인간들이다. 그것을 깨달은 순간 나는 더 이상 화가 나지 않았다. 그러나 이에 대해서는 뒤에 상론할 것이므로 여기서는 그만하자. 논의를 위한 사전 참고사항은 이 정도로 충분하다. 이제 윤내현의 본령으로 돌아갈 차례이다.

「기자신고」

1982년 윤내현은 기념비적인 논문 「기자신고」를 발표했다. 중국 고대사 전공자인 윤내현이 고조선사에 개입한 첫 번째 출사표이다. 이 논문은 고조선 연구에 있어 전대미문의 새 지평을 열었다. 왜 그런가.

첫째. 이 논문은 우리도 잘 알고 있는 기자라는 인물에 대한 연구이다. 윤내현은 기자의 흔적과 이동을 규명했는데 중국 은나라 멸망 후 망명한 기자와 그 후손이 최종적으로 도달해 마지막까지 정착한 곳이 지금 산해관 부근이라는 것이다. 앞의 개요를 읽은 독자들은 이 말이 무얼 의미하는지 잘 알 것이다. 이 말은 기자조선이 한반도의 평양이 아닌 현 중국 하북성의 산해관 부근에 있었다는 뜻이다. 따라서 기자조선을 전후로 이은 고조선과 위만조선도 거기에 있었다는 말이 된다. 당연히 위만조선이 망하고 그 자리에 설치된 한사군의 낙랑군도 한반도의 평양이 아닌 산해관 부근에 있어야 한다. 기자의 위치가 판명된 이상 이 모든 건 필연적 결론이다. 한국 주류 고대사학계의 소고조선론자들에게는 마른하늘의 날벼락 같은 소리이다.

둘째, 이 논문은 문헌과 고고학을 망라한 최강의 논문이다. 윤내현은 이 논문에서 지난 수천 년간의 한국과 중국의 모든 기자 사료와 기자 연구를 비판적으로 검토했다. 동시에 중국 고대에서 은나라와 주나라에 이르기까지 당대 역사와 관련된 모든 고고학적 지식을 동원했다. 이것은 매우 강력해서 당시뿐만 아니라 차후로도 흔들리기 어려운 연구이다.

셋째, 이 논문은 윤내현만 쓸 수 있는 논문이다. 왜냐하면 윤내현처럼 기자에 대한 총체적 관심과 학문적 역량을 가진 다른 연구자가 없기 때문이다. 중국을 포함한 외국 학자들에게 기자는 관심의 대상이 아니다. 반면 한국의 고조선 연구자들은 상대적으로 기자에 대한 관심이 많지만 그중 윤내현만큼 중국 고대사에 훈련된 사람은 하나도 없다.

넷째, 이상의 이유로 이 논문「기자신고」은 중국 동북공정이라는 거대한 괴물의 심장에 박힌 폭탄 같은 역할을 한다. 당장은 중국이「기자신고」에 관심을 갖지 않는다. 한국 주류 고대사학계의 소고조선론과 중국 동북공정의 내용이 거의 동일하고, 한국 소고조선론자들이 윤내현의 이론을 확실하게 눌러두고 있기 때문이다. 소고조선론자들이 국회에서까지 윤내현을 도륙하고 있다는 것은 중국 동북공정 담당자들에게 너무도 행복한 일이 아닐 수 없다. 하지만 윤내현의 이론은 사라지지 않는다. 나중에 윤내현의 이론은 온당한 대접을 받아 제 모습을 드러낼 것이고 중국은 그때서야 「기자신고」의 위력을 알아챌 것이다. 하지만 늦었다. 그들은 그때서야 「기자신고」을 향해 온갖 비판을 하고 자신들의 새 이론을 제시하겠지만 그래봤자 김치가 자신들 거라 우기는 것과 별 차이가 없다. 윤내현의 「기자신고」은 이미 1982년에 완비된 것이며 이는 한 명의 성실한 학자가 수십 년 연구를 바탕으로 혼을 담아 완성한 것이다. 허풍과 짝퉁밖에 모르는 중국 학계가 어찌해 볼 수 있는 논문이 아니다.

다섯째, 윤내현은 어떻게 이런 논문을 작성할 수 있었는가. 우선 윤내현은 자신의 연구 분야인 중국 고대사에서 최고 수준의 성취를 이루었다. 「기자신고」 이전 『상왕조사 연구』, 『중국의 원시시대』 등의 책을 출간했는데 그의 제자 복기대의 말에 의하면 『중국의 원시시대』는 자신의 중국 선생도 믿기 어려워한 명작이라 한다. 나 같은 대중은 그 책들을 평가할 수 없지만 다른 이야기는 할 수 있다. 윤내현이 저술한 『상주사』라는 책을 본 적이 있는데 나 같은 일반 독자 수준에서는 감동하지 않을 수 없는 책이다. 우리는 열국지니, 춘추 시대니, 전국 시대니 하며 그 시대에 대해 들어본 적이 있고 여러 소설이나 고전들을 통해서도 익숙하다. 하지만 그 시대에 실제로 무슨 일이 있었는지 알고 싶다면 윤내현의 『상주사』를 읽어보라 권하고 싶다. 고색창연한 고사성어들 이면에 있는 당시 중국의 현실적인 사회·경제적 상황을 뚜렷하게 확인할 수 있을 것이다. 이렇듯 해당 분야에 대한 윤내현의 학문적 성취는 아주 높았다. 그리고 이 분야는 다름 아닌 기자의 배경을 이루는 전체 시공간이다.

한편 윤내현은 1979~1981년 하버드 대학 인류학과 객원교수를 역임했다. 이 시기를 전후하여 중국과 북한의 방대한 자료를 섭렵했다. 또 그는 러시아의 고조선 연구자 부찐의 특별한 저서를 번역하는 데도 중요한 역할을 했다. 이 말은 그가 고조선 관련 모든 자료를 검토했다는 뜻이다.

「기자신고」은 이 바탕 위에 탄생한 논문이다. 윤내현 아니면 불가능한 작업이며 차후로도 이만 한 공부와 이력을 가진 학자가 나오기는 아주 어려운 만큼,「기자신고」은 실로 놀라운 저작이다.

여섯째, 이것으로 윤내현이 리지린을 표절했다는 식의 이야기들은 터무니없는 헛소리임이 자명하다.「기자신고」의 내용들은 과거의 모든 고조선 연구자들, 가령 신채호, 정인보, 리지린 등 그 누구도 알지 못했던 내용이다. 당연하다. 이 논문은 그들 이후 새롭게 발굴된 고고학적 자료와 연구들을 담고 있는 것으로서 과거의 연구자들이 알기는커녕 상상할 수도 없는 것들이다. 마치 뉴턴이 나중에 등장한 아인슈타인의 상대성이론을 상상할 수 없는 것과 같다. 그러므로 표절 따위란 처음부터 말이 안 된다. 없는 것을 표절할 수는 없기 때문이다.

대충 이 정도가 이 논문「기자신고」의 의미이다.

『한국 고대사 신론』

윤내현은 「기자신고」를 학계에 제출했던 당시만 해도 고조선 연구를 더 할 생각이 없었다. 자신이 「기자신고」을 내놓았으니 다른 고조선 연구자들이 여기에 대응하여 새로운 연구를 계속할 거라 생각했기 때문이다. 윤내현은 나중에 이런 자신의 생각이 순진했다고 말했다. 다른 연구자들의 후속 연구는커녕 주류 고대사학계로부터 맹렬한 비난이 쏟아졌다. 윤내현은 직접 나서지 않을 수 없었다. 이 순간부터 그는 30년 동안 고조선과 관련된 연구와 저술과 활동에 매진한다. 이 과정의 첫 번째 매듭이 『한국 고대사 신론』이다.

『한국 고대사 신론』은 1986년에 출간되었다. 이 책은 개별적인 논문을 모아 놓은 것이다. 「기자신고」을 포함하여 이후 적극적으로 발표한 논문 중 핵심적인 것들이다. 따라서 겹치는 내용들이 있긴 하지만 고조선사에 필요한 주요 골격은 다 들어있다.

첫째, 고조선이 국가라 하면 국가의 개념과 조건이 명확해야 한다. 이를 위해 윤내현은 고대 사회의 형태와 고대국가론에 대한 첨단의 이론들을 검토하고 이를 고조선에 적용했다. 중국 고대사 연구자인 만큼 윤내현에게는 자연스러운 것이지만 윤내현 이전 고조선과 관련하여 이만한 사회성격론을 제시한 사람은 없다. 실은 그 후에도 마찬가지지만 왜 그런가는 생략한다.

둘째, 고조선의 위치와 영역에 대해 철저한 문헌 분석을 수행했다. 이것은 이전 대고조선론 대가들 전체를 참고, 수용, 비판 재해석한 것이다. 현재까지도 이만큼 종합적이고 치밀하며 완결된 문헌 연구는 없다. 수많은 사람들이 수많은 견해를 제출하며 때론 자신들이 옳다고 주장하지만 그것들은 모두 단편적이다. 누구도 윤내현 같은 일관성과 정합성에 도달하지 못했다. 아예 비교가 되지 않는다.

셋째, 기타 위만조선, 고조선의 도읍지 변천, 한사군 낙랑군의 검토. 정인보로부터 시작된 낙랑유물 비판 총괄 등 고조선 관련 주요 주제를 모두 정리했다. 모두 둘째와 관련된 것이기 때문에 여기서도 일관성과 정합성과 정치함은 여전하다.

이쯤 되면 『한국 고대사 신론』은 가공할 만한 저술이라 할 수 있다. 실제로 그랬다. 윤내현이 「기자신고」로 처음 등장할 때까지만 해도 주류 고대사학계는 욕설에 가까운 비난이나 하고 있었다. 학문적으로는 아무 대응도 하지 않았던 것이다. 하지만 『한국 고대사 신론』이 등장하자 더 이상 버틸 수가 없었다. 80년대 초반 5공화국을 등에 업고 대들던 재야사학자들의 공세에도 끄떡 않던 주류 고대사학계였다. 그때도 그들은 손가락 하나 까딱하지 않았다. 그러나 윤내현의 『한국 고대사 신론』은 달랐다. 윤내현은 멈출 줄 몰랐으며 그것은 그들이 난생 처음으로 경험한 위기와 공포였다. 그들은 드디어 작업을 시작했으며 윤내현 빨갱이론이나 표절론도 바로 이때부터 시작된다. 이에 대한 이야기는 잠시 뒤에 하겠다. 지금은 『한국 고대사 신론』의 의미와 위력을 이해하는 것이 중요하다.

기자신론이 쏘아 올린 공은 작아 보았지만 이미 우주를 품은 알이었다. 이것이 부화하여 『한국 고대사 신론』이라는, 대고조선론의 전에 없던 강력한 체계로 성장하기 시작했다. 그리고 이것이 비상하여 완전한 체계로 완성되는 데는 이로부터 10년의 시간이 더 필요했다.

『고조선 연구』

1994년, 드디어 『고조선 연구』가 출간되었다. 「기자신고」는 『한국 고대사 신론』을 거쳐 『고조선 연구』라는 완전한 체계가 되었다. 이론 전체가 유기적으로 조직되고 방법론이 명시되었다. 가장 유력한 자료들이 선별되어 분석되었고 기존 소고조선론에 대한 총체적 비판이 이루어졌으며 기타 고조선의 사회, 경제, 문화, 종교에 대한 연구까지 모두 수록되었다.

지난 10년 동안 윤내현은 당할 수 있는 모든 종류의 공격들을 감내했다. 그는 그의 삶의 꿈속에조차 존재하지 않았던 빨갱이, 표절자, 비열한 행위로 연구비를 박탈당한 자로 매도되고 각인되었다. 다시 말하지만 이런 식의 마타도어는 김대중 빨갱이라는 마타도어 외에 본 적이 없다.

그러나 천생 서생 같은 이 학자는 상상 이상으로 강했다. 그에게 가해진 공격들이 해낸 것이라고는 그를 더 단련시킨 것밖에 없어 보였다. 『고조선 연구』는 끝내 완성되었고 다시는 돌이킬 수 없는 것이 되었다.

인상적인 것은 이 책의 제목이 리지린의 책의 제목과 같다는 것이다. 이것은 그를 빨갱이로 몰고 리지린의 표절자로 몰아간 자들에 대한 역설적 항변일까? 그건 모르겠다. 단지 영원한 침묵으로『고조선 연구』
일 뿐이다.

　이후로도 병상으로 물러나는 그날까지 윤내현의 활동은 줄기차게
계속되었다. 하지만 더 말하지 않아도 된다.『고조선 연구』라는 책 한
권으로 그 밖의 모든 것을 대변하기 때문이다.

☞ 복기대

복기대는 윤내현의 제자이자 중국에서 유학한 고고학자라 했다. 고고학자인 만큼 본격적인 역사 연구자는 아니며 아직 역사학 관련 저술도 없다. 그가 새롭게 역사 연구를 시작하지 않는다면 그는 여전히 고고학자로 남을 것이다. 나아가 그는 중국 고고학계와 한국의 주류 고대사학계 및 재야사학계와도 비교적 원만한 관계를 유지한다. 실로 적과의 동침이라 해도 과언이 아니다. 그러나 이는 학계 내부의 실용적인 정치적 태도이다. 격렬하고 복잡하며 무자비한 고조선 관련 학계에서 복기대의 자세는 최적의 균형이라 할 수 있다.

그러나 고고학자로서 그의 역사학적 기초는 윤내현의 학설이다. 물론 그의 견해가 윤내현과 동일할 수는 없다. 그럼에도 그의 역사학적 배경은 윤내현의 대고조선론으로 인해 확고하다. 따라서 복기대는 현재 윤내현 대고조선론의 가장 강력한 계승자이자 호위자이다. 윤내현의 역사학과 복기대의 고고학의 결합은 중국, 일본, 한국을 포함한 어떤 소고조선론에도 밀리지 않는다.

한편 복기대는 국가 학술 기관 등으로부터 지원을 얻어내는 데 성공했다. 이를 바탕으로 연구팀을 조직해 냈으며 또 이를 바탕으로 위력적인 연구 성과를 얻어냈다. 이것이 앞서 말한 '고구려 장수왕의 평양' '고려 국경의 재구성' 등의 주제이다. 이 연구에 의하면 고구려 장수왕의 평양은 한반도의 평양이 아닌 현 중국 요령성의 요양 부근에 있는 것이었다. 또 고려의 영역은 주류 고대사학계가 주장하는, 평안남도와 강원도 이남이 아니라 요동반도와 연해주 부근을 양단으로 하고 북으로 싱안링산맥 남쪽 부근을 아우르는 만주와 한반도 전체에 이른다. 그리고 이 연구는 빈틈없는 형식과 체계를 갖춘 논문으로 출판되었다. 우리 같은 평범한 독자도 누구나 구입하여 읽을 수 있다. 2017년 6월에 출간된 『고구려의 평양과 그 여운』, 2017년 10월에 출간된 『압록과 고려의 북계』가 그 책들이다.

앞서 말하길 이 연구들은 우리 같은 평범한 사람들로서는 경악할 만한 사실이라고 했다. 그러나 믿건 안 믿건 과학은 사실일 뿐이라고 했으며 한 번 읽게 되면 당신은 결코 외면할 수 없을 거라고도 했다. 그런가 안 그런가의 판단은 이 연구를 읽게 되는 독자들 각자의 몫이다.

이 밖에도 복기대는 많은 일을 한다. 한편 이 모든 작업은 고조선 연구와 직결된 것이기도 하다. 복기대가 추적한 고구려나 고려 연구는 연원 자체가 고조선에서 비롯된 것이고 반대로 이 연구는 대고조선론의 정당성을 강하게 지원하고 있기 때문이다.

또 연구팀을 통해 연구자들을 결합하고 후학을 양성하는 일은 학문적 업적 이상의 의미를 갖는다. 복기대를 가리켜 윤내현은 한국 고대사학계의 보배라고 말한 적이 있다. 복기대가 막 유학을 마치고 한국에서 박사 논문을 출간했을 때 윤내현이 그 책의 첫 장 추천사에서 했던 말이다. 그로부터 20년이 지난 지금 복기대는 자기 스승의 말을 온전히 증명해냈다. 복기대는 분명 한국 고대사학계의 현존하는 보배이다.

신용하

고조선 문명

신용하는 대고조선론을 고조선 문명론으로 확대하였다. 신용하는 평생 연구한 민족 사회학과, 프랑스의 아날학파, 그리고 공동 연구자였던 윤내현의 대고조선론을 결합했다. 이것은 규모가 대단해서 언뜻 들으면 엄두가 안 나고 믿어지지가 않는다. 앞서 복기대가 연구한 주제, 장수왕의 평양이 현 요령성 요양 부근이라든가 고려의 영역이 만주까지 걸쳐 있었다는 이야기 이상이다.

신용하에 의하면 고조선은 빠를 경우 기원전 3000년까지 올라가는 시기에 건국된 나라로 만리장성 바깥의 만주와 한반도는 물론 중국 동부 내륙과 몽골 및 유라시아 상당 부분에 걸쳐 지배권과 문명권을 형성했다고 주장했다. 따라서 고조선 문명은 메소포타미아와 이집트에 이은 3번째 고대 문명이며 중국의 황하 문명보다 앞선다고도 말했다. 하지만 독자들은 이 말이 믿어지는가? 그러나 여기서도 믿거나 말거나 사실은 사실일 뿐이라고 말할 수 있다. 독자들에게 워낙 낯선 이야기일 것이므로 여기서는 신용하의 학설을 잠시 검토해보기로 한다. 이 검토는 신용하의 최신 대작 『고조선문명의 사회사』를 기준으로 삼는다. 이 책역시 독자들이 쉽게 구해볼 수 있다. 이 책은 2018년 지식산업사에서 출간되었다.

사실들

신용하의 학설을 이해하려면 먼저 그가 제시한 사실들, 그것도 자연과학에 육박하는 철저한 사실들을 알아야 한다.

첫째, 지금부터 5만 년 이전부터 기원전 1만 년, 그러니까 지금으로부터 1만 2천 년 전까지 지구는 빙하기였다. 따라서 이 시기 동안 북위 40도 이상의 북쪽에는 사람이 살지 않았다. 사람은커녕 동물과 식물조차 생존할 수 없었다. 북위 40도는 한국의 신의주와 중국의 북경을 동서로 잇는 선이다.

인류는 오스트랄로피테쿠스에서 현생 인류 호모 사피엔스 사피엔스에 이르기까지 동부 아프리카로부터 이동하여 진화를 거듭하면서 유라시아 전 대륙에 흩어져 살았다. 그러나 위에서 말한 5만 년 전~1만 2천 년 전의 빙하기 시대에는 북위 40도 이남에만 인류가 살았다. 당시 적도의 평균기온이 섭씨 8도였을 정도로 추웠으므로 북위 40도 이상에서는 아무것도 생존할 수 없었기 때문이다. 거기에 있었던 식물과 동물과 사람은 모두 죽거나 남쪽으로 피신했다.

중요한 것은 이 사실이 서기 2천 년, 즉 21세기 이후에야 과학자들에 의해 확인되었다는 것이다. 그래서 이를 잘 모르는 이전의 역사학자들은 많은 오류를 범했다. 어떤 오류인가.

과거 한국 민족의 기원에 대한 여러 학설이 있었다. 바이칼 호수 기원설, 카프카즈 기원설, 시베리아 기원설 등이 그것이다. 그러나 이제 이 학설들은 모두 틀린 것으로 판명되었다. 왜냐하면 그 시대는 지금 말했듯 혹독한 빙하기였으므로 그곳에는 사람이 살지 않았기 때문이다. 사람이 없는 바이칼이나 카프카즈나 시베리아 같은 북쪽 지역에서 한반도로 누군가 이동했을 리가 없다. 그러므로 한반도 사람들의 기원은 완전히 다른 곳에서 찾아야 한다. 다시 말하지만 이것은 자연과학적 사실이다. 우리가 믿고 안 믿고는 중요한 문제가 아니다.

둘째, 그럼 한반도 사람들은 어디에서 왔는가. 여기에 두 번째 사실이 개입한다. 1만 2천 년 전 빙하기 시대에 사람들은 당연히 북위 40도 이남의 동굴 그것도 주로 석회함 동굴에서 살았다. 그럼 이 동굴 거주지는 어디에 많았는가. 세계 여러 곳에 이런 동굴이 있지만 가장 많은 곳은 다름 아닌 한반도이다. 그중에서 한강과 금강 상류가 이웃한 한반도 중부, 충청북도와 강원도와 경상북도가 만나는 접경에 집중되어 있다. 이 지역에서 발굴된 것만 해도 무려 1천 개가 밀집되어 있다고 한다.

왜 하필 한반도에 그런 동굴이 많은가. 신용하에 의하면 빙하기의 추위 때문에 당시 인류는 끊임없이 해가 뜨는 동쪽을 찾아 이동할 수밖에 없었고 마지막에 도달한 곳이 동해로 가로막힌 한반도의 중부였기 때문이라고 한다. 그때는 빙하가 많고 수면이 낮아, 서해가 육지였으며 북쪽으로는 사람이 갈 수 없었기 때문에 인류는 육지로 이어진 한반도로 밀려들었고 당시 유일하게 바다로 남아 있던 동해 앞에서 멈추어야 했던 것이다. 이는 한반도만이 아니라 이동 경로가 바다로 막힌 세계 각 지역에서 동일하게 발견되는 현상이라고 한다.

사정이 이러하므로 한반도 사람들의 기원이 어디인가는 스스로 분명해진다. 한반도인의 기원은 한반도인이다. 그들은 1만 2천 년 이전부터 한반도 도처에서 고도의 인구밀도를 유지하며 살아왔다. 그때는 구석기 시대이므로 한반도인은 신석기 시대보다도 이전인 구석기 시대부터 항상 한반도인인 셈이다.

셋째, 1만 2천 년 전 무렵부터 빙하기가 끝나고 인류는 동굴에서 나와 평지에서 살기 시작했다. 이때부터 농경과 신석기 문명이 시작된다. 그럼 농경은 어디에서부터 시작되었는가. 여기에 세 번째 사실이 개입한다.

농경은 지역마다 다른 품종으로 시작되었다. 메소포타미아 지역은 밀, 양자강 이남과 인도 및 동남아시아는 장립벼라는 식이다. 그렇다면 우리가 지금 먹고 있는 단립벼는 어디에서 재배되었을까. 그것은 지금으로부터 1만 2천 년 전, 그러니까 빙하기가 끝난 직후 한반도 중부에서 처음 재배되었다. 이 얘기를 처음 듣는 사람은 입이 떡 벌어지겠지만 이는 반박할 수 없는 유물로 증명되었다. 이른바 소로리 볍씨라는 것이 그것이다.

충청북도 청원군 소로리에서 고대의 단립벼 유물이 발견되었는데 철저한 교차 검증을 거쳐 이 유물의 연대가 지금으로부터 1만 2천 년 전임이 확인되었다. 그리고 이 사실은 영국의 BBC 뉴스에서 '세계에서 가장 오래된 벼가 발견되었다'라는 제목으로 보도되었다(2003년). 이어 유수한 다른 국제 뉴스에서도 보도되었으며 당연히 한국 매체에서도 다뤄졌다. 최근 뉴스에 의하면 이 사실은 세계적으로 널리 읽히는 고고학

교과서 Archeology에 2004년 1판부터 2016년 7판 개정 이후 현재까지 '세계에서 가장 오래된 순화벼'로 소개되어 있다고 한다. 사람들의 관심이 적어서 그렇지 식자들이나 관계자들에겐 유명한 사건인 것이다.

더불어 콩도 세계 최초로 재배되었다고 한다. 신용하에 따르면 단립벼로 지은 쌀밥과 콩으로 지은 된장이 결합된 식생활은 한국인 및 그와 유사한 사회에 고유한 것으로 바로 단립벼와 콩의 최초 재배에서 비롯되었다고 한다.

넷째, 빙하기가 끝나고 농경이 시작되었으므로 인구가 늘어나게 된다. 그러면 사람들은 부족한 식량과 경작지를 찾아 이동하게 된다. 그 출발점 중의 하나가 한반도임은 두말할 필요가 없다. 당시 세계 각지의 사람들은 어디로 이동했을까? 또 한반도 사람들은 어디로 이동했을까. 특히 금단의 땅이었던 북위 40도 이북의 한반도와 만주, 몽골, 시베리아 남단, 유라시아에는 누가 이주해 살았을까. 여기에 네 번째 사실이 개입한다.

우랄 알타이어라는 말이 있다. 이것은 일본, 한반도, 만주, 몽골, 유라시아, 심지어 핀란드까지 이어지는 언어의 공통성을 가리키는 말이다. 이에 따라 우랄 알타이어족이란 말까지 생겼다. 이 언어의 공통성에 대해서는 여러 학설이 있다. 그러나 이 말들의 유사성에는 재론의 여지가 없다.

신용하는 일평생 이 언어의 공통성에 대한 의문을 간직했으며 사회학자로서 그 연원을 밝히는 것 역시 평생의 사명 중 하나라고 말했다.

결국 그는 이 사명을 얼마간이라도 달성한 셈이다. 이 언어의 공통성을 감안한다면, 1만 2천 년 전 빙하기가 끝난 후 만주와 몽골 등으로 이주한 주민들은 모두 한반도 사람들이었다. 가령 현 만리장성 이남의 중국 사람들일 수는 없다. 왜냐하면 언어가 다르기 때문이다. 만리장성 이북의 동북아시아와 유라시아 대륙 사람들은 다른 종족과 겹치는 지역을 제외하고 나면 전부 한반도 출신 사람들이었던 것이다.

다섯째, 앞서 최소한 1980년대 이후부터 만주 전 지역에서 활발한 고대 유적 발굴이 이루어졌다고 했다. 이 유적들은 기원전 6천 년 이전 신석기 문명에서부터 청동기 문명까지 면면히 이어졌다. 이 유적의 담당자들은 누구였을까? 중국 학자들은 이것이 자신들 것이라고 주장한다. 하지만 복기대와 신용하가 동의할 리가 없다. 그럼 누가 더 옳은가?

그러나 이는 두 번 물어볼 필요도 없는 질문이다. 중국은 지도자인 머리끝에서부터 일반 국민인 발끝까지 짝퉁과 조작과 우기기로 뭉친 집단이다. 전 세계에 소문이 나서 온 지구촌에 악명이 자자하다. 그러니 이들이 학문적 양심과 진실이라는 측면에서 신용하와 복기대를 이기는 것은 불가능하다고 보아야 한다. 중국으로서는 오로지 힘으로 누를 수밖에 없다. 그래서 미리 말했다. 역사의 서술에서는 국력이 중요한 요소라고. 따라서 한국의 국력이 성장하고 이를 통해 국제 정치적 간섭이라는 외압이 사라질 때 학문과 진실은 제 모습을 찾는다. 그리고 그 순간 신용하와 복기대의 학문은 반드시 이긴다. 더불어 학문과 자유와 진실이 세계사적 차원에서 승리한다.

이상이 간략히 살펴본 신용하의 고조선 문명권에 대한 사실적 검토이다. 이후부터는 윤내현의 대고조선론과 겹친다. 그리고 새로운 사실들의 개입도 계속 이어진다. 여기서도 윤내현과 신용하의 이론이 동일할 수는 없다. 또 신용하의 거대한 스케일은 우리를 계속 놀라게 한다. 그러나 한 가지는 분명하다. 신용하가 어떤 이론을 전개하건 거기엔 철저한 과학적 사실의 기초가 있다는 것이다. 그 사실을 외면하지 않는 한 신용하의 이론은 파괴될 수 없다.

한편 신용하에 대한 국내 주류 고대사학자들은 반응은 어떤가. 무대응이다. 앞서 말했듯 간혹 송호정 같은 이가 '사실무근의 신용하'라는 험담이나 하는 것뿐이다. 내가 지금 신용하의 학설을 일부 요약했거니와 여기 어디에 사실 무근이 있는가. 그들이 이런 모습을 보이는 건 저열한 자들의 전형적인 전술이다. 일반인들이 아직 모르고 있으므로 무대응하기, 그리고 모르는 일반인들을 향해 주류 고대사학계라는 권위를 이용해 욕설과 마타도어를 남발하기, 그것이 다.

처음에 나는 신용하를 잘 이해하지 못했다. 왜 사회학자가 윤내현 같은 역사학자와 공동 작업을 하는 걸까? 막연히 민족사회학을 표방하는 학자이므로 겹치는 부분이 있을 거라는 추측만 했다. 그러나 오늘날 『고조선문명의 사회사』 같은 신용하의 역작을 대하면 생각이 달라진다. 그는 윤내현의 이론을 바탕으로 거대한 시공간에 걸친 한국 사회의 본질을 규명했다. 그것은 명백한 사회학자의 영역이었으며 윤내현의 대고조선론과 더불어 한국 문명의 돌이킬 수 없는 이정표가 되었다. 나

같은 독자가 보기에 그는 일생의 사명을 제대로 성취한 인물이다. 80대 중반을 넘어 90세를 눈앞에 둔 나이에도 신용하는 종종 열정적인 강의를 한다. 실로 경의를 표하지 않을 수 없다. 진정 그는 우리 시대의 위대한 선생님 중 한 분이다.

주류 고대사학계와 소고조선론의 행보

『한국사 시민강좌』 2집

주류 고대사학계는 윤내현이 등장할 때까지 이병도 외 아무도 고조선사를 연구하지 않았다고 했다. 송호정이 대한민국에서 고조선 연구로 박사 학위를 받은 첫 번째 인물인 이유가 여기에 있다. 한편으로 그들은 자신만만했고 다른 한편으로 그들은 나태했다. 하지만 윤내현의 등장으로 사정이 바뀌었다. 윤내현을 윽박지르는 것만으로 안 된다는 것이 분명해지자 이 곰 같은 집단도 마침내 꿈틀거리기 시작했다. 그 첫 신호이자 이후 몇 년간 윤내현에 대한 방파제, 당장 무너질 듯 허술하지만 그나마 억지로 우겨 버틴 방파제 역할을 한 것이 『한국사 시민강좌』 2집이다.

『한국사 시민강좌』는 당대 최고의 한국사학자로 인정받는 이기백이 1987년에 9월에 창간한 대중적 역사 잡지이다. 제목과 취지가 그렇거니와 가능한 한 일반 시민을 위해 친절하고 쉽게 서술하겠다고 자임한 잡지이기 때문이다. 연 2회 발간이고 2004년 이기백이 사망한 후 다른 사람들에 의해 이어지다 2012년 50호를 마지막으로 종간되었다. 이 잡지 1집의 특집, 곧 1집의 주제는 '식민주의 사관 비판'이다. 그리고 다음 해인 1988년 2월, 예의 2집의 특집이 '고조선의 제문제'인데 바로 이것이 윤내현 때려잡기의 시작이다.

여기에 실린 논문은 총 5편인데 그중 학술적인 것은 이기백과 서영수의 논문이다. 둘 다 윤내현을 직격한 것이다. 주목해야 할 다른 하나는 북한의 고조선 연구를 분석한 이기동의 논문으로 윤내현 빨갱이론과 리지린 표절자라는 마타도어를 최초로 점화시킨 것이다.

우선 학문적 논의의 핵심인 이기백과 서영수를 살펴보겠다. 나는 지난 책들에서 이 논문들을 제법 상세히 분석했다. 하지만 여기서는 생략하겠다. 대신 이들의 이력에 대해서만 말하겠다. 그러나 이들이 얼마나 엉망인가를 아는 데는 놀랍게도 그 이력만으로 충분하다.

이기백은 남강 이승훈과 한 집안으로 가문의 내력에 명망이 있다. 나아가 고상한 선비의 모습으로 국사학계는 물론, 그때는 지금보다 역사학자들의 명망이 높았던 만큼, 국민들로부터도 상당한 존경을 받았다. 비록 이병도의 제자이지만 그는 이병도와 사관이 달랐고 심지어 식민사학 극복의 의지와 공로가 컸다고 한다. 사실이 무엇이건 그는 그렇게 알려졌고 이 점은 지금까지도 여전하다. 실은 한때 나조차 그렇게 생각했다. 잘 모르니까 세간에 알려진 대로만 알았던 것이다.

그러나 이기백은 고조선 연구자가 아니다. 그는 『국사신론』이나 『한국사신론』 같은 아주 유명한 한국 통사를 저술했고 뛰어난 역사 시평으로 정평이 나있지만 이런 일과 고조선 연구는 다른 것이다. 기타 고려나 신라를 연구한 논문이 있지만 이것도 고조선 연구와는 거리가 멀다. 이런 그가 윤내현의 『한국 고대사 신론』을 무슨 수로 하루아침에 비판한단 말인가. 학자는 논문으로 말해야 한다. 그러나 이기백은 윤내현의 논문에 비견될 만한 논문이 없다. 따라서 이기백이 윤내현을 학문적으로 비판하는 건 농구 선수가 축구 선수에게 축구 시합으로 대드는 것이나 다름없다. 그럼에도 이기백은 예의 논문에서 윤내현을 학생 다루듯 취급하며 되도 않는 헛소리를 했다. 게다가 시평의 대가답게 어찌나 말이 매끈한지 만일 내가 윤내현의 『한국 고대사 신론』을 읽지 않았다면 나는 이기백의 말을 모두 믿었을 것이다. 문외한이라면 나 아닌 누구라도 마찬가지다. 나는 이때 이후로 이기백에게 진저리를 쳤다. 그를 양의 탈을 쓴 늑대라고 불렀는데 그건 솔직한 심정이었다.

이기백은 윤내현과 학술 논쟁을 하려던 것이 아니었다. '한국사 시민강좌'란 제목하에 아무것도 모르는 시민을 향하여 욕설만 퍼부었을 뿐이다. 그것도 고상한 선비의 어투로 포장해서 그렇게 했다. 아닌 게 아니라 나름 훌륭한 전술이었다. 시민이 뭘 알겠는가. 명성 높은 이기백이 그렇다니 시민들은 그냥 믿어야 하는 것이고 이기백으로서는 시민들에게 그런 마타도어가 통한 것으로 충분했기 때문이다.

나는 이것이 주류 고대사학계가 윤내현을 대하는 방식의 첫 번째 모범이자 규범이 되었다고 생각한다. 이후 모든 주류 고대사학자가 이 방법을 따랐기 때문이다. 정리하면 이렇다.

'윤내현을 올바르게 상대하지 마라. 철저히 소외시켜라, 그리고 대중에게 악선전을 하라. 특히 대중이 눈치 채지 못하게 그렇게 하라.'

바로 그래서 이기백의 손자뻘 되는 송호정이 신용하 같은 대학자를 다짜고짜 '사실무근이나 주장하는 자'라 매도하고 멀쩡한 석좌교수 신용하를 명예교수 신용하로 뒤바꾸며 폄하하는 것이다. 고조선 박사 1호라는 명함을 내세워 잘 모르는 대중을 향해 신용하를 난도질하겠다는 것이니 이게 다 이기백이 가르친 모범이다.

결국 이기백이 한 것은 학문적 비판이 아니라 생사람을 때려잡는 기술이었다. 역사가로서 그렇게 높은 명망을 얻었으면서도 이기백은 꼭 이런 식으로 해야 했을까? 주류 고대사학계의 일제 이래 뿌리박힌 소 고조선론의 붕괴가 그만큼이나 두려웠던 것일까? 품격 높은 학자로 소문난 이기백이 설혹 이론이 다를지언정 윤내현을 끌어안아 공존하고 올바르게 논쟁하며 함께하면 안 되었던 걸까? 이런 자가 식민사학을 극복하고 민족사학을 정립한 자이며 아직까지도 그렇게 알려져 있는 것인가? 역사의 길은 참말로 멀기만 하다.

다음은 서영수다. 이 사람은 학문적인 측면에서 이기백보다 더 형편없다. 명망이나 평판도 마찬가지다. 더 정확히 말하면 어디서 나왔는지조차 알기 어려운 말석에 있던 자이다. 이력을 뒤져보면 서영수는 동양사 문학사를 전공하고 당시 중국사서 『조선전』 부분 번역 사업을 하던, 국사편찬위원회에 소속된 사람 중 하나이다. 따로 쓴 논문으로는 삼국시대 중국 남북조와의 교섭관계, 광개토대왕 비문 연구 같은 것이 있다.

사실 서영수는 당시 30대 초반 일개 연구원 수준의 학자로 이렇다 할 연구 업적 자체가 없다. 이후 지금까지 활동을 살펴보아도 학문적 연구와는 도무지 어울리지 않는 사람이다. 그나마 중국사서의 고조선 관련 부분 번역에 종사했다는 것이 그가 『한국사 시민강좌』 2집에서 고조선을 운운하게 된 사연일 것이다. 따라서 윤내현과 학문적으로 비교하는 일 따위는 아예 거론할 것도 못 된다. 여기『한국사 시민강좌』2집에 게재한 서영수의 논문도 그렇다. 끔찍할 정도로 저급한 논문인 것이다. 그러나 그럼에도 불구하고 이 사람은 엄청난 일을 해치운다. 어떻게 그런 일이 가능한가.

일단 횡설수설을 섞어서라도 윤내현을 물어뜯었다는 것이 그중 하나다. 하지만 가장 중요한 것은 이 사람이 처음으로 '고조선 중심지 이동설'이란 걸 본격적으로 제시했다는 사실이다. 이게 뭐냐고? 이병도의 소고조선론은 고조선이란 작은 나라가 줄곧 한반도 평양 부근에 있다가 거기서 망했다는 이론이다. 그런데 서영수는 고조선이 처음엔 요동에 있다가 한반도 평양부근으로 이동했으며 거기서 한나라 무제에게 망했다고 주장했다. 이에 대한 논거가 형편없다는 건 문제가 안 된다. 어쨌든 그렇게 말했다는 사실이 중요하다. 나머지는 주류 고대사학계가 알아서 키워주면 된다. 그들은 쓰레기라도 논문으로 인가해 주는 조직적 능력이 있었기 때문이다. 이것이 고조선 중심지 이동설이라는 것이다. 그럼 이 단순한 한마디가 왜 중요한가.

중심지 이동설이란 근본적으로 윤내현의 공격에 굴복한 학설이다. 고조선이 만주 지역에 있었다는 윤내현의 논거가 너무 막강해서 주류 고대사학계는 어떤 식으로든 이 논거를 받아들여야만 했고 그러면서도 소고조선론의 핵심을 지켜야 했다. 그 고민의 결과가 중심지 이동설인 바 이는 고조선이 만주에 있었다는 걸 인정하는 한편 심장이라 할 수 있는 낙랑군 평양설을 지켜낸 이론이었던 것이다. 이렇게 되면 고조선이 만주에 있었다는 논거도 일부 수용할 수 있고 그러면서도 일제 식민사학과 이병도의 중심이론을 고스란히 보존할 수 있다.

이런 식의 눈 가리고 아웅이니 서영수의 논문이 온전할 리가 없다. 그러나 이후 주류 고대사학계는 서영수의 중심지 이동설을 십분 활용했다. 서영수 전에도 몇몇 학자가 이동설 비슷한 이야기를 했지만 무시하고 있다가 서영수를 통해서 전면화시킨 것이다. 다시 말하지만 서영수의 논문이 쓰레기라는 건 문제가 안 된다. 대중은 알지 못하고 주류 고대사학계를 감시하거나 비판하는 다른 세력은 존재하지 않기 때문이다. 단지 고조선 중심지 이동설을 소리 높여 외치기만 하면 된다. 그래서 이 황당한 논문은 주류 고대사학계에서 당분간 꽤나 유명한 논문이 되었고 말직에 있던 서영수는 이 공로로 일거에 주류 고대사학계의 주요 인물이 된다.

그럼에도 불구하고 이후 서영수의 논문을 내용적으로 참고하는 소고조선론자는 하나도 없었다. 중심지 이동설이라는 제목과 서영수라는 인용은 어디에서나 거론되었지만 그가 제시한 논거를 인용하는 사람은 아무도 없었다는 말이다. 서영수의 논문은 이렇게 비참한 것이었다. 동시에 이는 주류 고대사학계 전체의 비참함이기도 했다. 나중에 윤내현은 당신들은 그렇게 나를 음해하면서도 정작 고조선은 왜 만주로 옮겼느냐는 취지의 개탄을 한 적이 있는데 바로 이를 두고 하는 말일 것이다. 앞서 윤내현을 겨우 막아내는 방파제이고 시간 벌기라는 말을 했다. 윤내현에 대한 첫 대응 『한국사 시민강좌』 2집이란 그런 것이었다. 적절한 비유가 아닐 수 없다.

그런데 여기서 짚고 넘어갈 것이 있다. 고조선을 만주로 옮기는 데 왜 하필 서영수가 필요했을까? 다른 명망 있고 능력 있는 학자가 하나도 없었을까? 그렇다. 하나도 없었다. 이병도 이후 이들은 아무것도 하지 않았기 때문이다. 그런 상황에서 서영수처럼 아무 준비도 없이 논문을 쓰려는 사람은 없을 것이다. 자기 이력에 오점이 될 것이기 때문이다. 그러니까 기회만 주면 무슨 일이라도 할 수 있는 누군가가 반드시 필요했다. 이것이 서영수가 흔적조차 없는 말석으로부터 튀어나온 이유이다.

실제로 이런 일을 한 서영수에 대한 보상은 대단했다. 그는 이후 고조선 학계의 대가로 갑자기 부상했다. 논문 한 편 제대로 쓰지 않으면서 도처에서 얼굴마담 행세를 했다. 방송에 등장하고 젊은 학자들을 모아 논문집을 편찬하고 이런 저런 단체의 임원이 되었다. 한마디로 고조선 학계의 중견 인사가 된 것이다. 만일 서영수가 『한국사 시민강좌』 2집의 논문을 쓰지 않았다면 그는 평생 존재감 없는 무명의 학자로 남았을 것이다. 다시 말하지만 그는 연구를 하지 않기 때문이다. 그러나 이 논문 하나로 그는 지금까지도 고대사학계 원로행세를 한다. 그래서 나는 서영수를 보면 일제에 부역하여 신세를 바꾼 밀정을 떠올리게 된다. 독자들 중 누군가는 지나친 생각 아니냐고 반문할지도 모른다. 하지만 아직 남은 이야기가 많다. 오히려 이런 나의 생각을 독자들이 기억해 두길 바란다. 그리고 판단은 이야기가 끝날 때까지 잠시 미루기로 하자.

마지막으로 이기동과 그의 논문을 살펴볼 차례이다. 이 논문은 북한의 고조선 연구를 정리한 것이라 했다. 두드러진 특징은 북한의 학문을 이데올로기의 부산물로 취급하는 것이다. 북한은 학문의 자유가 없고 상부의 명령이나 의도에 따라 임의로 바뀐다는 식이다. 흔히 보는 반공 논리다. 그러나 정말 중요한 것은 따로 있다. 북한의 고조선 연구를 검토하는 이 논문에 난데없이 윤내현이 등장하는 부분이다. 그것은 아래 단 두 개의 문장으로 이루어진다.

> 하긴 최근 우리 학계의 한쪽에서도 이지린의 견해와 거의 다를 바 없는 주장이 윤내현 교수에 의해서 제기되고 있기는 하다. 윤교수가 다루고 있는 중국쪽의 자료라든지, 또한 자료에 대한 비판의 방식이랄까 전반적으로 풍겨지는 논조랄까 이지린의 그것과 너무도 비슷하여 공교로운 느낌이 드는 것은 떨쳐버릴 수 없는 실정이다.
>
> -『한국사 시민강좌』2집, 99쪽

이 기묘한 문장 두 개가 윤내현 빨갱이론과 리지린 표절자론의 효시이다. '~라든지', '~랄까', '~느낌', '떨쳐 버릴 수 없는 실정'. 이 주옥 같은 감성어의 나열은 학술 논문인가 연애편지인가. 그러므로 이 문장들의 무시무시한 의미를 처음부터 깨달은 독자는 아무도 없었을 것이다. 그러나 이 연애편지는 끝없이 심화되고 확산되어, 그로부터 25년이 지난 2013년에는 마침내 국회 국정감사장에까지 울려 퍼지는 짐승의 울부짖음이 된다. 주류 고대사학계는 이런 곳이다.

「고조선 중심지의 변천에 대한 연구」

1990년 노태돈의 「고조선 중심지의 변천에 대한 연구」가 발표되었다. 1988년 『한국사 시민강좌』 2집 발행으로부터 2년 후이다. 제목 그대로 고조선 중심지가 이동했다는 것이다. 이것은 서영수의 고조선 중심지 이동설과 다른가? 많이 다르다. 어쩌면 서영수가 겨우 벌어준 시간 동안 주류 고대사학계의 본령이 등장한 것이라 할 수 있다.

노태돈은 이기백, 김철준 등의 제자이다. 이병도의 학문적 손자뻘 되는 인물로 주류 고대사학계의 맥을 잇는 3세대 대표 주자이다. 이런 그가 고조선 관련 논문을 발표했다는 것은 윤내현 등장 이후 7년이 지나서야 겨우 논문 한 편을 쓸 수 있었다는 뜻이다.

그러나 노태돈 또한 고조선 연구자가 아니다. 그는 삼국 시대를 주로 연구했으며 특히 고구려사를 연구했다. 그런 그가 어느 시기 작정하고 쓴 논문이 이 논문이다. 따라서 이 논문의 수준은 이것만으로도 벌써 짐작할 수 있다. 물론 서영수의 논문과는 비교할 수 없을 만큼 치밀하다. 그러나 윤내현에 비추어서는 여전히 근처에도 못 간다. 논문이란 공부의 정도와 공부한 시간과 진실에 대한 열정에 따라 결정되는 것으로 노태돈은 이 셋 다 윤내현보다 많이 부족하다. 이것은 일제 이래 소고조선론 일반이 신채호의 정통 대고조선론 일반에 턱없이 부족한 것과 같다.

그러나 일제와 주류 고대사학계가 항상 그렇듯 그들에겐 다른 무기가 있다. 첫째 강고한 그들만의 조직이고 둘째 백주 대낮에 윤내현을 빨갱이로 만들 수 있는 그들만의 다양한 기술과 잔혹함, 그리고 그것들을 아무렇지 않게 여기는 강심장 같은 것들이다. 노태돈은 말이 어눌해 강의에는 별 재주가 없다고 한다. 그러나 그 덤덤한 얼굴 뒤로 이런 재능만은 누구보다 탁월했다. 그런 탓으로 이 논문은 지금까지도 주류 고대사학계 고조선 관련 최고의 논문이자 최고의 영향력을 가진 논문으로 남아 있다. 이 논문 이전과 이후 고조선 관련 학술 논문을 한 편도 쓰지 않았음에도 노태돈은 이 50여 쪽 쪼가리 하나로 그런 일을 해 낼 수 있었다. 그것은 주류 고대사학계 비루함의 상징이자 그럼에도 여전히 철옹성으로 존재하는 비밀이다. 그럼 그 기술이란 구체적으로 어떤 것인가. 뜻밖에도 이것 또한 한 꺼풀만 벗기면 어린 아이 장난처럼 단순한 것이다.

노태돈은 이 논문에서 두 가지를 했다.

첫째, 중국. 북한. 남한 전체에 걸친 기존 사료와 연구 중에서 소고조선론에 유리하고 대고조선론에 불리한 것, 그러면서도 가부를 결정하기 어려운 애매한 자료들을 골라내어 편집한다. 거기에 자기만의 주관적 해석을 덧붙인다. 이것들이 얼마나 중요한지, 혹시 다른 자료나 해석들과 모순되지 않는지는 중요하지 않다. 앞서 말했듯 주류 고대사학계에는 비판자나 감시자가 없다. 특히 노태돈 같은 거물이 규정하면 주류 사학계 내부에서는 모두가 순종한다. 또 윤내현을 포함한 대고조선론자들의 반격 따위는 신경 쓰지 않아도 된다. 이기백이나 송호정이 그랬듯 그냥 무시하고 멸시하며 빨갱이 표절자라는 말만 반복하면 되기 때문이다. 따라서 정합성 따위는 고려하지 않아도 된다. 그저 일반 대중이 듣기에 이상하지 않을 만큼만 교묘하면 된다.

둘째, 이것이 중요한데, 노태돈은 고고학 분야에서 중국 학계에 의지하게 된다. 이건 정말 대단한 일이다. 우선 이전까지 한 번도 없던 일이다. 1970년대까지만 해도 중국 공산당은 남한에서 악의 축이나 다름없었다. 따라서 그 시기 한국 고대사학계로서는 듣지도 보지도 못하던 중국 고고학계에 의지한다는 건 상상조차 불가능한 것이었다. 그런데 노태돈이 이 생각을 해내고 실천했다. 중국 개방 10년이 가져온 여파 중 하나이기도 하다. 게다가 이 당시 중국 고고학계는 그 악명 높은 동북공정에 혈안이 되어 있던 시기이다. 이들은 일본 이상으로 고조선을 축소시키고자 하는 자들이며 한국의 소고조선론을 한국 주류 고대사학계보다 더 갈망하는 자들이다. 하물며 이런 중국 학계가 고고학에 대해 어떤 관점을 가지고 있을지는 어린아이도 알 만한 사실이다. 그러나 그들의 물량은 얼마나 막강한가. 노태돈은 회심의 미소를 지었을 것이다. 윤내현의 고고학이 옳고 그른가는 문제가 안 된다. 윤내현이 어떤 얘기를 하던 중국 고고학계의 물량공세를 뚫고 나갈 수는 없다. 특히 정치·경제적 외압을 뚫고 나갈 수는 없다.

이 두 가지로 노태돈의 논문은 완결되었다. 박수 받을 일이다. 고조선에 대해 아는 게 없고 공부한 게 없어도 반박 불가능한 고조선 논문을 만들어 낼 수 있었기 때문이다. 역사가 국력과 직결된다는 말을 다시 상기하자. 그러나 한국 주류 고대사학계는 이 사실을 훨씬 일찍부터 알고 있었다. 이병도가 일제에 기대어 자신의 학문을 유지했듯, 시대가 바뀌자 노태돈은 중국에 기대어 자신의 학문을 유지했다. 실은 그들은, 학문은 본래 권력이자 오로지 권력일 뿐이라고 처음부터 확신하는 자들이었다. 이 신념으로 세계를 이해하는 자들이 주류 고대사학자들이다. 그게 아니면 멀쩡한 윤내현을 빨갱이 표절자로 만드는 일은 절대로 불가능하다.

노태돈은 이것으로 달라진 시대의 첫 번째 이정표를 설정했다. 이병도의 소고조선론이 지배하던 해방 이후 45년, 서영수의 허접한 실험을 거쳐 노태돈은 비로소 공식적으로 고조선을 한반도에서 만주로 옮겼다. 그만큼 시대가 바뀌었고 윤내현이 말했듯 그들로서는 더 이상 버틸 수 없었기 때문이다. 또 이병도의 이론을 바꾸는 일은 노태돈 정도 거물이 아니면 할 수 있는 일이 아니다. 노태돈 정도가 아니면 누가 감히 이병도 선생의 이론을 바꾼단 말인가.

대신 노태돈의 새 이정표는 강력한 교두보이기도 했다. 그 교묘한 기술과 중국 고고학계의 결합은 윤내현의 천재로도 어찌해볼 수 있는 것이 아니다. 노태돈은 일단 성공한 셈이다. 그러나 아직 할 일이 많이 남았다. 이 교두보를 강화하고 포장해야 한다. 나아가 이 교두보를 다시 소고조선론이 한국을 지배할 수 있는 총사령부나 총독부로 만들어야 한다.

『한국 고대사 속의 고조선사』

『한국 고대사 속의 고조선사』는 2004년 출간된 송호정의 책이다. 송호정은 2000년에 박사 학위를 받았는데 그때 학위 논문을 증보하여 출판한 책이 『한국 고대사 속의 고조선사』이다. 따라서 송호정의 이론은 2000년에 정립된 것이라 할 수 있다.

송호정은 노태돈의 제자이다. 이병도의 학문적 증손자뻘, 즉 이병도 이후 주류 고대사학계의 4세대이다. 송호정은 노태돈의 권장과 지도하에 박사가 되었다. 그렇게 해서 자랑스러운 고조선 관련 1호 박사가 되었다. 그럼 송호정의 이론이란 어떤 것인가.

결론만 논하자면 다소 의외다. 송호정은 고조선이 줄곧 한반도 내부에 있었다고 주장했다. 스승인 노태돈이 이동설을 주장했는데 그것을 뒤집고 이병도의 학설로 되돌아 간 셈이다. 그래도 되나? 그래도 된다. 그렇다면 스승을 거역해도 된다는 말인가? 물론 그건 안 된다. 그게 가능한가? 가능하다. 스승이 자기 이론과 다른 이론을 제기하라고 하면 된다.

노태돈이 원한 것은 옳은 학설이 아니다. 대고조선론에 대항하고 대중에게 제시할 수 있는 다양한 소고조선론 상품들이다. 그리고 그것들을 멋지게 포장하는 것이다. 대신 그 핵심에 있는 소고조선론의 본질, 낙랑군 평양설만 확고하게 지키면 된다. 이렇게만 하면 어떻게 해도 고조선이 오래되지 않았고 작은 나라, 심지어 나라도 아닌 집단이었다는 말이 항상 가능하기 때문이다. 또 일제 식민사학 이래 정립된 고조선 이후 모든 고대사도 일제 식민사학이 설정한 대로 유지될 수 있기 때문이다. 물론 노태돈 본인의 전공인 고구려사도 노태돈이 원하는 대로 지켜진다.

반면 소고조선론의 다양성은 여러 이익을 준다. 주류 고대사학계가 학문의 자유가 있다는 선전이 가능하다는 것, 상황에 따라 대처할 수 있는 방안이 많다는 것, 즉 여기서는 이 말 하고 저기서는 저 말 해도 이론이 다양하기 때문에 별 탈이 없다는 것 등이 그것이다.

노태돈에게는 이런 상황이 절실하게 필요했고 그렇기 때문에 송호정을 그토록 열심히 키웠다. 또 송호정이 박사가 되자 누구보다 기뻐했다. 얼마나 기뻤던지 그는 한 학술 잡지에서 이렇게 말했다.

> 이런 필자의 이동설을 비판하면서 처음부터 평양에 고조선의 중심지가 있었다고 주장하는 반론의 제기되었다. 앞으로 이 면에 대한 보다 심층적인 고찰이 요구되어진 바이다.

2000년 8월에 간행된, 앞서 말한 『한국사 시민강좌』 27집, '역사적 실체로서의 단군'이라는 글의 일부다. 그럼 필자인 노태돈을 비판하고 새로운 주장을 한 사람은 누구일까? 노태돈은 그 장 각주에 '송호정, 「고조선 국가형성 과정 연구」, 서울대 박사학위 논문, 1994'(1994라는 년도는 오기다. 1999가 맞다-필자)라고 상세히 밝혀 놓았다.

노태돈은 막 박사 학위를 마친 송호정이 이렇게 기특했고 그런 송호정을 광고하고 키워주는 데 이토록 열성이었다. 만일 윤내현이나 복기대가 노태돈을 비판했어도 이렇게 반응했을까? 대답 대신 독자들은 웃음을 터뜨릴 것이다. 비판은 무슨 비판. 그저 한통속일 뿐이다.

그렇다면 송호정의 논문 수준은 어땠을까. 앞서 노태돈은 공부는 못했어도 아이디어와 기술은 비상했다고 말했다. 그러나 송호정은 그렇지 않았다. 아이디어가 비상하기는커녕 송호정은 노태돈의 꼭두각시나 다름없었다. 그는 노태돈보다 훨씬 두꺼운 박사 논문을 썼지만 핵심 골격은 앞서 말한 노태돈의 그 논문 「고조선 중심지의 변천에 대한 연구」 그대로이다. 즉 적당히 선택한 문헌 자료와 중국 고고학계 학설을 조합한 것이다. 거기에 온갖 자료들을 덧붙여서 그렇게 두꺼운 논문과 책을 만든 것뿐이다. 다만 마지막에 몇 가지 잡소리를 섞어 고조선이 처음부터 평양에 있었다는 결론만 바꾸었다. 또 말하지만 그 동네는 그렇게 잡소리를 해도 되는 동네이기 때문에 문제가 없다. 노태돈 같은 거물이 인정하고 대중이 알아채지만 못하면 만사형통이다.

사실 송호정은 공부를 잘 못한다. 또 다른 고대사학자에 비추어 그리 능란하거나 교활하지도 않다. 신용하나 윤내현을 욕할 때는 기세가 등등하지만 한편으론 자신감 없고 열등감이 많은 사람인지도 모른다. 이건 내가 하는 말이 아니라 송호정 자신이 하는 말이다.

> 필자가 고조선에 대해 관심을 갖게 된 것은 어찌 보면 우연한 계기에 의해서다. 석사 과정에 있던 1980년 말 미국에 교환교수로 가게 된 지도교수님이 중국 학계의 중국 동북 지방 관련 청동기, 초기 철기 시대의 고고학 논문을 정리 해 볼 것을 주문 하셨다.
>
> …(중략)…
>
> 특히 고조선사의 경우는 …(중략)… 공부를 하면 할수록 점점 수렁에 빠

져드는 느낌을 지울 수 없었다. 한동안은 짧은 기간에 혼자서 정리한다는 것은 과욕이라 생각하고 일전에 정리해 본 부여사로 논문 주제를 변경하려고도 생각하였다. 그러나 부여사는 사람들의 관심에서 벗어나 있으므로 다른 기회를 이용하고, 한국 최초의 국가인 고조선사를 학위논문으로 다뤄보라는 지도교수님의 권유는 다시 고조선사에 전념할 수 있는 큰 힘이 되었다.

이것은 예의 책『한국 고대사 속의 고조선사』 머리말의 일부이다. 여기서 지도교수님은 물론 노태돈이다.

나는 송호정의 이 말이 그의 솔직한 심정일 거라 생각한다. 이 인용은 짧지만 많은 것을 시사한다. 가령 노태돈이 이미 1980년 말 중국 고고학계에 관심을 보였다는 사실이 그렇다. 그것은 곧바로 앞서 검토한 노태돈의 논문「고조선 중심지의 변천에 대한 연구」와 직결된다. 노태돈은 중국 고고학계로 탈출을 이미 기정사실로 굳히고 있었던 것이다.

하지만 지금은 송호정 이야기를 하는 중이다. 보다시피 송호정은 고조선 연구에 별 뜻이 없었던 사람이다. 노태돈의 권유로 우연히 시작한 것이다. 또 고조선 공부를 어려워했고 그래서 부여사로 논문 주제를 바꾸려고까지 했다. 그걸 노태돈이 붙잡아서 송호정은 고조선 박사가 될 수 있었다.

그중 '부여사는 사람들의 관심에서 벗어나 있으니 다음 기회를 이용하라'는 말도 인상적이다. 고조선 연구의 동기에는 세간의 관심도 중요했다는 뜻이기 때문이다. 이는 세간의 관심이 없었다면 고조선 연구를 하지 않았을 수도 있다는 말이다. 이것은 송호정 이전에 고조선을 연구한 박사가 없었던 이유이기도 하고, 윤내현 이전에 주류 고대사학자들 중 아무도 고조선을 연구하지 않은 이유이기도 하다. 반대로 송호정이 하필 그 시기에 고조선을 연구한 이유이기도 하다. 그렇다고 세간에 관심을 가지는 걸 굳이 탓할 일은 아니지만 주류 고대사학계와 송호정이 얼마나 속된 사람들인가는 분명히 보여주는 일면이다. 하지만 누가 이 세간의 관심을 불러일으켰을까? 단 한 사람, 윤내현이다. 윤내현 이전엔 다른 누가 고조선을 떠들어도 그들에겐 관심 밖의 일이었다. 결국 그들은 모두 윤내현의 태풍 속에 있었다. 멀리는 신채호 이후 정통 대고조선론의 태풍 속에 있었으며 더 멀리는 독립운동사와 현대사가 시대를 따라 일으킨 태풍 속에 있었다.

그러나 이런 송호정의 마음과 정신 속엔 무엇이 있었는가. 여기에 신채호, 정인보, 윤내현, 복기대, 신용하 같은 순수와 헌신과 열정과 과학이 보이는가? 다시 말하지만 세간에 관심을 가진다는 측면에서는 송호정을 탓하고 싶지 않다. 그러나 거기에 정통 대고조선론자들의 정신 같은 건 없었다는 사실만은 분명히 해두고 싶다. 이는 고스란히 소고조선론과 대고조선론 전체의 정신을 구분하고 대변하는 것이기도 하다.

오히려 송호정의 마음을 사로잡은 건 좀 더 소박하고 인간적인 것이라 생각한다. 국사학과 석·박사 과정 학생으로서 방황하는 그를 붙잡아 준 건 노태돈이었다. 그는 송호정을 박사로 키워냈고 학계에서 촉망받는 신예 학자로 부상시켰다. 그는 나중에 교원대학교 교수가 되었는데 모르긴 몰라도 결코 쉽지 않은 교수직 얻는 일에도 스승의 역할이 컸을 것이다. 이처럼 노태돈은 청년기 이후 송호정의 인생을 총체적으로 결정한 사람이다. 이런 노태돈에게 송호정이 가지는 애정과 존경심은 대단했을 것이다. 그리고 진심이었을 것이다. 나는 송호정이 분노하는 원인과 동력을 여기에서 발견한다. 그게 아니라면 다름 아닌 신용하나 윤내현을 그렇게까지 미워할 수는 없다. 말했듯 신용하와 윤내현은 진실한 학자들이며 그 인품이 온건하다. 누가 미워할 수 있는 종류의 사람들이 아니다. 그런데도 송호정이 그들을 그토록 미워했다면 동기는 하나뿐이다. 그들이 그의 스승과 그의 학계를 위협했기 때문이다. 그러나 이런 사람이 확신과 분노를 가지면 더 무섭다. 나는 그런 송호정에게 일종의 공포를 느낀다. 가까운 사람에게는 유별나게 순하지만 적들에게는 유별난 분노와 증오를 품기 때문이다. 그는 윤내현을 빨갱이로 처단하는 데 1초도 머뭇거리지 않을 것 같다.

마지막으로 이런 송호정이 주류 고대사학계와 소고조선론에서 갖는 의미를 정리하기로 하자. 말했듯 송호정은 학문적으로는 별 의미가 없다. 소고조선론 내부에서도 그렇다. 앞서 말한 서영수 정도까지는 아니라 해도 그의 학설을 중시하는 사람도 별로 없다. 그보다는 노태돈의 논문이 훨씬 중요하다. 여러 종류의 대고조선론을 상대할 때도 노태돈의 논거를 가장 자주 가장 유력하게 사용한다. 그럼에도 송호정의 의미는 각별하다. 왜 그런가? 다음 아닌 박사 학위를 가지고 있기 때문이다. 송호정의 모든 의미는 그의 박사 학위에서 나온다. 그러므로 이렇게 물어야 한다. 송호정의 박사 학위는 주류 고대사학계와 소고조선론에 어떤 의미인가?

첫째, 이 박사로 인하여 주류 고대사학계는 고조선을 전문적으로 연구한다는 알리바이를 확보했다. 대중은 고조선 1호 박사 송호정이라는 이름을 듣는 순간 주류 고대사학계가 고조선을 전문적으로 연구하는 학계라고 완전히 속아 넘어간다.

둘째, 이 박사로 인하여 주류 고대사학계는 대고조선론을 직격하는데 유리한 고지를 점했다. 그가 공적인 학술 잡지에서 신용하를 대하는 걸 감안할 때 그는 공적인 지면에서조차 박사 학위라는 감투 밑에 숨어 테러 수준의 막말을 자행할 수 있다. 그의 박사 학위는 그렇게 저열한 송호정의 언사를 합리화해준다. 말하자면 그는 질 나쁜 악플러의 권리를 합법적으로 확보한 셈이다.

셋째, 대중적 잡지나 교양 도서에 글을 쓰는 데 유리하다. 방송 출연이나 대중 강연에서도 마찬가지다. 필자 이력이나 출연자 프로필에 서울대학교 고조선 박사 1호라는 말이 들어가는 것은 정말로 강력한 위력을 발휘한다. 어쩌면 소고조선론자 전부의 이름을 올리는 것보다 강력할지 모른다.

넷째, 국회, 관공서, 기타 학술 기관 등과 관계할 때 더할 수 없이 좋은 얼굴마담 역할을 한다.

이것이 송호정의 의미이며 사실상 그 의미의 전부다. 실제로 송호정은 박사 학위를 받자마자 이 일을 시작했다. 박사 학위증 잉크가 식기도 전인 2000년 말 송호정은 『역사비평』 겨울호에 「'비밀의 왕국, 고조선' 실상은 이렇다」는 글을 실었다. 이 글은 그해 10월 KBS에서 방영된 다큐 프로를 저격하기 위한 글인데, 이 다큐는 다름 아닌 윤내현의 이론을 바탕으로 한 〈역사스페셜〉이란 프로그램의 '비밀의 왕국, 고조선' 편이다. 송호정의 이 글은 앞서 말한 송호정의 책 『단군, 만들어진 신화』에 다시 실렸고 신용하를 사실무근이라 하고 그를 한양대 석좌교수가 아닌 명예교수라고 폄하했던 이야기도 여기에 있는 것이다.

이런 저격은 다른 사람이 수행하기 어렵다. 예를 들어 노태돈 같은 거물이 이런 식의 저격 글을 쓸 수는 없는 일이다. 그렇다고 따로 적당한 사람이 있는 것도 아니다. 아직 새파란 애송이, 그러나 고조선 박사 1호라는 머리띠를 두른 송호정만이 할 수 있는 일이다. 노태돈과 주류 고대사학계가 송호정을 키운 가장 중요한 이유가 이것이다. 그들은 송호정의 저격 글에서 복수심과 증오심의 충족을 만끽했을 것이다. 이해가 간다. 빨갱이로 고발까지 하면서 때려잡으려 했던 윤내현인데 오히려 더 생생히 살아나 대규모 TV 역사 다큐에까지 등장했으니 오죽하겠는가. 그런 그들의 속내를 송호정이 남김없이 달래주었던 것이다. 이후로도 송호정은 위의 네 가지 일을 쉬지 않고 지속했다. 지금까지도 그러하며 앞으로도 그럴 것이다. 결론이 뭔가. 노태돈의 교두보가 사령부로 확장하기 위한 중대한 전진을 했다는 것이다. 주류 고대사학계의 그 화려한 일보 전진이 바로 송호정이다.

그 이후

송호정 외에도 기억할 만한 사람들이 있기는 하다. 하지만 지속적으로 두드러진 사람은 없다. 나중에는 어떨지 몰라도 현재는 그렇다. 왜 그런지를 생각해보는 것도 의미 있는 일일 것이다. 하지만 여기서는 생략한다. 대신 최근에 등장한 젊은 세대가 있다는 정도만 짚어두자. 송호정 이후, 그러니까 이병도로부터 5세대가 되는 사람들이다. 별로 중요하진 않지만 이들에 대해서는 좀 더 말할 기회가 있을 것이다.

한 가지 분명한 건 학술적인 측면에서는 더 이상 논할 것이 없다는 사실이다. 주류 고대사학계는 노태돈과 송호정으로 충분했다. 대신 그들은 다른 일에 몰두했는데 이는 매우 중요한 것으로 뒤에서 상술한다. 왜 주류 고대사학계가 더 이상 이론을 개발하지 않는지도 생각해볼 가치는 있다. 그러나 이에 대해서도 생략하겠다.

☞ 윤내현 표절 시비와 이형구 – 이런 사람도 있다

여기 한국 고고학계의 풍운아가 있다. 풍운아는 멋진 사람을 가리킬 때도 있지만 여기서는 좀 다르다. 오물통을 더럽다 하지 않고 알몸으로 헤엄치는 그런 종류의 풍운아다. 왜 그는 그렇게 되었는가. 아마도 욕망 때문일 것이며 아마도 이를 위한 근본 없는 자의 몸부림이기 때문일 것이다. 이런 사람도 있는 것이어서 하필 한국 고대사학계와 고고학계의 풍경이라니 한 번은 구경할 필요가 있다.

『역사학보』 146집

1995년 6월, 그러니까 윤내현의 『고조선 연구』가 출간된 지 채 1년이 안 된 무렵 『역사학보』 146집에 전대미문의 논고 하나가 실렸다. 「리지린과 윤내현의 '고조선 연구' 비교」라는 글이다. 저자는 이형구다. 논문의 내용은 윤내현이 북한 학자 리지린을 표절했다는 것이다. 그렇다. 표절자 윤내현이라는 구호를 영원히 박제시킨 바로 그 글이다. 1988년 앞서 말한 『한국사 시민강좌』 2집에서 이기동이 연애편지처럼 수줍게 속삭였던 것을 최고 성능 확성기로 온 세상에 외쳐 노래한 사건이다.

이 글을 처음 읽었을 때 나는 이 글과 이 글의 저자인 이형구에게 굉장히 화가 났다. 그래서 지난 책들에서는 이형구와 이 글을 조목조목 비판했다. 지나치다 싶을 정도로 그렇게 했다. 하지만 이것도 옛일이다.

이젠 화도 안 내고 지난 책들에서 충분히 했으므로 더 논박할 생각도 없다. 이 책의 독자들에게도 마찬가지다. 지금까지의 이야기만으로도 '표절자 윤내현'이라는 말이 얼마나 터무니없는 헛소리인지 잘 전달되었을 거라 생각한다. 그러므로 더 이상 에너지를 낭비하지 않으려 한다. 대신 더 재미나고 유용한 이야기를 하고자 한다.

먼저 이형구가 소고조선론자라는 사실을 분명히 알아둘 필요가 있다. 이 사람은 고고학자라 본격적인 역사 논문을 쓰지 않지만 견해는 뚜렷하다. 그는 '고조선은 중국 북경 근처에 있다가 중국 고대 국가인 은나라가 망한 후 그 신하였던 기자가 옮겨 와서 정권을 이어 받았다. 이게 기자조선이다. 본래 은나라와 고조선은 같은 문명에 속하므로 기자는 평화적으로 정권을 인수 받았을 가능성이 높다. 하지만 이 기자조선은 나중에 중국 세력에 밀려 한반도 근처로 이동했다. 물론 그 도읍지는 지금의 평양이다. 따라서 한나라 무제에게 망한 후 설치된 낙랑군도 지금의 평양에 있었다'라고 주장한다. 한사군의 낙랑군이 평양에 있다고 하니 확실한 소고조선론자인 것이다. 어찌 보면 중심지 이동설 같기도 하고 어찌 보면 아닌 것 같기도 한데 이에 대해선 나중에 말하기로 하고 어쨌든 그가 소고조선론자라는 사실은 변함없다.

그런데 이형구가 소고조선론자라는 이 사실이 그렇게 중요한가? 중요하다. 왜냐하면 이 사람이 소고조선론자인 걸 일반인이 거의 모르며 오히려 대고조선론자라 생각하는 경우가 더 많기 때문이다. 왜 이런 일이 생기는가. 이형구는 방송이나 책에서 줄곧 우리 민족의 문화가 자랑스럽다고 말하는데, 그 이유는 우리 민족의 기원이 만주에서 중국 동부를 아우르는 곧 발해연안 전체에 걸친 오래되고 거대한 문명이기 때문이라는 것이다. 그러니까 언뜻 들으면 스케일이 웅장해서 잘 모르는 대중은 이형구가 강단 주류 고대사학계 소고조선론자들과는 다른 대고조선론자라고 착각하게 되는 것이다. 그러나 함정은 우리 민족의 '기원'이라는 한 단어이다. 단지 기원이 그렇다는 것이지 정작 고조선은 그 일부에 불과했고 위에서 말했다시피 나중에 한반도로 찌그러져 한나라 무제에게 멸망한 나라일 뿐이다. 그러면 그 거대한 문명은 어디로 갔는가. 일부가 중국 은나라에 있었는데 그들도 망하고 보다시피 지금은 한족인 중국에게 다 정복되었다. 은나라건 고조선이건 다 중국에게 복속된 나라라는 말이다. 따라서 이 논리는 중국 동북공정이 아주 좋아하는 논리다. 나머지야 어쨌든 이것이 중국 동북공정이 원하는 핵심 중의 핵심이기 때문이다.

이런 얘기를 들으면 독자들은 뭔가 사기를 당하는 느낌이 들 것이다. 맞다. 이형구는 우리나라 대중에게는 민족 감정을 자극하는 민족주의자로 인식되길 바라고, 돌아서서 중국과 대만의 학자들에게는 비위를 맞추는 그들의 똘마니로 인식되길 바란다. 왜냐고? 그러면 어느 쪽에서나 돈과 명성, 지위와 인맥을 얻을 수 있기 때문이다. 설마 그럴 리가 있겠냐고 말하지 말라. 다시 말하지만 판단은 나중에 해도 늦지 않는다.

대신 이 대목에서 짚어 둘 다른 이야기가 하나 있다. 『역사학보』라는 잡지 자체에 대한 것이다. 『역사학보』는 역사학회의 학술지이다. 그리고 역사학회는 우리나라 최고의 역사 관련 학회이다. 따라서 『역사학보』도 역사 관련 최고의 학술지이다. 역사에 별 관심이 없는 사람이라도 간단한 검색으로 이 사실을 바로 알 수 있다.

이형구의 저격 글은 다름 아닌 이 어마어마한 학술지에 발표되었다. 이 학회와 학술지에도 운영자들이 있고 편집자들이 있다. 당연히 이형구의 글도 그들이 허용해야만 학술지에 실릴 수 있다. 그렇다면 과연 이형구의 저 글이 이 대단한 학술지에 실릴 만한 것인가? 이형구의 글은 너무도 무도해서 윤내현이 정말로 극악한 자가 아니면 절대로 실을 수 없는 글이다. 학자 하나를 완전히 매장하는 글, 문자 그대로 죽여 버리는 글이기 때문이다. 그럼에도 『역사학보』는 이형구의 글을 실었다. 『역사학보』의 담당자들, 나아가 역사학회의 학자들은 그렇게 판단한 것이다.

내가 짚어두고자 하는 것이 이것이다. 역사학회와 『역사학보』는 이형구의 이 글을 게재했다는 사실에 대해 언젠가는 심판받을 것이다. 역사는 흘러가고 마는 게 아니라는 것, 잠깐 잊어버렸다고 끝나는 게 아니라는 것, 이 사실을 그들 자신이 가장 잘 알고 있을 것이다. 2021년 3월 1일, 3.1절을 맞이하여 친일파의 재산 환수가 실시되었다. 가능하지 않을 것 같았고 다 잊어버린 줄 알았지만 끝내 이런 일이 생겼다. 어떻게 그런지는 잘 모르겠다. 다만 역사에서는 그런 일이 생긴다. 역사학회와 『역사학보』도 예외가 아니다. 다름 아닌 역사학자들이 이런 일을 했다는 사실에서 평범한 어떤 사람들은 견딜 수 없는 수치를 느낀다. 누가 의도하지 않아도, 당신들은 그 익명의 느낌들로부터 도망치지 못한다.

진짜 표절자들

표절 얘기가 나왔으니 진짜 표절 이야기를 좀 해보자. 주류 고대사학계는 윤내현이 표절자라고 했다. 그러나 그것은 거짓말이다. 법적이든 윤리적이든 상식적이든 어떤 식으로 따져도 주류 고대사학계는 그 거짓말을 숨기지 못한다. 오로지 사정을 모르는 사람들에게만 통하는 마타도어일 뿐이다.

그런데 주류 고대사학자 자신들은 표절과 무관한가? 다른 누구를 표절자로 비난할 자격이 있는 사람들일까? 노태돈은 한 논고에서 이런 문장을 썼다.

> 가령 환인은 산스크리트어 …(중략)… '제환인타라'에서 그 어원을 찾아볼 수 있다. …(중략)… 뒤에 불교 신앙 체계에 수용되어…

이 문장은 『단군과 고조선사』라는 책 13~14쪽에 있는 문장이다. 이 책은 앞서 말한 노태돈의 논문 「고조선 중심지의 변천에 대한 연구」와 더불어 기타 잡설을 모아 2000년에 출간한 책이다. 기껏해야 10년 전에 본인이 쓴 논문을 재탕하여 쓸데없는 말들을 덧붙인 이런 책이 왜 나왔는지도 의미심장하지만 여기서는 생략하겠다. 일단 인용된 문장에 집중한다.

이 문장은 삼국유사 단군신화에 나오는 환인의 어원이 산스크리트어 '제환인타라'에 있다는 말이다. 그런데 이 문장에는 각주가 없다. 그럼 노태돈은 이 사실을 어떻게 알았을까. 환인이 불교 용어라고 추정하는 사람은 많다. 그러나 '제환인타라'라고 찍어 말하는 경우는 거의 없다. 실은 나는 남한 학자 중에 노태돈 말고 본 적이 없다. 이게 맹랑한 것이 인터넷 검색을 하면 '제환인타라'라는 말은 많아도 이 말의 출전이 어디인지 누가 한 말인지는 찾을 수가 없다. 물론 나 같은 보통 사람의 검색이니 별로 치밀하지는 못하겠지만 적어도 이만큼 특별한 단어라는 사실만은 분명하다. 그러니까 노태돈이 이 말을 어떻게 알았는지 묻는 건 당연하며 노태돈이 각주에서 출전이나 연원을 밝혀야 하는 것도 당연하다. 하지만 노태돈은 아무것도 하지 않았다. 그래서 또 묻는다. 노태돈은 '제환인타라'라는 말을 어디서 어떻게 알았을까? 그는 어디서 이 말을 보거나 들었을까?

그런데 나는 이 말, '제환인타라'라는 말을 노태돈 말고 다른 사람한테서 딱 한 번 들은 적이 있다. 그게 누굴까? 다름 아닌 리지린이다. 노태돈의 이 문장이 있기 40년 전의 북한 학자 리지린, 그러니까 이형구가 그렇게 외쳐대는 그 리지린은 자신의 저서 『고조선 연구』(열사람 출판사) 102쪽에 이런 문장을 써놓았다.

그 몇 가지 예를 들면 단군의 조부인 '환인'은 범어(산스크리트어라는 뜻이다-필자 주) '제환인타라'의 환인을 그대로 차용한 명칭이다.

이제 일이 미묘해졌다. 노태돈은 '제환인타라'를 여기서 가져온 걸까 아니면 다른 데서 가져온 걸까. 하지만 어느 쪽이든 노태돈은 출전을 밝혔어야 한다. 더구나 노태돈의 문장과 리지린의 문장이 이 정도로 유사하면 노태돈은 무조건 리지린의 책이 출전임을 각주에 밝혔어야 한다. 어느 쪽이든 노태돈이 표절했다는 점에서는 재론의 여지가 없다.

나아가 그 방식의 간교함이 담고 있는 비도덕성이 심각하다. 왜냐하면 노태돈은 이것이 북한 학자의 책이기 때문에 대중에게 잘 발각되지 않을 것이고, 주류 고대사학계에서는 노태돈이 하는 일이므로 뭐라 하지 않을 것이기 때문에 이런 짓을 했다. 그러면서 뭔가 연구를 한 것처럼 사실은 대단한 치장을 한 것이다. 스쳐가는 문장 같지만 '제환인타라' 같은 단어의 산스크리트 어원을 지적하다니 이게 어디 보통일인가. 그 밖에도 이 대목은 여러모로 문제가 많다. 예를 들어 환인이란 말에 대한 윤내현의 해석은 리지린과 많이 다르다. 그러니까 윤내현을 공격할 수 있는 그 다른 점을, 하필 노태돈이 끌고 와서 소리도 없이 대중에게 전파한 셈이다. 인터넷에서는 어디서 왔는지도 모르는 노태돈의 해석만이 깔려있고 그게 노태돈이 한 말이란 것도 사람들은 모른다. 무심코 검색을 한 사람들은 그냥 그런 줄 안다. 그러니 실로 대중의 시야에 무색의 독가스를 살포해 놓은 것이라 해도 과언이 아니다. 노태돈이 비상하고 무서운 사람이라는 말을 괜히 한 게 아니다. 그는 100년 식민사학 대본영의 수장 자격이 있다.

나는 이 사연만 가지고도 어지간한 논고 하나를 쓸 수 있다. 하지만 지금은 표절 문제에 집중한다. 어쨌든 노태돈의 표절은 분명하다. 윤내현을 잘도 때려잡는 이형구는 왜 이런 노태돈은 가만 두었을까. 특히 그

의도와 행태의 간교함으로 보자면 노태돈은 이형구에게 치도곤을 당했어야 하는 거 아닌가?

노태돈의 행태를 좀 더 이해하기 위해 한 가지 예를 더 들겠다. 아래는 앞서 말한 노태돈의 중요한 논문 「고조선 중심지의 변천에 대한 연구」에 나오는 문장이다.

진 장성이 수성현에 미친다는 기록은 '태강지리지'에서 처음으로 나타났다.

말뜻은 간단하다. 진나라 장성이 수성현에 이르렀다는 기록이 『태강지리지』라는 역사서에 처음 나온다는 말이다. 익숙하지 않은 독자는 잘 모르겠지만, 또 지금은 알 필요도 없지만 어쨌든 고조선과 관련해서는 굉장히 중요한 말이기도 하다. 그런 이야기를 지금 노태돈이 한 것이다. 물론 이번에도 각주 같은 건 없다. 그럼 노태돈은 이 사실을 어떻게 알았을까? 『태강지리지』 이전의 책을 노태돈이 다 조사해보았다는 말인가? 그 많은 중국 고대 문헌을 다 검토했다니 그렇다면 너무 대단하지 않은가? 그러나 여기서도 동일한 일이 반복된다. 리지린은 역시 같은 책 『고조선 연구』 70쪽에서 이렇게 말했다.

그리고 진의 만리장성이 락랑군에까지 이르렀다는 다른 어떠한 자료도 찾을 수 없기 때문이다.

리지린은 『태강지리지』 이외에 다른 어디에서도 그런 자료를 찾을 수 없었다는 말을 하는 중이고 수성현은 다름 아닌 낙랑군 안에 있는 지역이다. 즉 '진 장성이 수성현에 미친다는 기록이 『태강지리지』에 처음 나온다'는 노태돈의 말과 같은 말이다. 그러니까 노태돈은 이번에도 리지린을 표절한 것이다. 그게 아니면 고구려사 연구자인 노태돈이 저 사실을 알았을 리가 없으며, 리지린 말고 저런 얘기를 할 수 있는 사람은 세상에 없다. 리지린이 저 말을 할 수 있었던 건 정말로 많은 자료를 검토했기 때문이다. 원래 리지린은 그걸로 유명하다고 앞서 말하지 않았는가.

그러나 노태돈은 자료 검토는커녕 본래 고조선 연구자도 아니었다. 그런 그가 천연덕스럽게 저런 말을 한다. 공부 한 자 안 하고 날로 먹고 있는 거다. 질이 아주 나쁘다. 표절 문제로 정말로 학계에서 제거해야 할 자는 윤내현이 아니라 노태돈이었던 것이다. 또 이 문제도 이면에 담고 있는 의미가 대단히 심각하다. 하지만 여기서도 더 길게 말하지는 않겠다. 역시 지금은 표절에만 집중하자.

그 밖에 노태돈 말고 다른 사람의 사례도 더 있으나 생략하겠다. 그런데 나는 전문가가 아닌 일반인이다. 그냥 책을 읽다가 이런 사례들을 발견한 것뿐이다. 만일 전문가가 작정하고 주류 고대사학계의 표절 여부를 검토한다면 어떤 결과가 나올까? 이 질문과 관련하여 약간 다른 사례를 하나만 더 살펴보겠다.

지금부터 앞서 말한 서영수의 글 세 편을 살펴볼 것이다. 그것들의 출처와 제목은 다음과 같다.

- 「고조선의 위치와 강역」, 『한국사 시민강좌』 2집, 일조각, 1988년
- 「고조선의 발전과정과 강역의 변동」 『고조선의 역사를 찾아서』, 고조선
  사연구회, 동북아역사재단, 학연문화사, 2007년
- 「고조선사의 쟁점과 역사 현장」, 『고조선사 연구 100년』, 고조선사연
  구회, 동북아역사재단, 학연문화사, 2009년

이 중 첫 번째 글에 다음과 같은 문장이 나온다.

고조선의 강역을 아테네와 같은 도시국가로 보든지 로마와 같은 대제국
으로 이해하든지 간에 **그와 같은 견해가 성립하기 위해서는 그러한 영역을
지배할 수 있었던 사회의 성격에 대한 설명이 전제되어야 한다. 즉, 영역의
크기는 그 사회가 가지는 문화수준에 따른 사회구성의 능력에 따라 달라지
기 때문이다.**

－『한국사 시민강좌』 2집, 37쪽

그런데 이와 비슷한 문장이 두 번째 글에도 나온다. 얼마나 비슷한
가 보라.

고조선은 아테네와 같은 도시국가였는가 아니면 로마와 같은 대제국이었
는가? 일부에서는 고조선은 출발부터 대제국이었다는 견해가 나오고 있다.
**그러나 이와 같은 견해가 성립하기 위해서는 그러한 영역을 지배할 수 있었
던 사회의 성격에 대한 설명이 전제되어야 한다. 즉, 영역의 크기는 그 사회**

가 가지는 문화수준에 따른 사회구성의 능력에 따라 달라지기 때문이다.

-『고조선의 역사를 찾아서』, 23~24쪽

하지만 이게 다가 아니다. 비슷한 문장이 세 번째 글에도 나온다. 이번에도 얼마나 비슷한가 보라.

> 고조선의 강역을 아테네와 같은 도시국가로 보든지 로마와 같은 대제국으로 이해하든지 간에 **그와 같은 견해가 성립하기 위해서는 그러한 영역을 지배할 수 있었던 사회의 성격에 대한 설명이 전제되어야 한다. 즉, 영역의 크기는 그 사회가 가지는 문화수준에 따른 사회구성의 능력에 따라 달라지기 때문이다.**

-『고조선사 연구 100년』, 27~28쪽

매우 비슷하다. 특히 굵은 글씨체(필자가 편의상 굵은 글자로 처리한 것이다)에 해당하는 부분은 완전히 같다. 그러니까 그대로 복사한 것이다. 이것을 통상 자기 표절이라 한다. 서영수는 이 세 편의 글에서 이런 식의 자기 표절을 얼마나 했을까? 때론 두 개의 글 사이에서 때론 세 개의 글 모두에서 이런 식의 자기 표절이 수십 곳이고 다 합해 하나로 모으면 거의 열 쪽에 이른다.

이 세 글은 명백한 학술 서적에 게재된 명백한 학술 논고이다. 또 이 세 글 사이에서 자기 표절한 부분엔 전혀 각주가 없으며 서로를 참고했다거나 겹친다는 말도 없다. 또 이 글은 학술 발표장에서 잠시 인용하는 발표문이나 발제문이 아니며, 이과나 자연과학의 논문들이 도입부 같은 데서 편의상 인용하는 구절도 아니다. 이것은 인문과학의 명백한 정식 논문이다. 나아가 이 세 글은 서로 다른 제목과 주제로 서로 다른 학술 서적에 게재된 서로 다른 시기에 쓴 것이다. 한마디로 완전한 새 글 행세를 하는 것들이다. 따라서 이것은 재고의 여지가 없는, 최악의 자기 표절이다. 이런 자가 주류 고대사학계에서는 중심지 이동설을 개창한 효시이자 원로로 대우 받고 있는 것이다.

개인적인 생각을 말하자면, 나라면 누가 하라고 시켜도 이렇게 못할 것 같다. 그걸 복사해 끼워 맞출 시간과 정력이 있으면 차라리 새로 쓰는 게 훨씬 쉬울 것 같다. 그걸 못하고, 자신의 다른 논문에서 뭉텅이로 베꼈다는 얘기는 창피해서 각주에 못 다니까 이런 짓을 한다. 대체 이자들은 어떻게 된 자들인가?

윤내현이 표절자라고? 그래서 마지막으로 묻는다. 진짜 표절은 무엇인가. 진짜 표절자들은 누구인가. 만일 전문가가 감식을 한다면 자기들끼리 꽁꽁 숨어 사는 저 주류 고대사학계의 표절 작태는 얼마나 가관일 것인가!

이런 사람도 있다

이형구의 가장 유명한 업적은 풍납토성 유물 발견이다. 이 발견의 의미는 생략하고 어쨌든 이형구의 이 업적만은 높이 평가되어야 한다. 실제로 이 업적을 칭송하는 사람들도 적지 않다. 그런데 이형구가 이 유적을 발굴하는 과정이 인상적이다. 1997년 이 지역에 아파트 공사가 있었는데, 평소 풍납토성의 중요성을 강조하던 이형구는 출입금지 지역임에도 몰래 잠입해 다량의 유물들을 발굴해 왔다고 한다. 이것이 풍납토성이 본격적으로 유명해지기 시작한 계기인데 이런 이형구의 행동을 보면 그는 대단히 열정적임과 동시에 대단히 도발적인 사람이라는 것을 알 수 있다. 조금만 더 나가면 도덕적 법적 금기를 넘어설 수도 있다. 잘될 경우는 풍납토성 발견 같은 성과를 얻을 수 있으나 잘못되면 윤내현 같은 학자를 눈 하나 깜빡이지 않고 도륙할 수 있다. 이런 성향을 가리켜 나는 이형구를 풍운아라 했던 것인데 그중에서도 근본 없는 자의 더러움이라고 잘라 말했다. 이제 그 가부를 알아보자. 여기 이런 사람도 있으니까.

이형구는 한국 고고학자 중 그 출신이 가장 이질적이다. 그는 1962년 홍익대 미술학과에 입학했고 군 복무 후 7년간 동아일보 기자 생활을 했으며 그러다 대만으로 유학을 갔다. 1981년에 귀국하였으며 이후 한국정신문화연구원 자료조사실 실장, 문화관광부 문화재 전문위원, 선문대학교 교수 등의 이력을 쌓는다. 보다시피 주류 고대사학계나 주류 고고학계와 출신이 다르다. 따라서 그는 한국에서 별로 설 자리가 없다. 게다가 대만에서 공부한 만큼 이론적 성향도 대만 학자들과 유사해 한국 학계가 좋아할 리가 없다. 그는 음으로 양으로 냉대 받아야 했다. 그럼 갈 곳이 마땅치 않은 이형구는 무얼 해야 하는가. 이제 물불 안 가리는 이 풍운아의 질주가 시작된다.

－ 1990년 이형구는 정신문화연구원 교수회의에서 강인구 교수가 자신의 논문을 표절했다고 주장했다. 화가 난 강인구 교수는 다음 해인 1991년 이형구의 박사 논문을 강하게 비판하는 글을『한국학보』라는 학술지에 발표했다. 이형구의 박사 논문은 개설서 수준의 저급한 것이며 무엇보다 이형구의 박사 논문이야말로 기존의 견해를 다시 내세우고 각주마저 불순한 사실상의 표절이라 주장했다. 이에 대해 이형구는 '강 교수의 글은 논문이라기보다 감정적인 것이기에 학문적으로 대응할 필요를 느끼지 않는다'라고 응수했다.

이 이야기는 1991년 중앙일보 기사를 요약한 것이다. 이형구는 왜 이런 사단을 일으켰을까. 갈 곳 없는 이형구가 자신의 논문이나 이론을 부각시킬 수 있는 유일한 방법이었기 때문이라고 생각한다. 물론 이건 내 개인의 생각이다.

－ 1994년 이형구는『단군을 찾아서』라는 자료집을 출간하여 세간의 관심을 끌었다. 그런데 그는 이 일로 자신이 자료조사실 실장으로 근무하던 정신문화연구원으로부터 3개월 정직 처분을 받았다. 이에 이형구는 법정 소송을 치러 '부당한 처사'라는 판결을 이끌어내기도 했다. 이형구가 이기긴 했는데 대관절 이 소동은 왜 일어난 걸까?

1993년에 북한 고대사학계가 단군릉이란 걸 발굴했다고 보고했다. 이는 고대사학계와 고고학계에서는 굉장히 큰 사건이었다. 한편 새로 들어선 김영삼 정부는 당시 북한과 상당한 화해 분위기를 펼치고 있었다. 이런 와중에 단군릉에 대한 북한의 여러 자료가 정신문화연구원에 입수되었다. 정신문화연구원은 특수 자료 취급 기관이라 북한 문헌이 들어오는 곳이기 때문이다.

자료집 『단군을 찾아서』는 이형구가 이 자료를 모아 독단적으로 출간한 것이다. 이것이 법적으로 문제가 되건 안 되건 정신문화연구원으로서는 화가 나지 않을 수 없는 일이다. 그래서 앞서 말한 소동이 벌어진 것이다.

이 이야기는 2001년 『민족21』이라는 잡지에 실린 이형구의 인터뷰 내용이다. 그러니까 이형구에게 불리한 이야기가 아니다. 그럼에도 사정은 짐작이 가고도 남는다. 이형구는 왜 이런 일을 했을까? 1994년 시점에서 『단군을 찾아서』 같은 자료집이 나오는 건 선풍을 일으킬만한 일이다. 실제로 그랬고 이형구 자신도 이를 계기로 상당한 지명도를 얻었으며 본인의 이력에도 매주 중요한 기여를 했다. 이게 이형구가 이 소동을 일으킨 이유라고 생각한다. 북한과의 화해나 민족 단합이나 학문의 발전을 위한 결단일 가능성은 없느냐고? 나는 전혀 없다고 생각한다. 물론 내 개인의 생각이다.

- 1995년 이형구는 우리가 지금 말하고 있는 그 사건을 일으켰다. 『역사학보』에서 윤내현 표절 시비를 대규모로 일으킨 것이다. 이형구는 학문의 도덕성을 위해서 이 사건을 일으켰을까? 이 일로 인해 이형구는 당분간 주류 고대사학계 소고조선론자들에게 대우를 받기 시작한다. 다른 건 몰라도 윤내현을 견제하고 공격하는 데는 상당한 효용이 있

었기 때문이다. 드디어 이형구는 냉대와 괄시가 여전한 중에도 주류 고대사학계 한구석에 진입할 수 있게 되었다. 그러므로 나는 이형구의 윤내현 저격이 학문적 도덕성과는 전혀 상관이 없다고 생각한다. 물론 내 개인의 생각이다.

– 1997년 예의 풍납토성 잠입 사건이 일어났다. 이번에도 이형구의 과감한 도발은 성공했다. 그럼 이형구는 왜 이런 일을 했을까? 학문에 대한 열정 때문에? 적어도 나는 그렇게 생각하지 않는다. 결과야 어쨌든 그 동기는 성공에 대한 욕망뿐이었다. 물론 내 개인의 생각이다.

– 2009년『코리안 루트를 찾아서』라는 책이 출간되었다. 이형구와 경향신문 선임기자 이기환의 공저이다. 이 책은 이형구를 필두로 한 경향신문 유적탐사단이 2007년 7월부터 근 한 달간 만주 지역 고대 유적을 탐사한 기록으로, 경향신문에 1년 동안 연재한 것을 한 권의 책으로 정리한 것이다. 이 책의 자부심 넘치는 민족주의적 광고는 대단했다. '동이가 열었던 위대한 문명의 길, 코리안 루트!'와 같은 식이다. 문화광광부 우수도서에 선정되기도 했으며 무엇보다 쟁쟁한 인사들의 추천사가 함께 수록되었다. 문화재청장이라든가 고려문화재연구원장이라든가 국립중앙박물관장이라든가 하는 인물들이 그들이다. 그중 문화재청장 이건무는 이병도의 아들이다. 한마디로 이명박 정부 시기 한국 고대사학과 고고학계 최고의 도서였으며 잘 모르는 대중에게는 우리 민족의

심원성과 위대성을 웅변한 책으로 여겨졌다.

그러나 앞서 말했듯 이 책은 본질적으로 사기다. 이 책의 겉으로 보이지 않는 실제 내용은 이형구의 소고조선론을 그대로 관철시킨 것으로 주류 고대사학계의 소고조선론을 한반도 한 가운데 철심처럼 박아 놓은 것이다. 주류 고대사학계로서는 방계인 이형구의 이론이 마뜩지 않았겠지만 식민사학자로 낙인찍힌 자신들 대신 사람들이 잘 모르는 이형구를 얼굴마담으로 내세우는 것에 충분히 만족했을 것이다. 그래서 이병도의 아들이자 당시 문화재청장 이건무가 이 책에 열렬한 추천사를 남긴 것이다. 만일 이런 식의 책을 윤내현이 썼다고 가정해 보라. 과연 이병도 아들 이건무가 추천사를 남겼을까? 물어보나 마나 한 질문이다. 그럴 리가 없기 때문이다.

이렇게 해서 대만 학자들과 중국 동북공정 주도자들이 가장 좋아하는 이야기가 한국 국민에게 오히려 가장 영광스러운 민족사와 민족 문화로 소개되는 진풍경이 벌어졌다. 이형구는 왜 이 일을 했을까? 하지만 여기서는 그리 흥미롭지 않은 질문이다. 각계의 손익계산이 얽혀서 이형구를 주인공으로 만든 자리인데 그가 왜 마다하겠는가. 책에서는 이형구가 열정적으로 답사에 임했다고 말했거니와 이해가 너무 잘 되는 말이다. 이형구는 자신이 주인공인 이 답사를 하며 목메어 그리는 연인을 만나러가는 사람보다 들떴을 것이다. 이 풍운아의 행복했던 한 시기였다.

 - 2014년 절정의 사건이 벌어진다. 한 종교 단체가 『환단고기』를

출간했는데 이형구가 추천사를 써준 것이다. 이 추천사는 지금도 인터넷에서 확인할 수 있다. 『환단고기』는 뒤에서 더 자세히 상술하겠지만, 역사자료로 사용해서는 안 되는 책이다. 이 책을 사용하지 않더라도 대고조선론은 학문적으로 충실하며 가령 윤내현 같은 학자는 한 번도 이 책을 사료로 사용한 적이 없다. 그런데 이형구가 이 책이 사실을 담은 진서라며 칭송의 글을 올린 것이다. 나아가 그 종교와 교주도 칭송했다. 실로 파격적인 행동이다.

그러나 정말로 황당한 것은 이 종교 단체가 이형구의 정체를 몰랐다는 사실이다. 이 종교는 『환단고기』를 추종하므로 낙랑군 평양설을 절대로 지지할 수 없다. 주류 고대사학계를 비롯한 소고조선론자들이 낙랑군 평양설을 주장하면 이를 갈아붙일 정도이다. 그런데 이형구는 낙랑군이 평양에 있다고 주장하는 사람이다. 또 이 종교 단체는 중국의 동북공정에 극단적으로 분개한다. 그러나 이형구가 사실상 동북공정에 복무하는 자이며 동북공정을 주도하는 중국 학자들과 우호적으로 교류하는 것도 몰랐다. 이 기막힌 아이러니를 어떻게 이해해야 할까. 풍운아 이형구의 놀라운 재능이라 해야 하나?

이형구가 왜 이런 일을 했는지 이번에는 잘 모르겠다. 종교 단체와의 관계이니까 그 내막을 알 방법이 없기 때문이다. 그러나 그의 뜨거운 욕망과 직결되어 있다는 것만은 분명하다고 생각한다. 물론 내 생각이다.

– 이 모든 이야기를 요약하는 글 한 편을 소개하며 마무리하고자 한

다. 김태식은 연합뉴스 기자이다. 앞서 말했던 『가야연맹사』라는 책을 쓴 주류 고대사학계 학자 김태식과는 다른 사람으로 역사 전문 기자이자 특히 풍납토성에 관심이 많은 기자이다. 당연히 이형구와도 가까웠다. 가까운 정도가 아니라 뜨겁다 할 정도의 사이였다. 풍납토성과 이형구에 대한 김태식 기자의 열정은 대단했다. 이런 김태식 기자가 이형구와 풍납토성에 대해 2017년에 쓴 글이 있다. 이것은 2020년 12월 5일, 역사문화 라이브러리라는 사이트에 '풍납토성과 이형구'라는 제목의 회고 형식으로 게재되었다. 아래는 그 글의 일부이다.

> 안다. 이 양반(이형구를 말한다-필자) 모시기 힘든 거 누구나 안다. 성정은 참으로 지랄 맞아, 요즘은 연세 들어가며 더 그런 증세가 농후하다. 하지만 이런 미친 사람이 있어 풍납토성이 있다. 그의 미침에 비하면 내 그 미침은 새 발의 피에 지나지 않는다.
> 언제인가 풍납토성에 그의 흉상이 제막할 그날이 있기를 기대해 본다. 내 세대가 아니면 후세는 하리라, 그것은 단순한 흉상이 아니요, 어떤 미친 놈의 흉상이라 내가 만약 그때까지 살아있으면 그리 쓸란다.

김태식 기자가 풍납토성과 이형구에게 품은 애증을 잘 보여주는 글이다. 그런 중에도 풍납토성에 대한 이형구의 공을 높이 평가한다. 그리고 여기엔 김태식 기자의 순수한 진심이 담겨 있는 것 같다. 하지만 나는 생각이 다르다. 내가 보기엔 이형구의 공에 비해 이형구가 학문과 역사학에 끼친 해악이 너무 크다. 비석은커녕 부관참시를 당하지 않는 것만도 다행이라 생각한다.

강도가 칼을 좀 쓴다 하여 집을 지키게 할 수는 없다. 마찬가지로 이형구가 미치는 재주가 좀 있다 하여 학자의 자격을 줄 수는 없다. 이형구가 풍납토성에 대한 성과가 있었기로서니 윤내현을 난도질한 그 죄상을 용서 받을 수는 없다. 이광수가 한국 현대문학의 비조라 하여 그 친일을 용납할 수 없는 것이고 최남선이 천재라 하여 그 친일을 용납할 수 없는 것과 같다.

풍납토성은 이형구가 하지 않더라도 그것이 품은 진실이 있는 한 다른 누군가가 일궈낼 거라 믿는다. 그리고 그 진실을 이형구보다 훨씬 근사하게 밝힌 사람은 오히려 『고조선 연구』와 『한국 열국사 연구』로 한국 고대사를 재구성한 윤내현이며 그 공적은 이형구의 백배, 천배, 만 배에 이른다고 확신한다. 그러므로 나는 김태식 기자가 자신의 글에서 표현한 그대로 '이형구는 성정이 지랄 맞은 미친놈'이라는 말에 동의한다. 그러나 그게 다다. 그밖에 이형구에게는 아무 것도 존재하지 않는다. 그게 나와 김태식 기자의 차이다.

우리는 모두 부족한 존재이지만 각자마다 한 조각 진심은 간직하고 산다. 옳든 그르든 그렇다. 나도 김태식 기자도 그 점은 같을 것이다. 그런데 그 진심의 가장 순수한 부분들이 타협 불가능으로 충돌할 때가 있다. 이형구에 대한 나와 김태식 기자의 생각이 그렇다. 나는 앞서 말했다. 이야기가 끝날 때까지 독자들의 판단을 보류해 달라고. 이제 이야기가 끝났다. 나머지 판단은 드디어 독자들의 몫이다.

제3장

고조선과 진보사학

- 주류 고대사학계와 진보사학계, 그 알 수 없는 동맹
- 진보사학의 위대함
- 고조선과 진보사학의 붕괴, 이이화의 경우
- 진보사학계, 그들은 왜 그런가
- 이런 사람 두 번째 – 도올 김용옥 비판

☞ 주류 고대사학계와 진보사학계, 그 알 수 없는 동맹

주류 고대사학계와 진보사학계의 철의 혈맹

앞서 잠시 언급했던 고조선과 진보사학의 관계를 살펴볼 차례이다. 먼저 말해야 할 것은 진보사학계와 주류 고대사학계의 이상한 동맹이다. 말했듯 진보사학은 고조선에 대해 잘 모른다. 거의 대부분의 진보사학자가 근현대사를 연구하기 때문이다. 대중에게도 진보사학계는 근현대사를 연구하는 곳으로 알려져 있다.

하지만 진보사학계는 주류 고대사학계를 열심히 지원한다. 또 자신이 직접 말하지는 않지만 소고조선론을 열렬히 지지한다. 반대로 대고조선론은 맹렬히 비난한다. 무엇보다 진보사학계는 주류 고대사학계의 대중 조작에 충실히 복무한다. 과장 없이 말하는데 맹목적인 종복 수준이다. 우선 이러한 상황부터 확인해 보기로 하자.

그런데 이 확인은 의외로 단순하다. 단 세 가지 사건만 확인하면 된다.

- 2000년 『역사비평』 겨울호에 송호정의 글이 실렸다. 앞서 말한 그 논문으로 송호정이 박사 학위를 취득하자마자 윤내현을 저격했던 글이다. 이때 윤내현이 주도한 다큐가 유력한 TV 방송에 나왔기 때문에 주류 고대사학계로서는 전력을 다해 대중 선전을 해야 했다. 그런데 『역사비평』은 역사학에 관심을 가진 대중들에게 가장 인기 있고 영향력 있는 매체이다. 진보사학은 그 매체에 송호정의 논문을 실어 준 것이

다. 더구나 그 시기가 윤내현의 다큐가 방영된 직후이며 송호정 글의 강도는 욕설에 가까울 정도로 맹렬했다. 『역사비평』은 주류 고대사학계의 강력한 화력을 적의 본토 한가운데 날라주는 최상급 항공모함 역할을 한 셈이다. 비유가 과한 것이 아니다. 일반 사람들은 잘 알지도 못하고 관심도 없지만 역사에 관심을 가진 대중에게 당시 『역사비평』은 핵탄두를 달고 표적을 향해 비행하는 미사일이나 다름없었다. 그만큼 『역사비평』의 대중성은 강력했다.

그뿐 아니다. 당시 『역사비평』은 과학성과 합리성과 진실성의 대명사나 다름없었다. 왜냐하면 진보사학이 독재 정권과 싸우며 증명해 온 역사가 있었기 때문이다. 또 대중은 그 역사와 그로부터 증명된 과학성과 합리성과 진실성을 사랑했다. 따라서 『역사비평』은 송호정의 논문에 이 대명사들의 도장을 찍어준 셈이다. 내 입장에서 보자면 최악인 송호정의 글, 그야말로 비과학성, 비합리성, 비진실성의 응집인 송호정의 글에 그 반대의 인증을 해 준 것이다. 『역사비평』은 주류 고대사학계의 가장 긴급한 시기에 이 두 가지, 대중성과 정통성의 무기를 제공했다. 그것도 한순간도 머뭇거리지 않는 즉각성으로.

- 2016~2017년, 『역사비평』에 15년 전 송호정 때와 똑같은 일이 일어났다. 차이가 있다면 이번엔 자그마치 1년 동안 세 권의 『역사비평』에서 여러 명의 주류 고대사학계 젊은 학자들의 글이 실렸다는 것이다. 물량으로 치면 상상을 초월하는 규모이다. 역사 잡지에 이런 일이 1년

동안이나 지속된다는 건 정말 놀라운 일이다. 그럼 이때는 무슨 일이 있었는가.

2016년 '동북아역사재단'에서 만든 '동북아역사지도'라는 것이 출판 불가 판정을 받는 일이 일어났다. 이게 무엇인가 하면 주류 고대사학계 소고조선론자들이 장악한 동북아재단에서 국가예산, 곧 세금의 지원을 받아 소고조선론을 명시하는 대규모 지도 제작 사업을 벌였는데, 그 이론적 근거가 바람직하지 않다 하여 출판 불가 판정을 받고 무산되었던 사건이다.

이는 해방 이후 주류 고대사학계가 마주한 가장 위협적이고 모욕적인 사건이었다. 그동안은 아무리 욕을 먹고 비난을 받아도 그들을 물리적, 행정적, 재정적으로 제어한 적은 없다. 그런데 이번에 그런 일이 생긴 것이다. 왜 그랬을까. 재야나 국민의 비판을 넘어 이번엔 국회와 정부가 개입했기 때문이다. 어쩌다 그렇게 되었는가는 일단 생략하자. 하여간 그런 일이 생겼으니 주류 고대사학계로서는 생사를 걸고 대응을 해야 했다. 그리고 그 대응의 가장 중요한 고리가 바로 2016~2017년의『역사비평』이었다. 이 필사적인 작업을 최선두에서 최강의 화력으로 지원한 것이 바로『역사비평』이다. 2000년 송호정으로부터 15년 이상이 지난 시점까지『역사비평』의 주류 고대사학계에 대한 열렬한 충성과 애정은 한결같았다.

- 세 번째는 앞서 인용한 강만길의 글이다. 지금으로부터 35년 전

인 1985년, 『한국사학사의 연구』라는 학술 잡지에서 강만길이 신채호를 비평했던 것으로 여기에서 다시 확인해 본다.

> 신채호 사학 역시 일본 어용사학의 역사 왜곡에 정면으로 맞선 반식민사학으로서의 성격이 두드러지지만, 또 그 때문에 갖는 제약성도 많았다. 우선 신채호 역사학 역시 관념적, 정신주의적 성격이 짙었다. …(중략)… 그 실증성에는 문제가 있었다.

이 세 가지 사례로 주류 고대사학계와 진보사학의 혈맹은 충분히 입증된다. 왜 그런가. 일단 강만길은 진보사학계의 태두이다. 그런데 그가 신채호에 대해 가진 생각은 주류 고대사학계의 생각과 동일하며 그의 이런 생각은 지금까지 변하지 않았다. 그렇다면 이것은 진보사학계 주류를 이루는 생각이다. 그런 강만길의 관점에 이의를 제기하는 진보사학자를 본 적이 없으며 사실 강만길 같은 거물이 그렇다고 하면 이의를 달 일도 없다. 거꾸로 이의를 제기하는 진보사학자들이 있었다면 강만길이 지금까지도 가만히 있을 리가 없다. 가든 부든 대응을 했을 것이다. 하지만 그런 일은 없다.

한편 『역사비평』이란 잡지는 진보사학의 총화이다. 그런데 이 『역사비평』이 시간을 건너 한결같은 일관성으로 앞의 사례들을 보여준다. 주류 고대사학계를 지지하는 그 영혼과 심장은 강철같이 굳다. 따라서 진보사학계와 주류 고대사학계의 혈맹은 의심의 여지가 없다. 함께 강물에 빠져 죽을 연인보다 끈끈하고 강고하다.

도대체 알 수 없는 모순의 혈맹

이제 그들의 의심할 수 없는 혈맹은 잘 알았다. 하지만 우리는 이해할 수가 없다. 본래 주류사학계와 고대사학계는 원수가 되어야 한다. 그런데 그들이 혈맹이기 때문이다. 왜 원수가 되어야 하냐고?

모두가 알다시피 진보사학계의 최대 적은 친일파들이고 진보사학계의 최대 목표는 다름 아닌 친일 청산이다. 그래서 그들은 『친일인명사전』을 편찬했다. 온갖 탄압과 방해를 무릅쓰고 온갖 고난과 궁핍을 마다하지 않으며 끝내 완성한 사전이다. 또 그것은 진보사학계 최고의 학문적 성과이자 길이 남을 업적이다.

반면 주류 고대사학계, 특히 소고조선론자들은 대한민국 친일파의 본산 중 하나이다. 우선 주류 고대사학계의 태두인 이병도가 『친일인명사전』에 올라있다. 그뿐 아니다. 한때 소란했던 대안 교과서 논란이란 것이 있었다. 2008년 전후 뉴라이트 교과서 논란이라는 것으로 일제 강점기와 독재 정권을 비호한다는 비판과 반비판이 일으킨 소동이었다. 물론 당시 진보사학계는 총력을 기울여 개입했다. 당연하다. 그게 원래 진보사학계가 하는 일이다. 그런데 이때 주목된 책으로 기파랑 출판사에서 간행한 『대안 교과서 한국 근현대사』라는 책이 있었다. 바로 그 뉴라이트가 집필한 책 중 하나로 이 책의 뒤표지에는 유명인들의 추천사가 적혀 있었다. 그리고 그중 한 명이 이기동이었다. 이기동이 누구더라?

그렇다 윤내현을 빨갱이 표절자로 몰아붙인 최초의 선동자, 『한국사 시민강좌』 2집에서 그 선동을 처음으로 점화시킨 당사자다. 따라서 이기동은 진보사학계의 공적이나 다름없다. 그러나 그 이기동은 이기백의 제자이자 주류 고대사학계 소고조선론자들의 핵심 중 하나이다. 다시 말해 주류 고대사학계 소고조선론자들은 모조리 이기동 같은 자들이거나 최소한 이기동을 묵인하는 자들이다. 곧 진보사학계의 원수들이다. 이런데도 진보사학계가 이들과 혈맹일 수 있단 말인가?

물론 대고조선론자들 중에도 친일파가 있다. 반대로 고조선에 관여하지 않지만 타성적이고 심정적으로 소고조선론을 지지하며 주로 삼국 시대를 연구하는 주류 고대사학자들 중에는 친일 청산을 중시하고 진보 성향을 가진 학자도 있다. 사실 거의 대부분의 한국사학자는 심정적, 타성적으로 소고조선론자다. 그 전제하에 삼국 시대, 고려 시대 등 이후 역사가 정립되어 있기 때문이다. 그러나 적극적으로 소고조선론을 주장하는 주류 고대사학자 중에 친일파가 아닌 경우는 없다. 그들 중 아무도 그렇게 말하지 않지만 둘러대는 언행은 반드시 그렇다. 예를 들어 그들 중에 진심에서 우러나와 친일 청산을 주장하며 진보적인 활동에 참가하는 자는 하나도 없다. 그들은 태생적으로 그럴 수가 없다. 그러니까 주류 고대사학계의 소고조선론자들은 거의 무조건적으로 진보사학계의 적이다. 그런데도 현실은 혈맹이다.

한편 윤내현은 무고하게 빨갱이로 몰려 고난을 당했다. 전형적인 매카시즘의 희생자이다. 그렇다면 윤내현은 다른 누구보다 진보사학계의 지원과 보호를 받아야 한다. 진보사학계 자신이 똑같은 희생자였고 나아가 그런 희생자를 누구보다 앞서 지원하고 보호해 왔기 때문이다. 이는 진보사학의 일상 업무나 다름없다. 진보사학계는 언제 어디서나 빨갱이로 몰릴 수 있고 실제로 그러하며 심지어 지금 이 순간에도 그렇다. 그러나 진보사학계는 그런 윤내현을 보호, 지원하기는커녕 오히려 송호정을 통해 윤내현을 빨갱이로 모는 집단을 지원한다.

또 윤내현은 죄 없이 표절자로 몰렸고 이형구를 통해 자그마치 『역사학보』에서 난도질을 당하는 고난을 겪었다. 윤내현의 책을 한 번이라도 본 사람은 그 치밀하고 집요한 각주에 혀를 내두른다. 그런 학자이므로 윤내현은 돈을 주고 표절을 하라고 해도 못할 사람이다. 반면 앞서 살펴보았듯이 주류 고대사학계 소고조선론자들은 밥 먹듯이 표절을 한다. 그렇다면 이 경우에도 가장 앞서 윤내현을 지원하고 보호해야 할 사람들은 진보사학자들이다. 그들은 노동자, 농민, 약자, 억울한 자들을 지키고 대변하는 자들이기 때문이다. 또 진보사학은 과학과 합리성을 중시하므로 윤내현처럼 성실하고 진실한 학자를 누구보다 아껴야 하고 반대로 엉터리 논문에 표절이나 하는 주류 고대사학계 소고조선론자들을 누구보다 멀리하고 미워해야 한다.

그러나 거꾸로다. 모든 게 거꾸로다. 도대체 이 알 수 없는 혈맹의 정체가 무엇인가. 왜 진보사학계는 원수를 사랑하는가. 어떻게 진보사학계와 주류 고대사학계가 혈맹이 될 수 있단 말인가.

◈ 진보사학의 위대함

진보사학을 이해하려면 먼저 진보사학이 얼마나 대단했는가, 아니 얼마나 위대했는가를 정확히 알아야 한다.

통상 진보사학을 반독재 투쟁과 친일 청산의 전위로 이해한다. 사실이다. 그들은 헌신과 희생으로 고난과 억압을 뚫고 이 투쟁에 헌신해 왔다. 그러나 학문으로서 진보사학을 말하는 한 그들의 헌신은 부수적인 것이다. 왜냐하면 학문은 학문으로만 말해야하기 때문이다. 진보사학계의 본령이 학문인 한 그 위대성은 무엇보다 그들의 학문적 성과로 평가되어야 한다.

두루 알다시피 1980년대까지 한국 현대사는 공백이나 다름없었다. 왜냐하면 그때까지 한국의 모든 정권이 독재 정권이었기 때문이다. 어떤 정권이든 독재 정권은 자신들과 연관된, 특히 현재와 가까운 시대의 역사를 통제한다. 그리고 한국은 이승만, 박정희, 전두환으로 이어지는 전 시기가 독재 정권의 시대였다.

그래서 우리는 구한말 개화기 역사를 알 수 없었다. 개화파, 척사파, 동학 혁명, 만민공동회, 의병운동 등의 폭발적인 드라마를 국민들이 제대로 알고 느끼는 건 독재 정권에게 언제나 두려운 일이다. 그런 식의 역사 서술 자체가 이미 불온한 것이다. 그래서 그 역사는 통제되어야 하는 것이고, 그래서 우리는 그 역사를 잘 알 수가 없다. 교과서에 박제된 것들만 읽고 외워야한다.

마찬가지로 독립운동사도 알 수 없다. 예를 들어 그중의 절반 이상이 좌익 운동이었던 바 독재 정권하에서 이것을 제대로 서술하는 건 금기다. 또 일제의 잔인한 통치와 억압도 제대로 서술하면 안 되는 것이었다. 반일 운동은 정권이 도맡아서 온건하게 하는 것이지 국민의 가슴으로부터 일어나는 생생한 운동이어서는 안 된다. 그렇게 되면 통제가 어려워지고 이는 정권에게 곤란한 일이다. 그래서 그 역사는 통제되어야 하는 것이고 그래서 우리는 그 역사를 알 수가 없다.

나머지 현대사도 마찬가지다. 모든 것이 통제되어야 한다. 특히 이는 독재 정권 자신들의 역사이므로 개화기 역사나 독립운동사보다 더 통제되어야 한다. 그래서 우리는 그 역사도 모른다. 현대사는 이렇게 공백으로 남았다. 최소한 80년대까지 그랬다.

진보사학은 이 암흑의 시대에 맹렬하게 현대사를 공부하고 서술했다. 그로 인해 그들은 탄압받고 폭력을 당하고 징역을 살았다. 그래도 그들은 끝까지 공부하고 서술했다. 그럼 그 결과는 어떻게 되었는가.

박시백은 유명한 역사 만화가이다. 그가 그린 『조선왕조실록』 20권은 사람들에게 큰 사랑을 받았다. 나도 같은 의견이다. 이 만화는 오락서와 역사서, 예술작품 세 측면 모두에서 성취를 이룬 것이라 생각한다.

박시백은 여기서 멈추지 않았다. 그는 후속작으로 일제 강점기와 독립운동사를 그린 『35년』 7권을 출간했다. 아쉽게도 이 책은 아직까지는 전작 『조선왕조실록』만큼 관심을 끌지 못했다. 또 전작만큼 재미있지 못하고 가독성이 떨어진다는 이야기가 많다. 나도 그렇게 생각한다. 그러나 내용만큼은 대단하다. 특히 역사적 서술이란 측면에서는 압도적이다. 이 책은 자료의 풍부성과 객관성, 중심과 주변을 총체적으로 배치한 전체성과 균형성, 가치 평가 이전의 사실들에 대한 충실성을 자랑한다. 어떻게 만화라는 매체에서 이런 일을 할 수 있는지 놀랍기만 하다.

그럼에도 이 책이 오락성과 대중성을 마저 획득하지 못한 아쉬움은 작가의 한계라기보다는 우리 시대의 한계에서 오는 것이라 생각한다. 앞에서 독립운동사가 어려운 이유에 대해서 말했는데 그 연장선상에서 오는 한계인 것이다. 하지만 그 한계와 오락성을 제쳐두면 이 책의 탁월성은 누구라도 공감할 것이다. 만일 누군가가 독립운동사에 관심을 가지고 접근한다면 박시백의 이 작품은 만화라는 도면의 장점까지 포함하여 최고의 참고 서적 중 하나가 될 것이다. 그것은 분명 시민 사회의 소중한 재산 중 하나이다.

그런데 박시백은 만화가이면서 어떻게 이런 일을 했을까. 그는 독립운동사를 따로 공부한 학자이기도 했던가? 이에 대해 박시백이 언급한 것이 있다. 이 책 서두 작가의 말에서 한 말로, 이 책은 자신이 직접 사료를 뒤져 지은 것이 아니라 기존의 연구 성과를 요약, 배치, 정리하여 만화라는 양식으로 표현한 것이라 한다. 그럼 기존의 연구 성과란 어떤 것인가. 박시백이 주요한 것으로 명시한 연구 성과는 『친일인명사전』과 『한국독립운동의 역사』 60권이다. 그렇다. 이 연구 성과는 독립운동사와 관련된 진보사학계의 대표적인 업적 중 하나이다. 이 연구가 박시백의 『35년』 같은 만화를 가능하게 했다는 것이다. 그러므로 새삼 묻는다. 이 책들은 무슨 책들이기에 박시백의 만화 같은 걸 만들어 내는가?

『친일인명사전』에 등재된 인물은 5천 명에 육박한다. 이 말은 일제 강점기 전 시대 전 지역의 모든 자료를 검토했다는 뜻이다. 이 책에 동의하고 안 하고는 둘째 문제다. 이런 일을 하려면 어마어마한 연구를 해야 한다는 사실이 중요하다. 진보사학은 해방 이후 아무도 하지 않았고 할 수도 없었던 일을 해낸 것이다. 또 이런 일은 국가나 기관이 수십억 수백억을 쏟아부어도 잘 안 된다. 진행 주체나 모인 연구자들의 관점과 이해가 달라 파편화되거나 형식화되기 십상이다. 오로지 진보사학 같은 자발적 신념과 열정과 조직을 가진 사람들만 할 수 있다. 다시 말하지만 거기에 등재된 사람 이름은 그 중요성에도 불구하고 학문적 성과에 비추면 부수적이다. 이들은 한국사의 사라진 시간을 돌이킬 수 없는 물적 실체로 회복해냈다. 이런 이유, 바로 이 학문적 성과 때문에 이 사전은 국보급 유산으로 남는다.

『한국 독립운동의 역사』도 마찬가지다. 자그마치 60권이다. 독립운동의 모든 자료를 샅샅이 털어냈다는 뜻이다. 여기서도 연구의 관점이나 그에 대한 동의 여부는 둘째 문제다. 한국 사회는 독립운동 전 분야를 남김없이 손에 쥘 수 있었다는 사실이 중요하다. 이 역시 하얗게 비어 있는 공백의 시간을 물적 실체로 회복한 것이다. 이후 모든 이들은 시선을 돌려 바라보는 한, 언제나 그리고 영원히 그 자리에 존재하는, 마치 잃어버렸다 되찾은 어머니 같은 역사의 실체를 확인할 수 있다.

해방 후 현대사에서도 진보사학의 성취는 혁혁하다. 『친일인명사

전』같은 특별하고 규모가 큰 프로젝트는 없지만 본래 학문적 성취는 개별 연구들의 누적이다. 오히려 『친일인명사전』이 예외적인 것으로서 세계적으로도 그런 사건을 찾아보기는 어려울 것이다. 현대사 작업도 해방 후 크고 작은 개별 연구의 비약적인 발전이 있었다. 대중에게 상대적으로 널리 알려진 한홍구 같은 연구자의 업적은 말할 것도 없고 보이지 않는 곳에서 뛰어난 연구들이 즐비했다. 이게 어떤 것인지 간단한 예를 들어보겠다.

박헌영이란 인물이 있다. 해방 공간에서 남로당의 총수였는데 이 사람은 한때 아무도 알 수 없는 신비의 인물이었다. 남한에서 워낙 금기시 되어 독재 정권 시기에는 공개적으로 언급하는 것도 쉽지 않았기 때문이다. 지엽적인 소문이나 나도는 대상이어서 알아보고 싶어도 알아볼 방도가 없는 인물이었다. 이 역시 역사의 공백 지대 중 하나였다.

어느 날 나는 『이정 박헌영 일대기』라는 책을 발견했다. 역사비평사에서 출간한 책이고 저자는 임경석이다. 나는 평범한 독자이므로 임경석이 누군지 모르며 지금도 그렇다. 그는 한홍구처럼 대중에게 알려진 사람이 아니기 때문이다. 하지만 나는 이 책을 읽고 입을 떡 벌렸다.

이 책은 작정한 학술 서적이라 별로 재미는 없다. 그러나 날짜별 일지 식으로 서술한 이 책은 박헌영의 모든 것을 털어 버렸다 해도 과언이 아니다. 박헌영이 누구인지를 알고 싶다는 데 초점을 둔 독자라면 나처럼 벌린 입을 다물지 못했을 것이다. 이 책 이후로 나는 박헌영에 대한 애매함이나 뜬소문 따위는 모두 날려 버렸다. 쉽게 말해 이 책 이후로

나는 박헌영을 현실적인 한 명의 사람으로서 이해한 것이다.

얼마나 대단한 일인가. 나는 잘 모르니까 이 책 외에도 좋은 연구들이 더 있을 것이라고만 생각한다. 그러나 이 책에 한정하자면 해방 후 장장 60년, 곧 이 책이 출간된 2004년에 이르러서야 나 같은 독자가 박헌영을 보통 사람과 똑같은 현실적 인물로 이해하게 된 것이다. 이후로 나는 박헌영에 대해 더 궁금해하지 않았다. 내가 박헌영을 알았다는 뜻이 아니라 필요하면 어느 때건 임경석 같은 연구자들의 연구 결과를 찾아볼 수 있다는 걸 확인했다는 뜻이다. 한 번 읽어서 궁금증을 해소했고, 다시 보고 싶다면 그 연구들이 항상 거기에 있을 것이므로 더 생각할 이유가 없다. 좋은 연구가 있다는 건 그런 뜻이다. 엄마가 집에 있는 게 분명하면 아이는 나가서 재밌게 노는 동안 엄마 생각을 안 한다. 아이가 놀지 못하고 엄마 생각을 하는 때는 엄마가 어디 있는지 모를 때이다. 대중에게 역사 연구자는 이 엄마 같은 일을 한다. 그가 그 자리에 흔들리지 않고 존재하는 한 대중은 그를 믿고 역사를 잊어버릴 여유를 갖는다.

진보사학은 현대사 전 분야에 걸쳐 이 연구를 완수했다. 대학에서 연구소에서 혹은 혼자서 많은 석사와 박사와 재야 연구자들이 이 일을 했다. 덕분에 수많은 논문과 단행본들이 도서관과 학술 서적 데이터베이스에 산재한다. 그리고 언제나 그곳에 있다. 이렇게 해서 그들은 하얀 공백의 슬픈 현대사를 복원한 자들이 되었고 우리가 잊어버리고 살아도 되는 역사의 어머니가 되었다. 그 어머니로부터 보호를 받아 나는 내가 누군지 알고 사는 자유인의 가능성을 얻었다. 또 그로 인해 어느 날 박시백의 만화 같은 것이 탄생했다. 반대로 그들이 그 일을 하지 않았다면 박시백의 만화도 탄생할 수 없었다는 뜻이다. 나는 믿고 있거니와 조금 더 국력이 커지고 여유가 생기면 박시백의 만화가 못 해낸 나머지, 재미와 오락성과 예술성까지도 기필코 얻어낼 것이다. 더 나아가 한때 슬픈 공백이었던 현대사는 진보사학이 업적을 딛고 일어서 빛나는 드라마가 되고 영화가 되고 예술이 될 것이다. 진보사학은 이렇게 위대한 일을 했다.

⮑ 고조선과 진보사학의 붕괴, 이이화의 경우

오늘날 그렇게 위대했던 진보사학의 풍모는 어디론가 사라졌다. 인문학 일반의 쇠퇴와 더불어 대중의 관심도 쇠퇴했다. 연구 성과도 쇠퇴했고 한때 유명했던 인사들마저도 시대와 분리된 과거의 이야기만 반복하는 것 같다. 그들도 늙고 쇠퇴했다. 왜 이렇게 되었을까. 그게 전부인지는 모르지만 나는 이 쇠퇴의 가능성을 진작 예감한 적이 있다. 그게 이이화의 경우라는 것이다.

이이화는 지금은 작고한 진보사학계의 어른이다. 진보사학에 관심 있는 사람들은 그가 얼마나 존경받는 학자인지 잘 알고 있다. 나도 마찬가지다. 이제부터 그를 비판하는 이야기를 하겠지만, 그렇다 해도 나는 그의 삶과 학문과 업적에 여전한 존경심을 가지고 있다. 다만 이것은 이것이고 저것은 저것이라 말할 뿐이다. 바로 이야기를 시작하겠다.

2009년 중국의 동북공정이 이야기가 세간에서 한참 시끄러울 때이다. 이때 이이화는 백두산 역사탐방단의 명예회장으로 백두산 지역을 답사한 적이 있다. 이 여행을 기행문 형식으로 기록한 책이 2010년에 출간된 『백두산을 오르며 만나는 우리역사』이다.

이이화는 진보사학자 일반이 그렇듯 소고조선론자이다. 고조선에 관심이 많거나 고조선을 진지하게 연구한 건 아니고 앞서 말했듯 대부분 한국사학자들이 공유하는 '타성적·심정적 소고조선론자'인 것이다. 그럼에도 이이화는 상대적으로 민족주의 성향이 강한 학자이다. 그런 이이화이므로 당시 상황에서 백두산을 탐방하고 중국의 동북공정을 비판하는 건 자연스러운 일이다. 그렇지만 그 비판은 문제가 좀 있었다. 그는 앞의 책 『백두산을 오르면 만나는 우리 역사』에서 이런 말들을 했다. 일단 그 말과 의미를 간단히 음미해 보자.

첫째, 그는 이 책 40쪽에서 압록강 근처에 있는 애하첨고성이 고구려의 성이라고 말했다. 그런데 송호정은 이곳이 중국 한나라 때는 한나라의 안평현성이었다고 말했다. 중국 학자의 주장을 평가하여 그렇다고 한다. 이것은 여러모로 곤란하다. 그렇다면 이이화는 이런 송호정을 그냥 두어서는 안 된다. 이이화는 이런 송호정을 응징할 것인가?

둘째, 그는 이 책 41쪽에서 압록강 근처에 있는 호산이 만리장성의 동단이라고 주장하는 중국 학자들을 강하게 비판했다. 그런데 송호정은 호산이 만리장성의 동단이라는 중국 학자들의 의견을 부정하지 않는다. 사실은 중국 학자들의 주장에 동의한다고 보아야 한다. 그렇다면 이이화는 이런 송호정을 그냥 두어서는 안 된다. 이이화는 이런 송호정을 응징할 것인가?

셋째, 그는 이 책 41쪽에서 진나라 시대의 만리장성 동단은 지금의 산해관이라고 강하게 주장했다. 그러나 송호정은 만리장성의 동단이 최소한 요하까지 이른다고 강하게 주장하며 그 이상으로 이어졌을 가능성을 부정하지 않는다. 그렇다면 이이화는 이런 송호정을 그냥 두어서는 안 된다. 이이화는 이런 송호정을 응징할 것인가?

겨우 두 쪽에 걸친, 매우 간단한 세 가지 질문이다. 하지만 그 의미는 아주 크다. 우리는 이 의미를 정확히 알아야 한다.

　이이화는 정규적인 역사 교육을 받지 않은 야인이다. 그의 공식 이력 자체가 재야사학자이다. 꼿꼿한 옛 선비를 연상시키는 아버지로부터 한학을 배웠고 일제 강점기와 해방기와 한국 전쟁의 소용돌이 속에서 굴절된 청소년 시절을 보냈다. 이런 사연은 그의 자서전『역사를 쓰다』에 잘 그려져 있다. 이런 이이화가 한국 진보사학계의 원로가 되었다는 것은 그의 학문과 성품이 가진 성실성과 비타협성과 단호함을 충분히 예측하게 한다. 또 이런 이이화이기에 진보사학자 중에 유난히 민족주의적 성향이 강했으며 그러면서도 바로 진보사학자이기에 대고조선론을 쉽게 받아들일 수 없었다. 뒤에 상술하겠지만 진보사학의 전통 속에서 대고조선론은 일종의 금기 같은 것이었기 때문이다. 이이화는 그 금기 안에서 신채호의 이론들을 가능한 한 수용하려 애썼다. 이는 그의 대표적인 대작『한국사 이야기』22권 중 첫 권 고대사 부분에서 선명하게 드러난다.

　따라서 이이화가 동북공정으로 시끄러웠던 2009년 무렵에 이를 향해 분노하고 포효하는 건 아주 자연스럽다. 그래서 그는 그 먼 백두산까지 가는 시위와 저항을 조직했던 것이다. 나아가 이는 진보사학계의 특별한 사례이다. 고대사에 별 관심이 없는 진보사학계 내부에서는 이이화 아니면 이런 일을 할 수 사람이 거의 없기 때문이다.

　이렇게 해서 이이화는 처음으로 고대사를 본격적으로 논하게 되었다. 그리고 한국 고대사를 통째로 먹어 치우려는 중국 동북공정을 향해 예리한 칼끝을 겨누었다. 이것은 신채호를 연상시킨다. 이이화 같은 강골이 이렇게 분노하면 상대는 어지간해서는 살아남기 어렵다, 가부간에 끝장을 보아야 한다. 그리고 실제로 끝장을 보았다. 위의 사례에서 이이화가 한 말은 아주 짧지만 사실은 동북공정의 모든 혈맥을 끊어버린 것이다. 중국이 자기 거라 주장하는 만주의 유적들은 다 고구려 것이며, 무엇보다 중국 진나라 시대 만리장성의 동단이 산해관에 있었다고 선언한 것은 어떤 동북공정 논리도 성립할 수 없다고 못을 박은 거나 다름없다. 앞서 고조선의 개요를 말할 때 만리장성 동단 문제가 얼마나 중요한지 말했다. 만리장성 동단을 산해관에 박아 놓으면 중국 동북공정이고 한국 소고조선론이고 간에 아무것도 살아남지 못한다. 이이화는 때를 만나, 진보사학계로서는 이전에 한 번도 없었던 거의 금기에 가까운 선언을 가차 없이 내지른 것이다. 자 이제 일이 어떻게 되었는가.

이이화가 일단 그 칼을 휘두르기 시작하면 거기에 목이 잘려야 할 침략자들과 역적들이 즉시 드러난다. 그게 누군가. 동북공정과 똑같은 주장을 하는 송호정과 노태돈, 바로 주류 고대사학계 전체다. 그들은 만리장성의 동단을 끊임없이 동쪽으로 옮기고, 틈만 나면 만주의 유적들을 중국 것이라도 우기는 데 중국인들보다 더 혈안이 된 자들이다. 이이화의 단호함으로 보자면 절대로 살아남을 수 없는 자들이다. 이이화가 동북공정에 그렇게 분노했으니 안에서 동북공정의 밀정 같은 일을 하는 노태돈과 송호정 같은 무리들을 어떻게 용납한단 말인가. 그럼 일이 그렇게 되었는가? 이이화는 이들을 잘라냈는가?

나는 처음엔 낙관적으로 생각했다. 나는 지난 2013년에 쓴 책에서 이 문제를 지적했었다. 그리고 진보사학자 중 누군가 이 문제를 자각하게 되면 반드시 모종의 해결책을 제시할 거라 생각했다. 다름 아닌 이이화가 만리장성의 동단이 산해관에 있다고 선언하였으니 사정을 알기만 하면 가만있지 않을 것이며, 이이화가 주류 고대사학계를 지금까지 건드리지 않는 이유는 상황을 아직 파악하지 못하고 있기 때문이라 믿었던 것이다.

하지만 그건 어리석은 생각이었다. 진보사학계에서는 아무 일도 일어나지 않았다. 그럼 그들은 내 말을 못 들었을까? 그저 일개 대중이 하는 말이었으니 그럴 수도 있다. 하지만 그렇지 않다. 그들은 내가 하는 이야기를 들었다. 내 책에서 들었든 다른 데서 들었든 만리장성의 동단이 산해관에 있다고 하면 어떤 일이 생기는지, 이 문제를 둘러싼 중국 동북공정과 한국 주류 고대사학계의 관계가 어떤 것인지 그들은 분명히 들었다. 특히 이이화는 이 사실을 분명히 알고 있었다. 그러나 그들 모두는 이 일을 깨끗이 덮어 버렸다. 무엇보다 이이화는 만리장성 동단 문제를 다시는 거론하지 않았다. 더 이상 동북공정 얘기도 하지 않았다. 이이화가 꺼내든 분노의 검은 흔적조차 남지 않는 고요함으로 다시 칼집으로 돌아갔다. 대단한 일이다. 주류 고대사학계와 진보사학계의 혈맹이 이렇게 두껍고 질겼다. 이이화 같은 강골도 한 방에 재갈이 물린 정도다. 하긴 만리장성의 동단이 산해관에 있으면 진보사학계도 목숨을 내놓아야 할 판이니 그런대로 이해가 안 되는 건 아니다.

물론 나는 본래 이런 일은 절대로 해결되지 않는다는 것을 잘 알고 있다. 어디 나만 그런가. 이는 고통의 바다라는 세상을 살아가는 모든 이가 아는 사실이다. 그런데 왜 나는 여기에서는 모종의 해결이 가능할 거라는 생각을 했을까? 여기가 다름 아닌 진보사학계였기 때문이다. 앞서 말한 진보사학의 위대함에 취해 있는 나는 사랑에 눈이 먼 것처럼 진보사학을 믿었다. 그들은 탄압 받고 모략을 당하고 빨갱이로 몰렸던 사람들이고 그래서 제대로 알기만 하면 윤내현처럼 부당하게 수난 당하는 사람을 결코 외면하지 않을 거라고 생각한 거다.

하지만 그렇지 않았다. 나는 그때서야 정신을 차렸다. 세상일이란 이런 면도 있고 저런 면도 있으며 이때는 이것이고 저 때는 저것이라는 평소의 상식을 되찾았다. 나는 그때부터 웃을 수 있었다. 이제 한바탕 웃고 난 후 되찾은 상식의 자리에서 이야기를 다시 하자.

진보사학도 사람이 하는 일이다. '황금의 꽃같이 굳고 빛나던 옛 맹세도 차디찬 티끌'이 될 진데 어디 함부로 영원을 말할 것인가. 영원이란 순간의 깊이에 있는 것이므로 비범한 자들은 매 순간의 영원을 가꿀 뿐이다. 그럼 진보사학은 지금 매 순간의 영원에 충실한가? 그렇지 않은 것 같다. 만일 충실하다면 어떻게 이이화의 모순을 그냥 지나갈 수 있겠는가. 그것은 진보사학의 모든 가치를 붕괴시키는 모순이다. 그것은 진보사학의 폐부에서 자라기 시작한 암세포로, 당장은 아무렇지도 않겠지만 그대로 둔다면 반드시 사망에 이르게 한다. 이게 내가 진보사학의 붕괴를 예감한 단초이다. 다만 이건 이것이고 저건 저것이므로 지나간 위대함만이 과거라는 시간의 방부제 속에서 의연할 뿐이다.

⟿ 진보사학계, 그들은 왜 그런가

진보사학계는 왜 자기 모순에 빠지는가. 친일 청산의 전위인 그들이 왜 친일파의 본산인 주류 고대사학계와 혈맹을 맺는가. 빨갱이 몰이로 누구보다 고통 받았던 그들이, 실인즉 자신들과 가장 닮은 윤내현을 빨갱이로 모는 작업에 왜 그토록 열심인가. 자신들과 별 관계도 없고 잘 알지도 못하는 고대사와 관련하여 하필 대고조선론을 그토록 증오하는 이유는 무엇인가. 이 모든 것에서 보이는 그들의 잔혹함이 그들을 고문했던 형사들을 닮아가는 이유가 무엇인가. 밖에서는 누구보다 큰 목소리로 인권을 떠들다가 집에만 돌아오면 아이를 학대하는 남자를 닮아가는 이유가 무엇인가.

나는 이에 대해 제법 많은 생각을 했다. 그럼에도 정확한 답을 자신할 수는 없었다. 다만 몇 가지 추측이 있을 뿐이다.

과거

내가 보기에 이 모든 건 진보사학계의 생존 및 이권과 관계가 있다. 우선 이것의 연원이 깊다는 사실을 자각할 필요가 있다. 독립운동을 둘러싼 민족주의 진영과 사회주의 진영의 대립에 있어 핵심을 이루는 문제 중 하나가 고대사 문제이다. 처음에는 큰 문제가 아니었으나 러시아 혁명 이후 사회주의 운동이나 공산주의 운동이 확산되었을 때 고대사 문제는 점점 결정적인 것이 되었다. 왜 그런가. 만일 신채호류의 대고조선론을 받아들인다면 마르크스주의 사관으로 통일된 공산주의 이론은 근간이 무너진다. 마르크스주의 사관이 말하는 원시 공산사회나 아시아적 생산양식에서 대고조선의 존재 같은 것은 전무하기 때문이다. 곧바로 그것은 좌파 운동의 조직과 투쟁에 치명상을 입힌다. 일제의 무자비한 감시와 억압 아래 있던 좌파 운동에게는 당시 소비에트 및 코민테른과의 연결과 이를 통해 획득한 사상의 통일이 가장 중요했다. 사상 통일이 없다면 조직 자체가 불가능하며 조직이 없는 좌파 운동이란 처음부터 어불성설이다. 그런 좌파가 마르크스주의 사관으로 똘똘 뭉치기도 바쁜데 그것과는 너무도 이질적인 대고조선론을 수용하라는 건 말이 안 되는 걸 넘어 조직과 투쟁을 가로막는 적대적 행위나 다름없다. 당시 상황을 고려하면 좌파 운동에 있어 이것은 생사를 가르는 엄중한 문제였다.

더구나 그들에게는 자신들이 가장 선진적이고 과학적이라는 자부심과 확신이 있었다. 그때의 공산주의는 지금으로 치면 5세대 통신이나 최신 자율 운전 자동차보다 선진적인 것이었다. 러시아 혁명의 성공으로 전 세계를 진동시킨 새로운 이론이었기 때문이다. 당시 지식 청년들은 사회주의와 공산주의로 몰려들었고 1920~1930년대 조선 사상계를 지배했다. 그들의 사상을 누르고 수많은 전향자를 만들어 낸 것은 오직 일제의 탄압뿐이었다. 따라서 그들이 가진 마르크스주의 사관은 대고조선론을 간단히 폄하할 수 있었다. 대고조선론의 이와 같은 두 가지 측면, 즉 조직과 투쟁에 위협이 되고 마르크스주의 사관에 비해 열등하다는 믿음으로 인해 공산주의자를 포함한 좌파 운동은 민족주의 사관을 철저히 외면하거나 적대시했다.

이 시기에 마르크스주의적 사관에 입각한 한국사 책이 등장했다. 백남운이 쓴 『조선사회경제사』이다. 한국 역사학에서 이만큼 유명하고 후대에 영향력이 큰 저서는 몇 권 안 된다. 이 책은 후에 한국 진보사학의 빼놓을 수 없는 기원 중 하나가 된다. 이 책은 당연히 고조선을 중시하지 않는다. 기껏해야 원시 공산제 사회이므로 거대한 왕국 따위는 상상도 할 수 없는 대상이다. 또 마르크스주의자들은 일본에서 공부한 지식인이 많았으므로 일제 관변사학자들이 가르치는 낙랑군 평양 위치설이나 낙랑 유물에 대한 관점을 비판 없이 수용했다. 왜냐하면 세계적 차원의 프롤레타리아 계급 투쟁의 전망과 전술은 고조선 따위와는 아무 관련도 없었기 때문이다. 신채호나 박은식 같은 민족주의자들은 투쟁에 있어 고조선 관련 민족사의 건립과 일제 식민사관의 해체가 직접적인 투쟁의 대상이었지만, 좌익 운동가들에겐 무용지물을 넘어 해로운 일이었다. 앞에서 말했듯 고조선 운운하는 것은 사상과 조직과 투쟁에 있어 심각한 해악이기 때문이다. 또 실증주의를 내세운 일제의 사학은 당시로서는 최신의 학문처럼 보였다. 정인보가 지적한 것처럼 일제의 식민사학이 조작되고 왜곡되었을 거라고는 생각도 못했으며 관심도 없었다. 좌익 운동가들은 이런 자신의 관점을 추호도 의심하지 않았다. 따라서 이 점에서는, 즉 고조선 문제와 관련해서는 일제 식민사학과 좌익 사관이 사실상 혈맹이었다. 예를 들어 좌익 역사학자들이 신채호류의 대고조선론을 비판할 때는 가차 없이 일제 식민사학이 말하는 소고조선론을 들이대는 식이다.

　대신 좌익 역사학이 일제 식민사학과 싸운 부분은 근대사이다. 그 중에서도 중요한 것은 일제 강점기 이전의 조선에서도 자생적인 자본주의적 발전이 있었다는 것이다. 이는 식민사학이 규정한 조선에 대한 정체성론과 타율성론에 대한 도전이었다. 일제 식민사학은 한국 사회가 언제나 정체되어 있었고 타율적으로만 변화했으므로 자신들이 지배해야만 조선 사회를 변화 발전시킬 수 있다고 주장했기 때문이다. 거기에 대해 좌익 역사학자들이 조선에도 자생적인 자본주의적 발전이 있었다고 하면 일제의 정체성론과 타율성론을 극복하는 역사학이 될 수 있는 것이다. 바로 이것이 좌익 역사학이 일제 식민사학과 싸운 방식이자 좌익 역사학 입장에서 말하는 식민사학의 극복이다. 그러므로 이들 입장에서 고조선 문제에서 식민사학과 싸우는 건 식민사학의 극복이 아니다. 다시 말하지만 그것은 쓸데없는 것을 넘어 식민사학 극복에 오히려 해로운 것이다.

　1936년 신채호가 여순감옥에서 사망하자 좌익 운동가들은 신채호에 대한 회고와 비평을 내놓았다. (일지사에 출간한 『신채호의 역사학과 민족운동』 22쪽 참고-필자) 그 내용은 신채호의 삶과 학문은 존경하지만 그의 역사관은 관념적이라는, 현재 진보사학계의 입장과 똑같은 것이었다. 이것이 일제 강점기 당시 신채호의 대고조선론과 좌익 마르크주의 역사학의 관계였다. 대고선론에 맞서 좌익 역사학과 일제 식민사학은 이미 이 당시에 끊어질 수 없는 혈맹이었다.

현재

　신채호가 사망한 후 50년, 해방 이후로는 40년이 지난 1984년, 전두환 독재 정권하의 대한민국에 『한국 근대사』라는 책이 출간되었다. 당시 선풍적인 관심을 일으켰던 이 책의 저자는 강만길이다. 그렇다. 진보사학계의 태두 강만길이다. 그는 어떤 생각을 가진 역사학자인가.

　앞에서도 보았듯, 그는 신채호를 존경해 마땅하지만 관념적인 역사관을 가진 인물이라고 생각한다. 그는 일제 강점기 역사학자 중 앞서 말한 『조선사회경제사』의 저자이며 일제 강점기 대표적인 좌익 역사학자인 백남운을 가장 중요하다고 생각한다. 그는 식민사학의 극복은 근대사에서 한국 자본주의의 자생적 발전을 입증하는 데 있다고 생각한다. 그는 반독재 투쟁과 친일 잔재 청산이 중요하다고 생각하며 당연히 고조선에서 식민사관을 극복하는 일 따위는 친일 잔재 청산과 무관하다고 생각한다. 그는 신채호의 대고조선론이 비과학적이고 관념적이며 그렇기 때문에 오히려 해로운 것이라 생각한다.

　독자들이 벌써 알았겠지만 강만길의 관점은 일제 강점기 좌익 독립운동가들의 관점과 흡사하다. 그리고 이것은 이후 진보사학 전체를 관통하는 관점이 되었다. 개별적인 차이가 없는 건 아니다. 가령 이이화는 신채호와 민족주의 사학에 훨씬 친화적이라고 했다. 그러나 그 이이화라 해도 이 관점의 경계를 이탈한 적은 없다. 누군가 그 경계를 이탈한다면 그는 아마도 진보사학자이기를 포기한 학자일 것이다.

　물론 강만길은 사회주의나 공산주의자가 아니다. 다른 진보사학자도들도 마찬가지다. 그러나 이 관점의 유사성은 그들을 끊임없이 빨갱이로 몰리게 했다. 또 이는 독재 정권이 자신에게 도전하는 진보사학자를 탄압하는 데 효과적으로 이용되었다. 진보사학자들은 쫓기고 위축되었으며 그런 중에도 자기들의 일을 쉬지 않았다. 예를 들어 강만길의 책이 출간된 1984년이 그렇다. 이 해는 쿠데타 직후 철의 통치를 일관하던 전두환 정권이 처음으로 유화적인 태도를 보인 시기이다. 그래서 대학에 상주하던 전투 경찰이 철수하는 것으로 상징되는 이 시기를 유화국면이라 부른다. 강만길의 책은 이 유화국면에서야 겨우 출간될 수 있었던 것이다. 이후 고통스러운 시간은 계속되었지만 결국 한국 사회는 1987년 6월 항쟁에서 1993년 김영삼 문민정부, 1998년 최초의 실질적 정권 교체라 할 수 있는 김대중 정부, 2003년 노무현 정부로 이어졌다. 진보사학의 봄은 느리지만 확실하게 다가왔고 김대중 정부가 들어선 순간부터 그들은 드디어 개화된 봄을 맞이했다. 그리고 그 봄날의 한가운데인 2000년, 진보사학의 대표적인 잡지 『역사비평』에 송호정의 글이 게재되었다. 앞서 수없이 반복해서 말한 글, 송호정이 윤내현을 저격한 그 글이다.

어디의 누군지도 모르는 윤내현이란 인물이 TV 다큐에 등장했을 때 진보사학계는 무슨 생각을 하고 있었을까? 그 전해, 그러니까 세계사적 사건으로서 소비에트 연방이 해체된 후 몇 년이 지난 1999년, 진보진영에 『민족주의는 반역이다』라는 유명한 책이 등장했다. 그리고 이 책이 한국 고대사 분야를 참고하기 위해 기댄 학자는 다름 아닌 노태돈이었다. 따라서 이 책은 단군이니 대고조선론이니 하는 것들은 송두리째 박살내 버렸다. 왜 민족주의를 반역이라 했건 민족을 말살시키는 데는 노태돈보다 좋은 사람이 없었을 것이다. 이 점은 십분 이해할 만하다.

그러나 대관절 진보진영은 왜 이런 이야기를 해야만 했을까. 민족주의가 반역이라는 말은 반역하고 저항하는 것으로서 민족주의라는 뜻이다. 저자가 의도했는지는 모르지만 보기에 따라서는 '민족주의란 말 자체가 진보를 막는 반역자처럼 나쁜 단어'라는 뜻으로 읽힐 수도 있다. 그거야 어쨌든 이 책의 실제 내용과 취지는 무엇인가. 누구나 이해할 만한 것으로는 오도된 민족주의의 폐해를 분명히 하는 것이다. 가령 독일의 나치즘이나 이탈리아의 파시즘, 혹은 박정희 정권의 민족주의나 더 가까이는 80년대 초반 전두환 정권을 등에 업고 『환단고기』를 앞세우며 날뛴 극단적 대고조선론자들의 난동 같은 것이다. 하지만 이 책이 등장한 진짜 이유는 더 깊은 데 있다. 내가 보기에 이 책이 하려고 했던 것은 소련 해체로 끝나버린 냉전 시대 이후, 세계가 개별 국가 중심으로 재편되는 상황에서 진보진영이 맞이한 위기와 대안을 분석하고 모색하는 것이다. 김대중의 정부는 더 이상 전두환이나 노태우 정권처럼 눈에 보이는 독재 정권이 아니다. 그럼 그간 반독재 투쟁과 친일 청산에 전념해온 진보진영은 이제 무얼 해야 하는가? 진보진영도 함께 나서서 한때 전두환 정권의 모토였던 위대한 선진조국 창조에 앞장서야 하는가? 이건 말도 안 된다. 아직도 해결해야 할 민중과 민주의 문제는 산적해 있다. 그런데도 선진조국이라는 환상에 매몰되는 것은 진보진영의 사명을 방기하고 배신하는 것이다. 옳은 말이다. 그런데 여기서 선진조국이라는 말을 조금만 비틀어 유사어로 대치하면 그게 오도된 민족주의다. 김대중 정부 시대, 소비에트가 무너지고 개별 국가가 약진하는 시대에는 이와 같은 오도된 민족주의에 잠식되기 십상이다. 그래서 그런 오도된 민족주의 말고 올바른 민족주의인 반역으로서 민족주의가 필요하다는 말이다.

이 문제의식은 정말로 중요하고도 올바른 것이어서 이 책이 화제를 일으킨 것도 따지고 보면 당연한 일이었다. 비로소 과제 설정이 분명해졌다. 이제부터 진보진영은 달라진 시대에 새로운 사상과 학문과 실천 방향을 창조해야 한다. 잘만 되면 그 오랜 공부와 투쟁을 바탕으로 새 시대를 창출하는 원동력이 될 것이다. 나아가 이것이야말로 제대로 된 민족주의인데 이는 실제로 이 책이 말하는 내용이기도 하다. 저자는 머리말에서 오도된 민족주의를 충분히 경고한 후에 '민족주의는 더 이상 체제를 옹호하는 권력과 이데올로기가 아니라, 건설을 기약하는 반역의 이데올로기로 재창조되어야 한다는 것이 나의 신념이다'라고 말한다. 나 역시 이 대목에서만은 전적으로 동의한다. 예를 들어 나는 지금 이 책을 쓰고 있는 행위 자체가 나 나름대로 '건설을 기약하는 반역의 이데올로기를 창조'하는 중이라 생각한다. 무엇이 건설이고 무엇이 반역의 이데올로기기인가는 사람마다 차이가 있겠지만 독자들도 내가 제 깐에는 어지간히 노력한다는 건 인정해 줄 거라 믿는다. 다만 문제가 남는다. 이 반역의 민족주의는 어디에도 과학과 지성과 정의를 외면한다는 뜻이 없다. 당연하다. 오히려 과학과 지성과 정의가 빠진 민족주의야 말로 저자가 거부하고자 했던 오도된 민족주의일 것이다. 그럼 됐다. 이제 내가 이 저자에게 묻는다. 저자는 과학과 지성과 정의의 이름으로 노태돈이 윤내현보다 옳다고 보는가? 자, 여기가 결절점이다. 바로 여기가 로도스 섬이므로 다른 도리 없이 뛰어넘어야 한다. 여기에는 타협의 다리가 존재하지 않기 때문이다.

1999년 『민족주의는 반역이다』가 제시한 절체절명의 질문은 공포의 양날을 가진 칼이다. 우리는 알고 있다. 국민을 지키는 군인이 제 역할을 못하면 거꾸로 국민을 죽일 수가 있으며, 시민을 지켜야 하는 경찰이 제 역할을 못하면 거꾸로 강도를 지킬 수가 있고, 아이를 보호해야 하는 부모가 제 역할을 못하면 거꾸로 아이를 때려잡을 수가 있다는 걸. 그럼 새로 건설해야 할 반역으로서의 민족주의는 제 역할을 했을까? 반역으로서의 민족주의라는 군인은 과연 국민을 지켰는가 아니면 국민을 죽였는가. 반역으로서의 민족주의라는 경찰은 과연 시민을 지켰는가 아니면 강도를 지켰는가. 반역으로서의 민족주의라는 부모는 과연 아이를 보호했는가 아니면 아이를 때려잡았는가. 이 책이 출간된 지 1년 후 『역사비평』은 다름 아닌 윤내현을 때려잡았다.

이 순간은 진보사학계가 미래로 열린 창조의 진보를 폐기하고 과거로 고착된 꼰대의 진보로 전락하는 순간이었다. 그들은 소비에트 몰락과 한국 민주주의의 도래가 제기한 두 가지 역사적 사명을 감당하지 못했다.

첫째, 그들은 신채호 이후 50년 만에 돌아온 민족 문제, 일제 강점기 신채호의 대고선론과 좌파 역사학이 풀어내지 못한 갈등을 화해시켜야하는 소명을 감당하지 못했다. 신채호도 좌파도 온 대지에 피를 뿌리며 독립운동에 헌신했다. 그러나 그들은 그 엄혹하고 긴 시간을 동지가 아닌 적으로 지내야 했다. 그래서 우리는 지금까지도 독립운동사를 제대로 알지 못한다. 이 화해를 위해 한국엔 민주주의의 여명이 밝았고 윤내현이라는 절호의 계기가 있었다. 윤내현 본인은 의식하지 않았겠지만 그는 과학과 지성과 정의를 흠집 낸 적이 없는 자이며 무엇보다 모든 것을 품는 온건한 인품을 가지고 있었다. 정상적인 인간이라면 때려잡기는커녕 미워할 수조차 없는 인물이다. 이 윤내현을 수용함으로써 진보진영은 대고조선론과 좌파의 역사학을 완전하게 통합할 수 있었다. 나아가 21세기의 진정한 반역의 민족주의를 창조할 수 있었다. 반역의 민족주의로 말하자면 신채호 같은 반역의 민족주의는 더 이상 없었으며 신채호 같은 민중과 민주의 민족주의도 없었고, 진보사학이 그렇게 비판하고 분석하고 넘어서려 했던 이승만을 누구보다 미리 예감하고 뛰어넘었던 신채호만큼 날카롭고 비타협적인 과학도 없었기 때문이다. 만일 진보사학이 이 화해를 달성할 수 있었다면 그것은 소비에트 몰락 이후 진보사학의 차후 100년 이정표가 되었을 것이다. 그들은 참으로 새롭고 창조적인 진보사학을 건설할 수 있었을 것이다. 하지만 그들은 그러지 못했다. 대신 일제 강점기의 과거로 되돌아가 고대사의 일제 식민사학과 혈맹을 회복하고 일제 강점기의 좌파처럼 신채호류의 민족주의자를 때려잡기 시작했다.

둘째, 진보사학계는 눈에 보이는 반독재 투쟁을 일단락 짓고 우리의 구체적인 삶 속에 실현되어야 하는 새로운 민중 민주주의의 건설과 투쟁의 창조라는 소명을 감당하지 못했다. 무엇이 새로운 민중 민주주의인가. 예를 들어 오늘날 적폐 청산 같은 것이다. 체육계와 연예계의 학교 폭력, 가지고 쥔 자들의 은폐되었지만 일상적으로 자행되는 갑질, LH사건으로 알려진 관료들의 썩을 대로 썩은 적폐. 이들과의 싸움을 진보진영이 하지 않으면 누가 하는가. 뿐만 아니다. 방탄소년단과 손흥민, 봉준호의 〈기생충〉과 세계적으로 뻗어가는 한국 음식 문화, 2021년 군인 장병들이 만들어낸 브레이브걸스의 전대미문의 가요계 역주행, 이 모든 현상들을 제대로 분석하고 발전시켜야 하는 것도 진보진영과 진보사학의 몫이다. 새로운 문화, 새로운 사상, 새로운 지성, 이 전부를 새롭게 만들어내야 하는 것이 소비에트 해체 이후 2000년 시점에서 진보사학의 사명이었다. 그리고 여기서도 결절점은 윤내현의 대고조선론과의 결합 여부다. 만일 이것이 달성되었다면 진보사학은 한국 적폐의 첫 번째 괴물인 주류 고대사학계의 진면목을 대번에 알았을 것이다. 이들은 학계, 정계, 언론계까지 촘촘히 얽혀 있는 고대사 식민사학의 카르텔 아니던가. 이들과 싸우는 데 진보사학만큼 적절하고 유력한 세력은 없다. 만일 이 싸움을 진보사학이 제대로 수행했다면 이어지는 모든 적폐, 학교 폭력, 갑질, 부패한 관료와의 싸움도 일사천리로 진행되었을 것이다. 모조리 고대사 식민사학 카르텔과 같은 것들이기 때문이다. 그뿐 아니다. 코로나 사태 이후 어느 노벨상 수상자는 한국이 새로운 국가 개념을 제시했다고 말했다. 그러면 이 새로운 국가 개념을 분석 비판하고 역시 새로운 비전으로 전 세계에 제시해야 하는 당사자도 원래는 한국의 진보사학이어야 했다. 홍콩과 미얀마 민주화 투쟁도 마찬가지다. 이들을 지원하고 이들에게 희망과 방향을 제시할 수 있는 국제적 기준점은 오로지 한국 진보사학의 몫이어야 한다. 그러나 이 중 어디에도 진보사학은 없다. 아니 있을 수가 없다. 2000년 그날 반역의 민족주의라는 이념이 하필 고대사 식민사학과 혈맹을 맺고 윤내현을 때려잡은 순간 진보사학은 돌아올 수 없는 꼰대의 복고로 추락했다. 최소한 그 추락의 시작이거나 예고이다.

사람이나 집단이나 매 한 가지이다. 자기 정체성을 창조적으로 발전시키지 못하면 예외 없이 폭력으로 도피한다. 왜 어떤 사람은 동료를 폭행하고 아이를 학대하고 죄 없는 운전기사를 때리고 끔찍한 갑질을 하는가. 변하는 환경에 발맞춰 자기 정체를 정립하지 못하면 자기 존재감을 확인할 수 없기 때문이다. 타자에게 폭력을 행사하여 나타나는 반응과 자극으로만 자기를 느낄 수 있다. 그것으로만 세상에 자기가 있다는 걸 말할 수 있다. 그래서 꼰대의 복고가 그렇게 폭력적이며 반복적이다. 2000년 소비에트 해체와 더불어 한국 민주주의의 봄이 도래하던 때, 위기를 느끼고 새로운 정체성을 찾는 데 실패한 반역의 민족주의라는 개념은 도리 없는 폭력으로 전환했다. 그리고 떼로 몰려와 외쳐댔다. 고조선을 때려잡아라, 윤내현을 때려잡아라! 그게 뭔지도 모르면서 그렇게 했다. 그들은 폭력 말고 자신을 확인할 수 있는 방법을 찾아낼 수 없었던 것이다. 이것이 진보사학이 자신들이 잘 알지도 못하는 대고조선론과 윤내현을 그렇게 난도질한 이유이다.

나는 앞서 이이화의 모순을 진보사학 내부에서 자라기 시작한 암세포라 했다. 그것이 내가 처음으로 예감한 것이라고 했다. 그러나 이 암세포는 내가 예감하기 훨씬 전부터 자라던 것이었다. 그보다 10년 전, 최소한 1999년『민족주의는 반역이다』와 2000년 송호정의 글이 실린 『역사비평』에서부터 이미 발호하고 있었다. 그러면 궁금해진다. 이 암세포는 그 후 얼마나 커졌을까.

그가 죽어야 했던 이유 - 진보사학의 마지막

김대중 정부가 들어서자 진보진영에 대한 국가적 차원의 지원이 시작되었다. 이른바 비정부기구 NGO, 곧 시민 단체 일반에 대한 지원은 김대중 정부의 핵심 정책 중 하나이다. 이것은 곧바로 진보진영에 대한 지원을 포함한다. 그렇게 진보진영의 봄이 시작되었다. 그들은 정부에게 대우 받았고 국민들에게 인기가 있었으며 영향력 있는 사회적 명사로 부상하였다. 그리고 그들에게 돈이 흘러들어 갔다. 신채호와 김구가 끼니를 굶던 그 시절부터 70년이 지나 진보진영은 처음으로 따뜻함과 배부름을 느꼈다. 동시에 그것은 보이지 않는 위기였기에 그들은 봄날의 뒤쪽 한구석에서 반역의 민족주의라는 모토를 걸고 고대사 식민사학과 혈맹을 회복하며 대고조선론과 윤내현을 압살했다.

2005년 드디어 절정의 시간이 왔다. 노무현 정부의 대망의 작품 중 하나로 '친일반민족행위 진상규명위원회'가 출범했다. 이 위원회의 위원장은 강만길이었다. 진보진영의 절정이자 진보사학의 절정이었다. 이 위원회와 강만길은 무엇을 했는가. 2009년까지 활동을 통하여 천여 명의 반민족 행위자 명단을 발표하고 해체되었다. 하지만 반향과 흔적은 별로 없었다. 반민족 행위자 명단으로 말하자면 그로부터 2년 후에 최종적으로 출간된 민족문제연구소의 『친일인명사전』, 곧 우리가 일반적으로 알고 있는 그 명단이 훨씬 유명하고 정통적이며 영향력이 크다. 하지만 이 위원회와 강만길이 세간에 남긴 사건이 하나 있었다. 강만길의 반민족 행위자 명단에는 『친일인명사전』에 들어있는 이병도와 신석호가 빠져있다는 것이다. 신석호가 누구냐면 강만길의 스승이다. 물론 강만길은 이에 대한 타당한 이유를 수백 가지는 댈 수 있을 것이다. 하지만 누군가는 의문을 제기했다. 진보사학이라면서 제 선생 제 식구 감싸기는 똑같다는 것이다. 이에 대한 평가는 당연히 이후 역사와 국민의 몫으로 남는다. 그리고 그 역사가 계속 흘러갔다.

2009년 5월 노무현 전 대통령이 사망했다. 극단적인 선택으로 유명을 달리한 것이다. 노무현은 왜 극단적인 선택을 했을까. 탄압 때문에? 지금까지도 생생한 노무현의 감옥 사진은 그런 대답을 용납하지 않는다. 그는 전통적인 투사답게 탄압할수록 강해졌고 기세가 등등해졌다. 그 형형한 눈빛의 노무현이 탄압 때문에 그랬을 거라고는 아무도 생각하지 않는다.

노무현이 극단적 선택을 한 이유는 모든 진보진영이 그를 물어뜯었기 때문이다. 꺾이지 않는 정신의 대명사인 노무현은 동지였던 진보진영이 그를 버리고 압살했을 때 무너졌다. 도대체 진보진영은 왜 그랬을까.

그러나 이에 대해서는 벌써 대답을 했다. 자기정체성을 상실한 주체는 폭력으로 추락한다. 진보진영은 정권 말기의 노무현을 물어뜯는 것 말고는 자기가 존재한다는 어떤 증명도 제시할 수 없었다. 약자에 대한 폭력으로만 자신을 자각하고 그것으로만 세상에 자기 존재를 강변할 수 있었다. 게다가 10년 전에 이미 충분한 연습을 한 적이 있다. 이정표를 잊은 진보사학이 느닷없이 민족주의는 반역이라고 외치며 대고조선론을 때려잡고, 전에는 보도 듣도 못한 윤내현이란 학자를 때려잡았었다. 노무현의 경우는 이 암세포가 제대로 자라나 흡혈 좀비 떼가 된 경우이다. 그렇게 노무현이 사라지자 이들은 비로소 노무현을 물어뜯어 허기가 가신 배를 움켜잡고 입을 다물었다. 이 입은 다시 열리지 않을 것인가. 그럴 리가 있겠는가.

2016~2017년 앞서 말한 『역사비평』 사건이 벌어진다. 장장 1년에 걸쳐 세 권의 책에서 주류 고대사학계 젊은 학자들의 글이 『역사비평』을 도배했던 사건이다. 우선 여기에 등장한 젊은 주류 고대사학계의 젊은 학자들을 요약하자. 이들은 학문적으로 심하게 파산한 자들이다. 왜인가. 학술적인 측면에서 그들이 한 것이란 오로지 노태돈 이후 만들어진 이론의 동어반복이었다. 단 하나의 독창성이나 새로운 발굴이 없으며 그래도 굳이 한 게 있다면 기존 이론들을 표어 수준으로 매뉴얼화

했다는 것 정도이다. 이들을 신예랍시고 받들어주는 자들도 있으니 기가 막힐 노릇이다. 전의 책에서는 이에 대해서 상술한 적 있지만 사실 그래야 할 필요가 없는 자들이다.

그러나 이들에겐 학문 외적인 측면에서 새로운 게 있었다. 인터넷 악플러와 비슷한 비아냥거리는 말투나 글쓰기 수법이다. 이들이 주류 고대학계에 소환된 진짜 이유도 이것이다. 그 비아냥거리는 말투와 글쓰기로 이런 저런 재야사학계나 자기들 맘에 안 드는 정부 기관 등을 공격하라는 것이다. 진보사학과 『역사비평』은 이들이 맘껏 활개를 칠 수 있도록 멍석을 깔아주었다. 또 『역사비평』에 글을 썼다는 명분으로 하잘것없는 이들에게 신예 학자라는 도장을 찍어주었다. 퇴비에 쓰려 해도 써먹을 데가 없는 이들을 어느 날 당당한 학술인으로 만들어 준 것이다. 송호정은 고조선 1호 박사라는 명함이라도 있지 않았는가. 이들은 그조차도 없는, 말 그대로 갈 데 없는 생소한 이들이었는데 갑자기 『역사비평』표 화장품을 바르고 나타나 역겨운 애교를 떨어대기 시작한 것이다. 하지만 이들은 송호정 이상의 놀라운 일을 했다.

2017년 문재인 정부가 출범하고 도종환 의원이 문화체육관광부 장관 후보자로 내정되었다. 그러자 신문에서 일제히 다음과 같은 기사들이 쏟아져 나왔다.

'대통령이 특정 역사 연구 지시하는 나라가 어디 있나'

－《조선일보》, 2017년 6월 6일

'도종환 후보자님 '위대한 상고사'는 안 됩니다'

　　　　　　　　　　　　　　　 - ≪한국일보≫, 2017년 6월 5일

'맹목적 민족 역사관은 진보가 아니다'

　　　　　　　　　　　　　　　 - ≪경향신문≫, 2017년 6월 5일

　고대사 문제를 계기로 언론이 전면적으로 새 정부를 공격하기 시작한 것이다. 정부 공격이 아니라 단지 고대사 문제 제기라고? 우리의 언론들은 대고조선론을 원래부터 비판했던 거라고? 천만의 말씀이다. 이문제에 관해 인터넷 검색을 하면 언론이 오히려 주류 고대사학계와 소고조선론을 비판하고 대고조선론과 재야사학계를 지지했던 기사들이 무더기로 달려 나온다. 근본적으로 언론은 고대사 문제에 관해 별 관심이 없다. 그때그때마다 독자의 눈을 끌 수 있으면 아무 얘기나 한다. 물론 진지하게 고민하는 기자나 편집자가 있겠지만 전체적으로는 아무런 원칙도 없다. 그들이 이렇게 일치단결하여 주류 고대사학계 입장에 서서 날을 세우는 건 오로지 정부 비판을 위한 것이다.

　그럼 이 기사들은 무얼 근거로 이런 일을 할 수 있었을까. 예측한 그대로다. 바로 『역사비평』이 길러낸 주류 고대사학계의 젊은 학자라는 자들의 헛소리들이다. 또 그들 자신이 직접 언론에 기고하거나 인터뷰를 한 기사도 많다.

　이 사건은 주류 고대사학계와 언론과 야당과 기타 여러 세력 전체의 이해가 맞아 떨어진 특별한 사례이다. 그리고 이 자리 한쪽에는『역사비평』과 진보사학의 자리도 선명히 새겨져 있었다. 당연히 그들은 누군가를 물어뜯었다. 노무현을 물어뜯던 그 입이 다시 열린 것이다. 어디 여기서 뿐이겠는가. 도처에서 비슷한 일이 벌어지고 이것은 그들이 사라지는 그날까지 멈추지 않는다. 왜냐고? 한 번만 더 말하겠다. 자기 정체성을 잃은 자가 존재를 증명하는 유일한 방법은 자기를 해칠 수 없는 타자나 약자를 물어뜯는 것이다. 진보사학은 여기까지 왔다. 그 찬란했던 학문도 없고 과학도 없고 정의도 없이 다만 물어뜯는 자들. 그게 오늘날 붕괴한 진보사학의 진면목이다.

☞ 이런 사람 두 번째- 도올 김용옥 비판

김용옥은 이 책의 주제와 별 관련이 없다. 다만 진보의 명암을 논하는 자리에서 학자나 지식인의 의미를 되묻고자 할 뿐이다. 특히 우리의 현대사 속에 투영된 학자를 현재에서 확인하는 일은 중요하다. 진보사학의 변천이 충격적인 것은 우리의 현실이 그만큼 충격적이기 때문이다. 그럼에도 우리처럼 평범한 사람들은 스스로의 힘으로 서야 한다. 우리가 자립하지 못하면 훌륭하다는 사람들이 우리를 속이고 우리가 거기에 속으면 그들은 더욱더 속이려 든다. 이 악순환을 걷어내는 유일한 방법은 우리가 현명해지는 것뿐이다. 그것은 어떤 나라의 민주주의도 결국은 그 나라 국민의 힘만으로 달성할 수 있는 것과 같다. 이것이 여기에 김용옥이 거론되는 이유이다.

김용옥은 아주 유명한 사람이므로 그를 소개하기 위해 따로 첨언할 것이 없다. 나는 옛날에 김용옥을 비판하는 책을 쓴 적 있다. 평범한 독자가 혼자 쓴 것이므로 별 의미는 없다. 대신 여기서의 이야기는 그 책을 바탕으로 한다. 사전에 말해둘 것은 나는 김용옥을 사적으로 모른다는 것이다. 내가 김용옥에 대해 아는 것은 오로지 그의 책과 여타의 공적인 자료를 통한 것뿐이다. 당연히 어떤 사적 이익이나 원한도 없다. 쉽게 말해 나는 평범한 독자들과 똑같은 위치에 있는 사람이다.

그럼 김용옥 이야기를 시작하자. 그런데 김용옥 이야기는 한마디로 끝난다. 다소 거친 말이지만 나는 그를 쓰레기라고 규정한다. 독자들은 어안이 벙벙할 것이다. 그렇게 잘 알려진 사람을 그런 말로 부르다니, 그런 말을 해도 되나? 책임질 수 있는 말인가? 옳은 질문이다. 하지만 나는 독자들이 한 시간 이내로 나와 같은 생각을 하게 될 거라고 믿는다. 이제 정말 시작한다.

첫째, 김용옥은 젊은 비구니 스님을 향해 '야 이 개보지 같은 년아'라고 욕을 한 적이 있다. 아래는 그의 책 『새 춘향뎐』에 나오는 이야기다.

> 여기 내가 고려대학교 재직 시에 교정에 한 대화가 하나 생각나기에 수록해 둘까 한다. 학기 초에 일학년 신입생을 접견하는데 머리 깎고 승복 입은 여학생이 들어왔다.
> "중인가?", "스님입니다", "어디 사는가?", "불광동 밖 아무 절에 있습니다.", "그 절에는 여자중만 사는가?", "그 절에는 여자중은 없고 여자 스님만 사옵니다.", "너는 가르침을 받겠다고 자청하여 고대 철학과에 입문한 네가 처음 만난 선생님께 너 자신을 스님이라고 올려야 한다고 네 비구니 선생들한테 배웠느냐?", "나의 자존은 나 스스로 높이는 것이라 배웠습니다.", "너의 지존과 비하에 집착함이 없는 도인 앞에서도 그러한가?", "……", "야 이 **개보지 같은 년아!** 썩 나가거라!"
> ─『새춘향뎐』, 126쪽 (굵은 글씨의 강조는 김용옥 자신이 한 것임)

김용옥이 왜 이런 이야기를 자기 책에 써놓은 건지 정확히는 알 수 없으나 아마도 자기 깐에는 자랑이라 생각한 게 아닌가 싶다. 쌍욕을 한 것도 모자라 이렇게 책에까지 써 놓은 김용옥을 어떻게 판단해야 하는가는 독자들의 몫이다. 물론 나는 쓰레기라고 판단한다. 앞으로도 판단은 독자들의 몫이다. 그러므로 이 말은 더 이상 반복하지 않겠다.

둘째, 김용옥은 자기를 화나게 한 제자를 심하게 폭행한 적이 있다. 이것도 자기 책에 써 놓은 이야기다.

> 그 뒤 난 어떤 괘씸한 계기에 홍군을 불러다 몹시 두드려 팼다. 그에겐 이미 처자식이 있다. 그의 결혼식을 주례한 것은 다름 아닌 나였다. 처자식이 있는 성인을 데려다 두드려 팬다는 것은 아무리 생각해도 내가 나쁜 놈이다. 그런데 나는 그를 사정없이 두드려 팼다. 사실 한 인간을 패기까지 한다는 것은 그 인간에게 나의 모든 것을 걸 만큼 사랑하지 않으면, 아니 그 말이 위선이라면, 증오하지 않으면 안 된다. 오죽이나 증오했으면 그를 치사하게 불러다가 패기까지 했을까? 사실 패는 것은 눈물겹다. 패는 손이 맞는 몸보다 더 아프기 때문이다. 나는 그날 밤, 몹시 후회를 했다. 나 자신의 인격의 부족을 탓했다. 이제 어떠한 일이 있어도 사람을 패지는 아니하리라! ⋯(후략)
>
> ─『노자 철학 이것이다』, 20쪽

사람을 패는 걸 사랑이라고 말하는 게 위선이라는 건 겨우 알았는가? 그건 제법 기특하다. 그런데 그래서 많이 증오하면 패도 된다는 건 또 무슨 논리인가? 김용옥을 증오하는 사람도 적지 않은데 그들도 증오라는 이름으로 김용옥을 몹시 두드려 패주어야 하나?

더 신선한 것도 있다. 내가 여기서 새로 배운 것은 패는 손이 맞는 몸보다 아프다는 놀라운 사실이다. 이것으로부터 무얼 알았는가. 이런 일은 보통 사람으로서는 있을 수 없는 일이기 때문에 김용옥은 제정신이 아니거나 아니면 구제할 수 없는 자기 중심주의자라는 사실이다.

셋째, 김용옥은 혹간 민주주의 투사처럼 행세하는 데 사실은 그렇지 않다. 김용옥은 노태우 전 대통령에게 아첨하는 글을 쓴 적이 있다. 이것은 많이는 아니고, 약간 읽어볼 가치가 있다. 독자에게 소름 돋는 것 비슷한, 독특한 체험을 줄 수 있기 때문이다.

노태우 대통령께 아뢰옵니다. (글의 제목이다-필자)

나는 나의 아내를 사랑한다. 그런데 나는 이 순간 노태우를 더 사랑한다. 그래서 나는 편지를 쓴다. 왜냐? 노태우는 이미 개인이 아니다. 그는 개인은 개인이로되 보편세계사적 개인이다. 철학자인 나는 그 노태우라는 개인의 보편성을 사랑하지 않을 수 없다. 때로는 나의 아내보다도 더… 아내가 들으면 섭섭하겠지만…
역으로 말하면 당신 노태우 당신 노태우야말로 그러한 보편사적 후천개벽운세의 개합을 결단할 수 있는 실존적 행운을 소유한 유일한 세계사적 개인이라는 것입니다. …(중략)… 땅콩장수도 카우보이도 박종철도 이한열도 역사의 대세 속에 휩쓸려간 세계사적 개인일 뿐이며 인간 노태우처럼 새 역사의 개벽의 대운세를 결정할 수 있는 실존적(살아 있는) 결단의 여지를 소유하지는 못했던 사람들입니다.

잊지 마십시오! 우리 민중은 항상 당신의 편입니다. 우리 민중은 아직은 나 같은 황야의 고고한 철인보다도 당신과 같은 체제안의 니사금을 더욱 사랑하고 믿고 따릅니다.

당신에게 해가 가는 일을 저는 하지 않을 것입니다. 민중과 학생의 욕을 얻어먹더라도 저는 당신의 아름다운 6공의 신화를 만드는데 일조를 하고 싶습니다.

- ≪신동아≫, 1990년 1월호

사실 김용옥은 80년대 초반 5공 시절을 누구보다 기회주의적이고 비열하게 살았던 인물이다. 실은 평생 그랬다. 이런 자가 혹간 민주주의 투사나 전도사처럼 행세하다니 웃거나 울거나 둘 중 하나는 해야 할 일이다.

넷째, 김용옥은 『루어투어 시앙쯔』란 책에서 이른바 유학망국론이란 걸 주장했다. 외국으로 유학 가는 일이나 유학을 다녀온 자들이 나라를 망친다는 것이다. 그런데 잘 알다시피 김용옥 자신은 하버드 유학생이다. 이 모순을 김용옥은 어떻게 해결했을까. 이에 대해 김용옥은 같은 책에서 다음과 같이 말했다.

그러나 한 가지만 확실히 해두자, 하바드란 실체는 모든 권위와 죄악의 상징이다. 하바드 졸업생치고 우리나라 망해먹지 않은 놈이 없다. **그러나 권위의 부정을 위해서 나는 당분간 권위를 빌리자! 체제의 부정을 위하여**

체제를 빌리자!

- 『루어투어 시앙쯔』 197쪽 (굵은 글씨의 강조는 김용옥 자신의 강조다)

한편 그의 큰딸은 프린스턴 대학으로 유학을 갔다. 둘째 딸도 유학 갔다. 이 둘째 딸은 행위 예술 같은 걸 하는데 돼지와 함께 자신의 누드 사진을 찍어 잠깐 화제가 되었었다. 그거야 예술가니까 특이한 일이 아니다. 그런데 김용옥은 이 딸을 광고하느라 바쁘다. 공자는 자기 아들을 가르치는 데도 거리를 두었다. 사적인 편애나 감정을 절제하고자 한 것이다. 그 소리 없는 절제가 아름다워 제자들은 기뻐하고 승모했다고 논어에 나온다. 하지만 김용옥은 제 새끼 일이면 벌거벗고 나선다. 김용옥은 입만 벌리면 중국 고전 타령이지만 실은 발로도 공자를 읽은 적이 없는 자다. 그가 읽었다고 하는 건 하얀 바탕에 꺼먼 문자 나부랭이일 뿐이다.

다섯째, 김용옥은 논문을 쓰지 않는다. 학술지에 학술적인 글도 안 쓴다. 내가 모르는 어딘가에 그런 게 한두 개라도 있을지는 모르지만 어지간히 찾아도 그런 건 없다. 나는 이런 사람은 학자가 아니라고 생각하며 많은 사람이 나의 의견과 같을 것이라고 믿는다. 그럼 김용옥은 개인적으로 학문적인 책을 썼는가. 나는 그의 책 전부를 검토했다고 생각하는데 그런 책은 한 권도 없다. 예를 들어 앞에서 제자를 때리는 이야기가 들어있는 책의 제목은 『노자 철학 이것이다』인데 보다시피 그 내용에는 제자를 패는 것과 같은 자신의 사적인 이야기들이 허다하다. 그건 학술 서적이 아니라 단지 잡설이나 사설, 잘해야 에세이이다.

나는 그래서 김용옥의 석사 논문과 박사 논문을 꼭 읽어보고 싶었다. 하지만 그의 논문이 한글로 번역되어 출간된 적은 없다. 보통은 멋진 장정으로 자랑스럽게 출간하는데 김용옥처럼 자랑하기 좋아하는 사람이 왜 그렇게 하지 않았는지 나로서는 미스터리였다. 원문이라도 찾아보고 싶었지만 영어도 잘 못하는 데다가 겨우 서점이나 다니는 내가 김용옥의 원문 논문까지 찾아보는 건 너무 어려운 일이었다. 어쨌든 한국에 돌아온 이후 그는 학술 활동을 한 적이 없다. 대단한 석학이기는커녕 그는 학자 자체가 아니다.

여섯째, 한문 서적 번역의 문제다. 김용옥은 1982년에 유학을 마치고 돌아와서 바로 고려대학교 교수가 되었다. 이때 김용옥이 가장 앞에 내세운 모토가 한문 번역이다. 그러면서 한문 서적 번역과 관련된 학계, 예를 들어 국사학계 같은 곳을 번역도 못한다며 심하게 욕하고 비판했다. 언뜻 들으면 김용옥은 대단한 한문 번역 능력이 있고 또 스스로 거창한 번역 사업을 할 것 같았다. 이때 김용옥이 번역의 기준으로서 내세운 것이 있다.

1. 원문의 문법구조를 정확히 할 수 있는 문자 그대로의 직역 부분

2. 그것을 완전한 일상 언어로 풀어낸 의역 부분

3. 번역 과정에서 생기는 각 전문 용어, 용법에 대한 문법적, 개념적, 주석 부분

4. 그 段(단)을 전체적으로 조망하여 그것의 사상적, 역사적, 체계적 의의를 설명하는 번역자 자신의 해설 부분

나는 이 정도의 구색을 갖추어야 참된 번역이 이루어진다고 본다.

– 『동양학 어떻게 할 것인가』, 142쪽

한문 고전을 좋아하는 사람들에게 이 기준은 황홀한 것이다. 이런 번역서를 구한다면 책장에 꽂아 놓고 구경만 해도 흐뭇할 것이다. 김용옥은 자그마치 이런 기준을 요구한 것이다. 그럼 김용옥 자신은 이런 번역을 한 적이 있는가? 단 한 번도 없다. 그럼 그는 어떤 번역을 했는가. 논어니, 맹자니, 중용이니, 도덕경이니, 금강경이니 하는 누구나 알고 있고 시중에 어디든 수십 종의 번역본이 있는 책들을 번역이랍시고 내 놨는데, 자기가 제시한 기준에 따르기는커녕 해석 한 줄 달아놓고 자기의 개인적인 의견이나 단상만 잔뜩 늘어놓은 책이었다. 김용옥 자신의 기준과는 아무 상관도 없는, 사실상 싸구려 삼류번역들이다.

분명히 말하는데 이런 번역은 나도 한다. 그리고 내가 할 수 있다는 말은 이 책들을 원문으로 읽어 본 사람은 누구나 할 수 있다는 뜻이다. 왜 그런가. 말했다시피 이런 책들은 수십 종의 번역본이 있어 그것들을 대조해 나름대로 선택하여 나열하면 어지간한 대학생이라도 과제 수준에서 해치울 수 있다. 거기에 각자가 느끼는 생각들을 붙여 놓으면 되는

것이다. 김용옥이 한 일이 이것이다. 그래 놓고 한문학의 대가라도 되는 양 행세한다. 그러나 말도 안 된다. 뭘 했어야 대가라는 소리를 듣든지 말든지 할 거 아닌가. 그는 한문학이나 한문 번역에 대해 정말 아무것도 하지 않았다. 대가는커녕 그가 한문학을 공부한 사람인지조차 알 수 없는 것이다.

더욱 인상적인 일도 있다. 사람들은 잘 모르는데 김용옥은 『石濤畫論(석도화론)』이란 책을 낸 적이 있다. 이 책은 한문 서적으로 중국 명말 청초 석도라는 사람이 썼다고 한다. 김용옥이 이 책을 한글로 번역하여 책을 출간한 것이다. 그런데 그는 원고지 800매 분량의 이 번역을 열흘 만에 해치웠다고 자랑했다. 어떻게 그럴 수 있었을까? 이 책은 논어와 맹자같이 알려진 책이 아니므로 최초 번역을 하려면 엄청난 시간이 걸리는데 김용옥은 어떻게 그런 일을 할 수 있었느냐는 말이다.

비밀은 이렇다. 김용옥은 이 책 본문 귀퉁이 한 곳에 자기가 그런 일을 할 수 있었던 것은 '후쿠나가 미쯔지'란 일본 선생의 앞선 번역이 있었기 때문이라고 슬쩍 적어 놓았다. 김용옥은 일본에서 몇 년 유학을 했으므로 일본어를 안다. 그러니까 김용옥은 『석도화론』이란 한문책을 번역한 게 아니라 그것을 일본어로 번역한 것을 한글로 번역한 것이다. 곧 이 책은 한문 번역이 아니라 일본어 번역이었다. 그러니까 열흘 내로 해치울 수 있었던 것이다. 물론 김용옥은 이런 일을 다시 하지 않았다. 당연하다. 민망하고 한심하기가 어지간한 일이 아니기 때문이다. 김용옥이 한문학과 한문 서적을 대하는 태도와 능력이 이 정도다.

일곱째, 김용옥은 기독교든, 불교든, 철학이든, 예술이든 건드리지 않는 것이 없다. 그러나 그중 어느 것에도 전문가가 아니다. 정확히는 해당 분야에 얼마간의 교양이 있는 일반인의 수준이다. 이해를 쉽게 하기 위해 예를 들겠다.

나는 논쟁으로 치면 초등학생도 이길 자신이 없다. 그러나 김용옥과 논쟁하면 어느 분야를 다루든 지지 않을 자신이 있다. 왜 그런가. 가령 김용옥은 기독교를 말한다. 그러나 그의 말 속에 전문적인 지식은 거의 없다. 기독교 교회사, 기독교 교리사, 그리고 성서신학 한 권씩만 읽은 사람이라도 그가 가진 기독교 전문지식의 밑천을 다 볼 수 있다. 나머지는 모두 주제와 상관없는 이야기거나 자기 혼자만의 생각들이다. 거기에 영어, 한문, 라틴어 같은 일반 대중이 잘 모르고 언뜻 듣기에 뭔가 있어 보이는 단어들이나 나열하는 게 전부다. 내가 이런 사람과 논쟁을 하는데 왜 지겠는가. 이건 술좌석에 앉아 지인들과 수다를 떠는 것에 불과하고 그런 와중에 논쟁에서 지는 사람은 세상에 없는 것이다.

이상 김용옥에 대한 이야기들이었다. 마무리를 하기 위해 먼저 내가 왜 김용옥을 추적하게 되었는가를 말해두는 게 좋을 것 같다. 내가 김용옥의 책을 찾아보게 된 이유는 그가 동양학과 한문 고전의 대가라는 소문을 듣고 그의 책을 통해 배우고 싶었기 때문이다. 하지만 그의 책 속에는 사적인 사설 말고는 아무 내용이 없었다. 몇 권을 뒤져도 마찬가지였다. 나중엔 화가 났고 좀 더 지나서는 어떻게 이런 사람이 그토록 유명할 수 있는지 나 스스로 규명을 해야 했다. 그게 내가 김용옥을 뒤지게 된 이유이다. 이후 어느 정도 파악이 되었다고 느낀 순간 구입했던 김용옥의 책 수십 권을 모두 버렸다. 내 생애에 오래되거나 필요가 사라진 책을 정리한 경우는 있어도 그런 식으로 책을 내다 버린 일은 처음이자 마지막이었다. 그 책들이 옆에 있다는 사실이 그렇게도 싫었다.

김용옥은 한국 사회의 특수한 현상이다. 길게 말하지 않겠지만 그의 가족은 한국의 금수저 집안 중 하나로 사회적 네트워크가 상당하다. 거기에 김용옥의 하버드 박사 학위가 시너지 효과를 일으켰다. 그 시너지 효과로 학위를 마치고 귀국하자마자 고려대학교 교수가 될 수 있었으며, 집안과 학위에 덧붙인 고려대학교라는 화합물은 1980년대 초반 김용옥을 대중에게 선망의 대상으로 떠오르게 하였다. 이런 일은 당시 한국 사회에 자주 있는 일이었다. 여기에 김용옥의 나르시시즘과 열등감이 혼합된 통제 불능의 과시욕은 여러 화제와 사건을 일으키며 대중의 관심을 끌었다. 마침내 TV에서 방영된 연속 강연이 공전의 히트를 치게 되자 그는 확고한 위상을 갖게 되었다. 그 강연들은 학자의 강연이 아니라 이색적인 원맨쇼 같은 것이었는데, 사실은 바로 그랬기 때문에 인기를 끌 수 있었다. 그 이후로 그의 학문과 인성과 행동을 의심하는 시선은 거의 존재하지 않았다. 게다가 사회의 여러 단위가 김용옥 같은 환상을 필요로 하고 이용하려 했으므로 김용옥의 위상은 계속 유지되었다. 그래서 그는 오늘날까지 대한민국의 대학자로 대접받는다. 그는 앞으로 어떻게 될 것인가. 나는 그와 아무 사감이 없지만 그는 대가를 치러야 한다고 생각한다. 그러나 그렇게 될 수 있는가는 우리 사회의 발전

정도와 성격이 결정할 것이다. 그러므로 더 이상의 관심이 없다.

이제 결론을 말하자. 가장 중요한 건 우리 같은 평범한 독자들이 학문과 학자를 감시할 수 있어야 한다는 것이다. 그래야 학자가 살고 학문이 산다. 한국 고대사학도 진보사학도 마찬가지다. 그 밖의 어떤 분야도 마찬가지다.

제4장

고조선과 재야사학계

- ● 『환단고기』
- ● 재야사학계 일반의 문제점
- ● 이덕일-자기를 인정해 주면 나라도 팔아먹을 수 있다

강단에 적을 두지 않고 학계 바깥에서 역사 연구를 하는 학자들을 재야사학자라 한다. 고조선과 관련해서는 대부분 대고조선론자라 할 수 있는데 대체로 과장된 고조선을 주장한다. 이들의 이론은 신채호, 정인보, 윤내현, 복기대로 이어지는 정통 대고조선론과 많이 다르다. 또 문제와 해악도 많다.

물론 윤내현과 복기대는 이들을 강하게 비판하지 않는다. 하지만 그들은 누구에게나 그렇다. 심지어 주류 고대사학계 소고조선론자들에 대해서도 그렇다. 예를 들어 이병도의 견해라도 옳은 것이 있으면 적시하여 정중하게 수용한다. 하물며 재야사학계와 갈등을 일으킬 이유가 없다. 다만 학문적으로 미진한 부분이 있다고 온건하게 지적할 뿐이다.

하지만 나는 다르다. 이 책에서는 그들을 강하게 비판한다. 어느 정도냐면 주류 고대사학자들의 소고조선론만큼이나 심각한 문제가 있다고 주장한다. 내 목표는 그 점을 독자들에게 명확히 하는 것이며 내가 정통고조선론이라 부르는 것을 재야학계의 이론들과 완전히 분리하는 것이다. 그리고 그들의 구조적 문제와 해악을 명시하는 것이다.

〰️『환단고기』

대 전제

누구나『환단고기』라는 말을 들어본 적이 있다. 그러므로 여기서는 두괄식으로 결론부터 말하고자 한다.

- '『환단고기』는 역사적 사료로 사용되어서는 안 된다.'
- '『환단고기』를 역사적 사료로 사용하는 논설은 역사학이 아니다.'
- '따라서『환단고기』를 역사적 사료로 사용하는 논설은 고조선 역사와 아무 상관도 없는 논설이다.'

이 말에 동의하는 독자라면 나머지는 더 읽지 않아도 된다. 이 문제는 그만큼 중요하고 심각하다. 독자들이 이러한 강조를 충분히 각인했다는 전제하에 다음 이야기를 이어간다.

윤내현을 포함한 정통 대고조선론자는『환단고기』를 사료료 사용한 적이 없다. 그리고 상식을 가진 사람은『환단고기』를 역사적 사료로 인정하지 않는다. 왜 그런가. 아주 간단하다. 이 책에 대해서 모두가 동의하는 사실이 있다. 그건『환단고기』를 부정하는 사람이건 인정하는 사람이건 똑같다. 바로 다음의 사실이다.

이 책은 1979년에 처음으로 세상에 나왔다. 그때 이 책을 출간한 사람은 이 책이 옛날부터 전해온 고서들을 모아 놓은 것이라고 주장한다. 그런데 이 고서들은 다른 옛날 책들에서 거론된 적이 없다. 당연히 그 내용도 그렇다. 이 고서들의 다른 판본이 발견된 적도 없고 심지어 원본도 남아 있지 않다. 출간한 사람은 자기가 원본을 외워서 다시 썼다고 한다. 그렇게 그것만 딱 떨어져 인쇄되어 출간된 것이다.

여기까지가 『환단고기』를 부정하든 긍정하든 누구나 인정하는 사실이다. 상황이 이렇기 때문에 이 책은 '가짜다', '진짜다' 하는 위서논쟁이 벌어진다. 그러나 가짜건, 진짜건, 위서건, 진서건 상관없다. 이런 책을 역사적 사료로 사용하는 학자는 한 명도 없다는 것, 그리고 우리 같은 대다수의 보통 사람도 이런 책을 역사적 사료로 인정할 수 없다고 생각한다는 것. 바로 이게 중요하다. 이 책은 역사적 사료로 사용되는 것이 아니라 역사 연구를 통해서 그 내용의 가부가 밝혀져야 하는 책이다. 그때까지 이 책은 다른 건 몰라도, 가령 재미난 문학 작품으로 기능할 수는 있어도 역사적 사료로는 절대 사용할 수 없다. 그게 통상적인 상식이고 다른 한편으로는 과학적 학문이 지켜야 하는 철칙이다.

어쩌면 이런 말을 해야 하는 상황 자체가 슬픈 일이다. 다른 경우라면 누구나 당연하게 생각하는 상식을 이렇게까지 강변하고 있기 때문이다. 사정이 이렇게 된 이유는 이러한 『환단고기』를 사료로 인정하여 역사를 서술하는 자들의 활동이 강렬하고 그 세력이 적지 않기 때문이다. 그래서 이런 사람들을 비하하여 '환빠'라고 부르기도 한다. 그에 대응하여 주류 고대사학자들의 소고조선론을 신봉하는 사람들을 비하하여 '식빠'라 부르는 것과 비슷하다. 그러나 설혹 '환빠'라 한들 민주주의 사회에서 그들의 이견과 주장을 통제할 수는 없다. 불법이나 도덕적 해악을 저지르지 않는 한 당연히 그들은 그런 생각과 행동을 할 자유가 있다. 다만 그들과 다른, 내가 상식이라 말한 견해를 가진 대다수 보통 사람이 혼돈을 피해야 할 필요가 절실하다는 것뿐이다. 그래서 이런 강변을 하고 있다.

『환단고기』는 어디에 써야 하는가

『환단고기』가 사료로 기능할 수 없다고 해서 의미가 없는 것은 아니다. 이 책의 정체가 무엇이건 이 책은 몇만 자의 한자로 이루어진 방대한 책이다. 내용도 상당히 짜임새가 있고 풍부하다. 그렇다면 이 책은 여러 측면에서 연구해 볼 가치가 있다. 가령 춘향전을 여러 측면에서 연구해 볼 가치가 있는 것과 같다.

『환단고기』가 진짜 옛날부터 전해온 고서라면 더욱 그렇지만, 설혹 어떤 사람이 조작하거나 창작해 만든 위서라 해도 마찬가지다. 조작이나 창작을 했더라도 그 정도의 책을 만들려면 그는 어디선가 자료를 취했을 것이며, 또 그런 생각을 하게 된 그의 사상적 계기 혹은 주변 조건들이 있기 마련이다. 그것이 좋은 것이든 나쁜 것이든 연구할 가치가 있다는 말이다.

실은 의외로 그 의미가 크다고 생각한다. 앞서 『환단고기』가 옛날 책들과 무관하다고 했다. 그런데 구한말 시기에는 밀접한 관계가 있는 책들이 많다. 대종교의 경전들이다. 대종교는 일제침략기의 구한말에 만들어진 신흥 종교로서 당시에는 큰 영향을 미쳤다. 독립운동에도 크게 영향을 끼쳤고 변절하여 일제에 부역하는 자들에게도 큰 영향을 미쳤다. 이런 양면성은 기독교, 불교, 천도교 할 것 없이 공통적인 현상이다. 『환단고기』는 그때 만들어진 대종교 경전 및 담론들과 내용상 직접적인 관계가 있다. 그럼 그 당시의 경전들과 담론들은 어디에서 왔을까.

순전히 나의 개인적인 견해인데 나는 그것들이 다양하게 수집된 민간설화 전설이나 민간에 떠도는 서적들에서 왔다고 추측한다. 혹자는 민간설화가 그렇게 풍부할 수 있느냐고 물을지도 모른다. 내 대답은 그렇게 풍부하다는 것이다. 나는 일찍이 무속인들의 노래, 이른바 서사무가의 풍부함에 놀란 적이 있다. 민간설화는 눈에 띄지 않고 공식 기록에 남지도 않지만 엄청나게 끈질기고 다양한 방식으로 전수된다. 그렇게 소리 없는 저류로 흐르다가 특정한 역사적 상황에서는 폭발적으로 표면에 드러난다. 예를 들어 우리가 아는 판소리의 어마어마한 사설들은 특정 시기에 표면으로 드러난 무속인들의 서사일 수 있다고 한다. 아직 결론이 나진 않았지만 해당 학계에서 이 견해는 상당히 유력하다.

아마 구한말 시기 대종교의 경전과 담론도 그런 식의 표면화일 것이다. 그리고 『환단고기』는 적어도 내용상에서는 이것들과 직접적인 관련이 있다. 또 이 책을 출간한 사람도 대종교, 독립운동, 친일 행각 등의 다양한 굴절과 관계가 있는 것으로 보인다. 이처럼 『환단고기』는 많은 것을 담고 있다. 그러니까 연구하여 규명해야 할 대상이다. 하물며 이런 대상을 역사적 사료로 함부로 남용하는 건 오히려『환단고기』의 의미와 생명성을 크게 훼손하는 일이 될 것이다.

왜 어떤 사람들은『환단고기』를 신봉하는가

거대한 저류로 흐르는 종교적 심성 때문이다.

『환단고기』는 1979년에 처음 등장한 이후로 40년밖에 지나지 않았지만 그 영향력은 더 확장되었다. 또 등장하는 그 순간부터 폭발적이었다. 어떻게 출처조차 명확하지 않은 책 한 권이 이런 힘을 발휘할 수 있는가. 또 이 책을 출간한 사람은 세간에 전혀 알려지지 않은 사람이다. 그런데도 이런 위력을 발휘했다. 책이 인기를 끌고 수백만 부 팔릴 수는 있어도 이런 힘을 발휘하는 경우는 거의 없다. 이 점에서『환단고기』는 한국 사회에서 유일하며 세계적으로도 찾아보기 어려운 사례일 것이다. 더구나『환단고기』는 이후로도 크고 작은 영향력을 유지할 것이며 아마도 한국 사회가 존재하는 그 영향력은 사라지지 않을 것이다. 대체 왜 이런 일이 발생했는가.

『환단고기』는 그냥 생겨난 책이 아니다. 앞서 말했듯 그 연원은 구한말 한반도 전역을 휩쓸었던 대종교와 직결되며, 나의 개인적 의견으로 말하면 대종교는 한국 민간설화나 무속설화와 직결된다고도 했다. 그리고 한국의 모든 무속신화는 셀 수 없는 혼합과 변화와 굴곡에도 불구하고 그 핵심에 단군 신앙을 담고 있으며 이것이 이어져 온 기간은 수천 년에 이른다. 어찌된 셈인지 한국 무속은 최소한 삼국 시대 이래 끊임없이 억압받고 배척되었으면서도 조금도 위축되지 않았다. 조선 시대의 강력한 유교적 통제하에 사회의 전면에서 사라진 것처럼 보였던 때에도, 그 저류의 보이지 않는 흐름 속에서 무속은 어떤 종교보다 강력한 힘으로 살아 있었다. 사회의 최하층 천민의 지위에 있으면서도 그랬다.

이는 지금도 마찬가지다. 사람들은 현재 한국의 무속인 수가 수십만에 이른다는 사실을 잘 모른다. 이 수는 기독교의 목사, 천주교의 신부, 불교의 승려를 다 합한 것보다 많을 수도 있다. 무속인은 자격이나 허가가 필요 없어 그 규모를 짐작하기가 어렵기 때문이다. 또 이들은 개별적으로 분산되어 교단을 이루지 않지만 직간접 신도들은 어떤 의미에서 한국의 어떤 종교의 신도들보다 수가 많을지도 모른다. 왜냐하면 기독교 신도이든 불교 신도이든 아주 많은 사람이 점을 보러 다니고 천도제를 지내는 등 기타 수많은 무속적 전통을 일상 속에서 무의식적으로 실행하고 있기 때문이다. 이것이 얼마나 현실적인가는 그 실행으로 수십만 명의 무속인들을 먹여 살린다는 데서 증명된다.

뿐만 아니다. 판소리를 예로 들었지만 국악을 포함한 많은 문화가 무속에 근거를 두고 있다. 예를 들어 최근 유트브 영상을 통해 세계적인 관심을 모았던 ‘범 내려온다’ 관광 광고를 상기해 보자. 이 영상의 노래는 다름 아닌 판소리를 현대적으로 해석한 노래이고 이 영상의 춤은 ‘앰비규어스댄스컴퍼니’라는 현대무용 전공자들이 일상과 전통을 재해석해 만들어낸 안무이다. 이것을 직접적인 무속 전통이라 할 수는 없지만 그것을 보는 한국인들이 까닭도 모르고 흥겨움에 젖는 이유는 근본적으로 무속 전통에 기원을 두고 있기 때문이다.

사실 특별한 일도 아니다. 어떤 사회든 자신의 전통을 저류로 간직하고 있으며 이 저류는 적절한 때 다양한 얼굴로 자신을 드러낸다. 한국도 무속이라는 수천 년의 고유 전통을 그런 식으로 간직한 것뿐이다.

대종교는 구한말이라는 특수 상황에서 이 저류가 폭발한 것이다. 그것도 지난 수천 년간 억압받고 은폐되었던 무속의 교주 단군을 부상시킨 사건이다. 이것은 조금 과장하여 말하면 과거 소도의 성지에서 삼국 시대 이후 향, 소, 부곡의 천민 집단으로 쫓겨난 단군교가 통일신라 이후 1천 5백 년 만에 회군한 것이라 할 수 있다. 그렇기 때문에 당대에 그만한 위력을 발휘했다. 물론 이 회군은 일시적이었다. 일제의 탄압과 시대의 변화 속에서 대종교는 수십 년도 못 지나 세력을 잃었다. 그러나 그것은 지난 수천 년간 항상 그랬듯 결코 사라지지 않았다. 어디선가 누군가들이 집요하게 이 전통을 이어가고 있었다.

그중의 한 명이 『환단고기』를 세상에 내놓은 사람이다. 그는 평생 대종교의 문헌을 연구했고 무엇보다 대종교와 유사한 종교를 만들려 했으며 스스로 그 종교의 창시자가 된 사람이다. 그리고 그가 『환단고기』를 내놓을 때는 이 전통이 다시 표면으로 드러날 수 있는 조건을 가지고 있었다. 첫째, 해방기 혼란과 한국 전쟁 이후 30년이 지나 한국 사회는 자기가 누군가를 물어야 하는 상황에 처했다. 둘째, 이 에너지를 통치

이데올로기로 사용하려는 군부의 조직적인 시도가 있었다. 이것이 맞물려 80년대 초반 가당치도 않은 역사 국수주의 난동이 벌어졌고, 본래 가부를 묻지 않는『환단고기』의 종교적 열정은 이 에너지에 기꺼이 탑승했다. 동시에 이 에너지를 고도로 강화했다. 그래서『환단고기』가 그렇게 위력적이었다. 이것은 역사에 흔히 보이는 전통문화와 민족의식의 전형적인 오용이다. 그러나 군부 이데올로기 표면하에 있는 본래의 종교적 심성은 군부 자체와는 무관한 것이다. 군부 독재는 사라졌지만 종교적 심성은 조금도 손상되지 않았던 것이다. 그럼 이 저류의 심성은 어디로 갔는가.

오늘날『환단고기』를 고수하는 대표적인 집단은 종교 단체다. 하지만 그들만이 다가 아니다. 재야사학계의 일부 연구자와 고대사에 관심을 가진 적지 않은 수의 대중이『환단고기』를 고수한다. 당연히 이들의 저류에 흐르는 것은 종교적 심성이다. 이들에게『환단고기』는 사실상 종교 경전이다. 그들로서는 역사서라고 주장하겠지만 바깥의 사람들에겐 설득력이 없다. 이는 성서를 과학이나 역사라고 주장하는 일부 기독교인의 주장이 바깥의 사람들에게 설득력이 없는 것과 같다. 이것이 오늘날『환단고기』의 좌표이며 앞으로의 변화와 생명력을 가늠하는 기준이다. 그럼 우리 같은 평범한 사람들은 이 현상을 어떻게 이해하고 받아들여야 할까?

일반적인 종교가 그렇듯 무속과『환단고기』도 좋은 측면과 나쁜 측면을 함께 가지고 있다. 신을 사랑하고 사람을 신처럼 사랑하며, 온 세상에 복을 주고 홍익인간을 실천하려고 노력하면 그건 좋은 것이다.

반대로 신을 빙자하여 자신의 세력을 강화하고 탐욕과 착취와 부패와 폭력을 일삼으면 그건 나쁜 것이다. 모든 종교가 그렇듯『환단고기』도 이 극단 사이를 지나갈 것이다. 이건 누구나 아는 상식이므로 더 말할 것도 없다.

한편 우리는 종교와 신앙의 자유를 지지한다. 나는 미리 말했듯 종교를 가지고 있지 않으며 평생 점을 쳐 본 적도 없다. 그러나 모든 종교와 신앙의 자유를 적극적으로 지지한다. 만일 그것이 통제를 받아야 한다면 오로지 한 사회가 공유한 법과 도덕에 의한 것뿐이다. 이렇게 해야만 우리 사회가 공유한 법과 도덕의 테두리 안에서 나 역시 신념과 사상의 자유를 가질 수 있기 때문이다. 그리고 이것 역시 이 시대의 우리같이 평범한 사람들 대다수가 가진, 두말의 여지없는 상식이다.

그러므로 기독교가 성서를 숭배하고 연구하듯, 불교가 불경을 숭배하고 연구하듯,『환단고기』를 소중히 하는 사람들도『환단고기』를 숭배하고 연구할 수 있다. 또 그 숭배와 연구가 성과를 내어 우리 같은 사람들에게 사랑과 자비와 홍익인간의 이름으로 많은 가르침과 풍요함을 선사하길 바란다. 또 그런 이유로 우리들에게 존경과 사랑을 받기 바란다.

그러나 우리는 성서를 역사나 과학이라 주장하는 것은 용납할 수 없다. 불경을 역사나 과학이라고 주장하는 것도 용납할 수 없다. 마찬가지로『환단고기』를 과학이나 역사라고 주장하는 것도 결코 용납할 수 없다. 이것이 위대한 선각들이 일군 정통 대고조선론에『환단고기』가 개입해서는 안 되는 이유이다.

재야사학계 일반의 문제점

재야사학계는 학계 바깥에 있으므로 연구가 자유롭다는 장점이 있다. 누구나 연구자가 될 수 있다는 장점도 있다. 이것은 좋은 일이고 해당 분야에 관심을 가진 대중들에게는 즐거운 일이기도 하다. 이 중에 제도권 학계가 해내지 못한 훌륭한 연구가 탄생할 수도 있다. 예를 들어 2005년에 출간된 성삼제의 『고조선, 사라진 역사』 같은 탁월한 연구가 있다. 그러니 장려하고 권장해야 할 일이다. 하지만 매사에 그렇듯 문제점도 있다. 특히 고조선사 분야에서는 더 그렇다. 지금까지 살펴보았듯 유독 복잡하고 어려운 사안들이 얽혀 있기 때문이다. 이런 상황을 '한라산 영실코스의 평원'이니 '피와 눈물과 죽음의 여정'이라 비유하기도 했다. 이런 현실이 내재한 문제들을 증폭시킨다. 그러므로 여기에서는 그 문제점들을 주로 살펴보려고 한다.

첫째, 검증 구조가 없다. 이 문제는 누구나 아는 상식적인 문제이다. 학계 내부에서는 모든 논문과 저작이 모종의 검증을 받아야 한다. 학위 논문은 심사를 받아야 하고 학술지에 제출하는 논고는 편집진의 검토를 받아야 하며 단행본 저작은 동료 학자들의 평판이라는, 만만치 않은 감시에 놓인다. 그리고 모든 연구 성과는 각주 표기를 포함한 엄정한 형식을 갖추어야 한다.

물론 이 검증 구조의 신뢰도는 별개이다. 표절, 인맥에 의한 봐주기, 저질 학술지들의 문제는 항상 존재한다. 심지어 이런 검증 구조 자체가 학문을 위축시키고 오염시키기까지 한다. 하지만 어쨌든 상기의 검증 구조가 실존하고 있는 것은 분명하다.

하지만 재야사학계에는 이 구조가 없다. 이것은 재야사학계의 특징이자 장점이면서 동시에 문제점이기도 하다. 아무나 재야사학자가 될 수 있고 아무 연구나 재야사학이 될 수 있으므로 연구의 질이 떨어지고 연구자의 언행이 빗나가기 쉽다. 그래도 통제할 수 있는 방법이 없다. 가령 누구를 재야사학자라 부르는가. 심한 경우엔 자기가 원하기만 하면 재야사학자가 될 수도 있다. 이렇듯 검증 구조의 부재가 가져오는 난맥과 일탈이 재야사학의 첫 번째 문제점이다.

특히 지적하고 싶은 것은 재야사학자의 위상이 대중의 인기에 따라 결정될 수 있다는 것이다. 예를 들어 인터넷 블로그나 유튜브 영상에서 구독자를 많이 모으면 위상이 높아진다. 또 재미난 책을 써서 많이 팔아도 위상이 높아진다. 심지어 유명인이 추천하고 지원했다는 이유만으로도 위상이 높아진다. 하지만 이것이 학문적 성취를 담보하는 것은 아니다. 오히려 그 반대일 수 있다. 자본주의 사회에서 이런 현상은 점점 심화되는 경향이 있으므로 그 문제점도 커진다. 현 시기 재야사학이 처한 위기 중의 하나다.

둘째, 의도와 욕망의 불순성이다. 재야사학은 많지는 않더라도 상당수의 대중과 시장을 지속적으로 확보하고 있다. 각종 단체 및 정부와 관련된 네트워크도 있다. 당연히 이 속에서 이권과 지위를 추구하는 의도와 욕망이 발생한다. 이 의도와 욕망이 앞서고 불순해지면 학문은 뒷전으로 밀린다. 옳고 그른 것은 중요하지 않고 자기의 위상과 지위에만 집중한다. 거기에 앞서 말한 검증 구조가 없으므로 각자는 각자 이야기만 우기고 떠들어도 된다. 이게 심해지면 어떻게 될지 더 말할 필요도 없다.

셋째, 재야사학은 올바른 학문으로서 정통 대고조선론을 심하게 훼손한다. 이것이 가장 뼈아픈 현상이다. 재야사학의 문제점들은 자신들의 문제로 끝나지 않는다. 올바른 고조선사와 정통 대고조선론을 참으로 심각하게 훼손한다. 왜 그런가. 주류 고대사학계가 학문적 엄밀성이 취약한 재야사학을 통렬하게 비판한 후 그것이 윤내현의 이론이나 정통 대고조선론에 대한 비판이라고 대중에게 둘러대기 때문이다. 그래서 한국의 대중은 윤내현의 이론이 재야사학계의 이런저런 이론과 똑같은 줄 안다.

이것은 주류 고대사학계의 기본 전술이자 사실은 전략의 모든 것이다. 앞서 말했듯 그들은 윤내현의 이론을 비판할 수 없으며 그럴 의도도 없다. 그냥 어른이 어린아이 두드려 패듯 재야사학계를 학문적으로 묵사발을 만들어 놓고, 정통 대고조선론이 재야사학계의와 같은 이론인 것처럼 보이게만 하면 된다. 사회 전체로 보면 일반 대중은 고조선에 대해 잘 모르기 때문에 이것은 정말로 효과적인 방법이다. 그래서 국회 감사장에서까지 없는 말로 윤내현을 음해할 수 있었던 것이다.

결국 재야사학은 의도하지 않는 가운데 주류 고대사학계의 충실한 종복이 되고 말았다. 어떤 때는 정통 대고조선론에 더 해로운 것은 주류 고대사학계의 소고조선론이 아니라 재야사학계의 부실한 이론들이라는 생각이 들 때도 있다. 그리고 주류 고대사학계가 이런 재야사학을 매우 좋아한다는 것을 피부로 느낀다. 그들에겐 재야사학이 정통 대고조선론을 난도질할 수 있는 칼이나 총 같은 무기이다. 그러니 좋아하지 않을 수가 없다. 심하게 말하면 이런 기능을 하는 재야사학은 주류 고대사학계 소고조선론의 밀정이나 다름없다고까지 할 수 있다. 이렇게까지 말해야 하는 게 가슴 아프지만 사실이 그런 건 어쩔 수 없다.

더욱 기막힌 것은 재야사학계 사람들이 이런 현실에 조금도 관심이 없어 보인다는 것이다. 그들은 재야사학계 시장에서 자기 이론과 입지에만 신경을 쓴다. 주류 고대사학계가 자신들을 어떻게 이용하는지 알지도 못하고 관심도 없다. 아니 알고 있다 해도 괘념치 않는다. 자기는 재야사학계 내부에서만 잘살면 된다. 이게 심해지면 역사의 진실이나 정의 따위는 아무래도 상관없는 악다구니가 된다. 겉으로는 식민사학에 분개하며 소리 높여 성토하고 싸우는 것 같지만 정말로 식민사학을 먹여 살리는 게 자신들일 수 있다는 건 건 꿈에도 돌아보지 않는다.

재야사학계는 자기가 하는 일이 일반 대중에게 어떻게 보일지, 주류 고대사학계가 자기 이론을 어떻게 이용할지, 그 결과가 어떻게 될지 왜 생각을 해보지 않는가. 한번만 진지하게 돌아보았더라도 자기의 이론을 그런 방식으로, 주류 고대사학계에 의해 대중의 웃음거리가 되는 방식으로 제출하지는 않을 것이다. 자기 이론을 포기하라는 게 아니다. 자기 이론이 소중할수록 주변을 살펴 올바르게 표현하고 배치하라는 것이다. 이 얘기가 그렇게 어려운 얘기인가?

　하지만 유감스럽게도 현재로서는 개선될 여지가 별로 없다. 그러므로 여기에서도 같은 일이 반복된다. 아직 때가 안 되었다. 나는 잠이나 잔다.

☞ 이덕일 - 자기를 인정해 주면 나라도 팔아먹을 수 있다

이덕일은 재야사학계의 슈퍼스타이다. 그는 주류 고대사학계 식민사학과 싸우는 최정예 최선봉으로 알려져 있다. 그는 민족사학과 독립운동가의 역사관을 회복하고 망국의 식민사학을 타파하기 위해 저술 활동, 출판 활동, 단체 활동, 국회 활동, 강연 활동, 유튜브 활동 등 전방위로 활약하고 있다. 그런데 정말 그런가? 그가 일제와 일제 식민사학을 증오한다면 일본의 수출 규제와 위안부 망언에 대해서도 그럴까? 또 이를 옹호하는 현 시기 한국의 친일 인사들도 미워하고 그들도 척결해야 한다고 주장하며 그들과 싸우는가? 박근혜 정부의 악명 높은 국정 교과서 사건과 아베 정부와의 위안부 협상에 대해서는 어떤 태도를 보일까?

내 생각에 그는 자기가 주장하는 독립운동가 역사학만 받아준다면 어떤 정부나 권력도 지지할 것 같다. 그리고 그 정부를 찬양하고 그 정부에 순응할 것 같다. 물론 그 정부의 성격이 어떤가는 중요하지 않다. 독재 정권이든 부패 정권이든 친일파의 후손이 장악한 정권이든 상관없다. 그 정권이 자기가 주장하는 '독립운동가 역사학'이라는 것만 받아주면 완전한 정권이고 올바른 정권이고 진정으로 민족을 위한 정권이라고 말할 것이다. 심지어 일본이 통치한다고 해도 자신의 역사관만 받아주고 그것을 교과서로 만들어주면 만세를 부를 것 같다. 그 일본 통치야말로 한민족의 역사를 올바로 세운 민족주의 국가라 외칠 것 같다. 이를 가리켜 자기만 인정해 주면 나라도 팔아먹을 수 있다고 표현한 것이다.

한편 이러한 이덕일은 신채호에서 윤내현으로 이어지는 정통 대고 조선론을 어떻게 취급할 것인가. 사실 이덕일이야말로 대고조선론의 대표 주자로 알려져 있다. 그러니 다른 누구보다 그것을 잘 지키고 알려 나갈 것 같다. 하지만 모른다. 혹시 이덕일이야말로 정통 대고조선론의 적이 될 수도 있지 않을까? 그 점에서 주류 고대사학계의 식민사학, 이덕일이 그렇게 증오하는 소고조선론자보다 더 나쁜 영향을 주는 건 아닐까? 사실은 주류 고대사학계가 속으로는 가장 사랑하는 사람이 바로 이덕일 아닐까? 겉으로는 둘이 죽기 살기로 싸우는 것 같지만 어쩌면 둘이 한편 아닐까? 입에 발린 소리로 신채호나 윤내현을 칭송하지만, 실은 그 이름을 팔아 사욕을 채우고 그들의 실질은 내장까지 뽑아낸 허수아비로 만드는 건 아닐까?

지금부터 이 질문들의 앞뒤를 살펴본다. 그런데 나는 지난 책에서 이덕일에 대해 상세하게 서술한 적 있다. 그러므로 이번엔 간단하게 약술하기로 한다. 다른 장에서의 방식이 여기에서도 일관된다고 할 수 있다.

이덕일이 정통 대고조선론을 망치는 법

이덕일은 숭실대 사학과에서 「동북항일연군 연구」로 박사 학위를 받았다고 한다. 그러니까 1930년대 만주에서 항일 운동을 했던 동북항일연군을 공부한 현대사 연구자이다. 하지만 그는 이후 이 분야와 더 이상 관련을 맺지 않았다. 대신 다양한 주제의 대중적 역사서를 저술했다. 따라서 그는 어느 분야에도 전문가가 아니다. 그는 단지 대중적 역사 저술가이다.

그가 인기 있는 대중적 역사저술가라는 사실은 좋은 일이다. 그 저술이 학문적 검증 구조를 가지고 있지 않고 그 저술에 전문성이 부족하고 그 저술이 다소 틀릴 수 있다 해도 큰 문제가 되지 않는다. 대신 대중이 역사를 친근하게 대할 수 있게 하고 그렇게 함으로써 대중의 교양을 함양시킬 수 있다. 이는 대중에게도 축복이다.

그러나 이 대중적 역사저술가가 자신을 전문가나 학자라고 착각하면 곤란한 일이 생긴다. 그것은 장군을 연기한 배우가 자신을 진짜 장군이라 착각하고, 왕을 연기한 배우가 자신을 진짜 왕이라고 착각하는 것과 비슷하다. 이덕일은 어이없게도 이런 착각에 빠졌다. 혹은 의도적으로 그렇게 행세했다. 그런데 하필 그 착각이나 사기가 고조선사에서 벌어졌다. 그러자 재앙이 발생했다.

이덕일은 자기가 대고조선론을, 특히 한사군의 낙랑군이 평양이 아닌 중국 산해관 근처에 있는 갈석산 지역임을 증명했다고 주장했다. 그게 정말이면 이덕일은 엄청난 일을 한 셈이다. 그는 어떻게 이런 증명을 했을까. 중국사서 몇 개 구절을 들고 와서 그렇게 했다. 그럼 독자들이 상식적으로 생각해 보라. 이 정도로 그게 증명될 수 있을까? 그게 그렇게 쉬웠으면 신채호나 윤내현이 평생을 바쳐 연구를 해야 했을까?

물론 그럴 리가 없다. 주류 고대사학계는 윤내현을 비판은커녕 비판할 엄두도 못 내지만 이덕일의 헛소리 정도는 맷돌로 갈아버릴 만큼 준비가 되어 있었다. 그래서 그들은 신이 났다. 곧바로 이덕일을 천하의 바보로 만드는 반박 논리를 만들어 온 세상에 뿌렸다. 이덕일은 모든 인터넷 공간에서 천하의 바보가 되었다. 당연히 이덕일의 말을 믿고 있던 무고한 독자들도 덩달아 바보가 되었다. 한편 이것을 바라보는 중도적인 대중, 곧 고조선을 잘 모르고 상식적인 차원에서 이 싸움을 지켜보는 보통의 대중들은 모두 이덕일이 바보라고 믿게 되었다. 윤내현이 누군지도 모르는 일반 대중으로서는 주류 고대사학자와 이덕일의 싸움만 보는 것이고, 그러는 한 그 논쟁의 승패는 신문 사설을 읽을 수 있는 논리력만 있어도 분명히 알 수 있는 것이었다.

문제는 그 다음이다. 주류 고대사학계는 이덕일의 이 얼간이스러움이 곧 바로 윤내현을 포함한 정통 대고조선론의 얼간이스러움이라고 광고했다. 현장에서 논쟁을 지켜본 모든 대중은 이 말을 믿지 않을 수 없다. 그래서 그들에게 대고조선론은 통째로 얼간이 사기가 되고 말았다. 이게 이덕일이 정통 대고조선론에 자행한 일이다. 입으로는 대고조선론을 증명했노라 떠들어댔지만 그가 실제로 한 것은 가는 곳마다 정통 대고조선론에 오물을 뿌리고 다니는 일이었다. 급기야 이것은 아예 공식이 되었다. 주류 고대사학계의 대고조선론 비판의 매뉴얼 중에는 이덕일의 논증 비판이 필수 항목으로 들어가게 된 것이다.

더욱 이상한 것은 이덕일이 아무리 시간이 지나도 이 일을 계속 반복한다는 것이다. 이덕일이 자신이 박살나고 있는 사정을 모를 리는 없다. 그럼 대책을 세워야할 텐데 그런 기미가 안 보이는 것이다. 나는 처음에 이 사실이 너무 이상했다. 사람은 공적인 자리에서 약간만 오류가 있어도 고치려고 노력한다. 그런데 이덕일은 지금 맷돌로 갈리는 중이라고 했다. 그런데 대책을 안 세운다고? 또 대책이 어려운 것도 아니다. 이덕일 정도면 윤내현의 논리를 가져다 써서 두 시간 내로 대안을 마련할 수 있다. 윤내현이 너무 잘 만들어 놓았기 때문이다. 그런데 왜 안 하는 걸까?

실은 지금도 나는 그 이유를 모른다. 다만 두 가지를 추측할 따름이다.

첫째, 자신이 독자적인 전문 연구자라는 이미지를 남겨두고 싶어서다. 만일 윤내현을 전적으로 인용한다면 그 이미지가 사라진다. 이덕일은 어떤 일이 있어도 본인이 전문 연구자라는 이미지를 포기할 수 없다. 그러니까 자신이 발견했다는 그 논리를 끝까지 밀고 가야 한다.

둘째, 바깥에서 벌어지는 일은 중요하지 않다. 자신이 관할하는 공간과 인맥, 그리고 자신의 편으로 동원할 수 있는 대중들에게만 인정받으면 된다. 이것이야말로 이덕일에게는 진짜 힘이고 이권이기 때문이다. 그밖에 중도적인 대중에게 신뢰도가 떨어진다든가, 정통 대고조선론이 오물을 뒤집어쓴다든가 하는 건 아무래도 상관없다.

그런데 자신이 개발했다는 그 논리는 자기 공간 내부의 대중에게는 아주 잘 먹힌다. 게다가 주류 고대사학계의 비판을 오히려 역이용할 수 있다. 식민사학자들이 자신과 독립운동가 역사관을 탄압한다고 주장하는 것이다. 그 순간 이덕일은 수난 받는 독립투사가 된다. 이것도 본인의 대중에게는 잘 먹힌다. 그러니까 바꿀 이유가 없다.

물론 이 두 가지는 추측이라고 했다. 하지만 나로서는 아무리 생각해도 이 추측 외에 다른 생각이 떠오르지 않는다. 여기서도 나머지는 독자들에게 맡길 수밖에 없다.

어쨌든 이덕일은 대고조선론을 이렇게 망쳤다. 따라서 주류 고대사 학계가 내심으로는 이덕일을 정말 사랑한다는 것, 둘이는 원수처럼 싸우지만 사실은 한편이라는 것, 이런 의구심이 결코 지나치다 할 수 없다는 말이다.

이덕일은 정말로 친일 청산을 주장하는 사람인가?

이 수상한 질문에 대해 길게 말하는 대신 몇 가지 사례를 둘러보기로 하자.

첫째, 이덕일은 문정창이란 역사학자를 존경한다. 여러 글이나 인터뷰에서 그런 얘기를 했다. 물론 문정창은 대고조선론을 주장했다. 그러나 수준은 정인보나 윤내현에 비할 바가 못 된다. 그런데 문정창은 『친일인명사전』에 등재된 인물이다. 본인도 친일 행각을 인정했다. 또 문정창은 전두환 정권이 주도한 민족주의 역사학 이데올로기 조작에 관여한 인물이다. 이덕일은 왜 이런 문정창을 존경할까? 가령 나라면 문정창은 존경은커녕 머리에 떠올리고 싶지도 않을 것이다. 친일파에, 전두환 정권의 주구 역할에, 학문적으로 볼 것이 없는 인물이기 때문이다. 그리고 이는 나만의 생각이 아니라 이런 종류의 사람에 대한 대한민국 국민 대다수의 생각이다. 그런데도 이덕일은 문정창을 존경한다. 이덕일은 왜 그러는 걸까?

둘째, 2014년, 박근혜 정부의 국무총리 후보로 문창극이 내정되어 큰 파문을 일으킨 적이 있다. 문창극의 친일 발언이 문제가 되었기 때문이다. 그는 '위안부 문제는 사과할 필요가 없다', '일본 지배는 하나님 뜻이다', '게으르고 자립심 부족한 건 한민족의 DNA다' 라는 말들을 했다. 대부분의 국민이 분노했고 결국 그는 후보를 사퇴했다. 유명했던 일로 우리 모두가 알고 있는 사건이다. 그런데 이 문창극에 대해 이덕일은 다음과 같은 말을 했다.

> 필자는 문창극 후보를 가해자 겸 피해자라고 분류한다. 가해와 피해의 정도를 가늠해보면 가해의 무게가 더 크다고 볼 수 있겠지만 그의 인생 궤적을 더듬어보면 단 한 번도 식민사학에 대한 비판적 성찰을 할 수 있는 기회가 없었다는 점을 감안했기 때문이다.
>
> - 『우리안의 식민사관』, 10쪽 (2014년, 만권당)

문창극은 다른 이유가 아니라 식민사학 때문에 그렇게 된 것이니 오히려 피해자라는 얘기다. 이런 말을 하는 이덕일은 무슨 생각을 하고 사는 사람일까? 이덕일처럼 생각한다면 대한민국에 친일파가 한 명이라도 존재할 수 있는가? 이덕일은 왜 이러는 걸까?

셋째, 2016년 11월 1일, 당시 박근혜 탄핵 촛불 시위 현장 한 귀퉁이에 천막을 치고 '친일 독재 미화 국정 교과서 반대를 위한 길거리 역사 특강'이라는 행사가 열렸다. 민주당이 주최한 행사로 그 당시 영상이 지금도 남아있다. 당시 박근혜 정부의 국정 교과서 친일 독재 미화 문제가 첨예했던 때였다. 여기에 이덕일이 초청되어 강연을 했다. 그때 이덕일은 이런 말을 했다.

나는 여러분도 알다시피 여야 좌우를 뛰어넘는 공감대를 말해왔다. 때문에 교과서 서술을 여야 문제라든지 좌우 문제라든지 하는 단순한 틀에서 다루면 안 된다고 생각한다.

그리고 내내 고대사 문제를 강의했다. 그러나 그 강연의 주제인 '친일 독재 미화 교과서'에 대해서는 한마디도 하지 않았다. 그 뜨거운 촛불 시위 와중에도 박근혜 정부를 비판하지 않으려는 이덕일의 의지는 분명했다. 그에게는 촛불 시민의 정서 따위는 흔적도 없었다. 눈에 뻔히 보이는 박근혜 정부의 친일 국정 교과서 문제가 있고 원칙적으로는 그 문제에 가장 분개해야 할 이덕일임에도 그러했다. 왜 그랬을까.

그의 깊은 의도를 다 알 수는 없지만 한 가지는 분명했다. 이덕일은 박근혜 정부 시기 국회와 정부 양자에 걸쳐 최고의 대우와 수혜를 받았다. 그는 국회에 대고조선론을 대표하는 참고인으로 등장했고 국가 기관으로부터 거액의 프로젝트도 획득했다. 그의 인생에서 가장 높이 올라갔던 때다.

어쨌든 그는 박근혜 정부와 친일 독재 미화 국정 교과서를 절대 비판하지 않았다. 이덕일에게 자신과 자신의 독립운동 사관을 인정해 주는 정부는 종류를 불문하고 좋은 정부다. 전 국민이 지금 탄핵을 외치는 현장의 한가운데서조차 그는 침묵과 주제 돌리기로 그 정부를 옹호했다. 그 정부가 친일인가 아닌가는 이덕일에게 문제가 되지 않는다. 문제는커녕 어쩌면 그에게 수혜를 준 박근혜 정부가 무너지지 않기를 간절히 소망했다 해도 이상한 일이 아니다.

그럼 민주당은 왜 그런 이덕일을 그런 자리에 불렀을까. 내 견해를 말하자면 민주당은 이덕일이 어떤 인물인지 몰랐다. 인기 역사저술가이자 강연자로서 섭외가 가능했기에 초빙했을 뿐이다.

넷째, 문재인 정부가 출범한 지 1년이 돼가는 2018년 4월 9일, 국회의원회관 제1소회의실에서 한 강연회가 열렸다. '한민족 역사포럼'이 주최한 '적폐! 식민사학, 이대로 방치할 것인가'라는 강연회였다. 이것도 영상이 남아 있다. 이 강연의 첫 연사는 이덕일이었다. 그는 거기서 이런 말을 했다(육성 그대로 인용한 것이다).

지금 벌어지는 상황은 미 강점기나 이승만 정권 때 의열단 단장인 약산 김원봉 선생이 일제 고등계 형사 노덕술에게 종로에서 뺨 맞고 끌려가서 고문당한 거하고 다릅니까? 달라요? 촛불은 어디 갔어요. 이 국가 권력을, 촛불을 사유화하고 국가 권력을 사유화하고 있는 겁니다. 지금 이렇게 이야기하면 이 정권하에서 또 재판받을지 몰라요.

새로 출범한 정부가 미 강점기나 이승만 정권 때와 같은지, 독립운동가가 일제 고등계 형사에게 뺨 맞고 끌려가 고문을 받는 그런 종류의 정부인지, 촛불과 국가 권력을 사유화하는 정부인지는 각자 알아서 판단하도록 하자. 지금 문제가 되고 있는 것은 이덕일이 왜 이렇게 화가 났느냐는 것이다.

그 이유는 간단하다. 그 전 박근혜 정부 때 이덕일과 그 주변 사람들이 얻었던 거액의 프로젝트들이 대거 삭감 또는 취소되었기 때문이다. 이덕일에 의하면 정권이 바뀌어 오히려 식민사학자들이 더 판을 치게 되고 그로 인해 자신들의 프로젝트가 중단되었으며, 이런 일을 일으키는 정부는 이덕일이 말하는 그런 식의 사악한 정부라는 것이다. 이 강연회 자체가 이 프로젝트 훼손을 규탄하는 강연회였다. 이덕일답게 맥락을 자르고 왜곡이 심하다. 주로 감정을 자극하는 강연인데 평범한 시민으로서 내막을 다 알 수는 없지만, 나로 말하면 이덕일의 말들을 그냥 믿어줄 수는 없다.

그런데 좀 이상하긴 하다. 친일파 형사 노덕술에게 뺨 맞고 고문당했다는 독립운동가 김원봉을 다시 살려내려 했던 사람은 이덕일이 지금 이렇게 미워하고 있는 정부의 문재인 대통령이었다. 2019년 현충일 추념사에서 김원봉을 추도했기 때문이다. 당시 언론에 요란하게 보도됐던 사건으로, 덕분에 한동안 그는 이 문제로 곤경을 겪었다. 이 정부의 대통령은 왜 이덕일의 말과 다르게 행동할까? 그리고 김원봉을 기억한다는 이유로 그를 비난하던 사람 중엔 이덕일에게 달콤한 프로젝트를 선물해

주었던 바로 그 정치인들이 있지 않았던가? 그러고 보면 이덕일에게 프로젝트를 준 사람이 노덕술 쪽인지 김원봉 쪽인지가 헷갈리기 시작한다. 실은 이덕일이 가면 쓴 노덕술 쪽이었나? 또 이 정부의 초대 문화체육관광부 장관은 누구보다 신채호를 존경하는 시인으로, 취임도 되기 전에 주류 고대사학계로부터 폭력에 가까운 공격을 받았다. 이런 인물이 장관으로 있는 정부가 독립운동가 사관을 핍박하는 정부란 말인가?

이덕일이 왜 프로젝트에서 퇴출되었느냐고? 이덕일 말대로 어느 정부와도 상관없이 구석에 버티고 있는 식민사학자들의 농간 때문일 수도 있다. 그러나 내가 그 프로젝트를 평가하는 위치에 있었다면 이 모든 것과 상관없이 이덕일을 퇴출시켰을 가능성이 높다. 말했듯 이덕일은 학문적 재능이 형편없기 때문이다. 이덕일은 뭔가를 착각하는데 이덕일처럼 학문적 재능이 의심스러운 사람이 애초에 국가 프로젝트를 받았다는 사실이 더 문제인 거다. 그러니 뭐는 삐뚤어졌어도 말은 바로하자. 박근혜 정부 때는 그토록 고분고분하던 이덕일이 문제인 정부하에서는 저렇게 욕설을 퍼붓는 이유가 뭘까. 전자의 경우와 달리 후자의 경우에는 그렇게 설쳐도 위험하지 않기 때문이다. 이덕일은 재판받을 각오하고 저런 소리를 한 게 아니라 저런 소리를 해도 절대로 재판받을 일이 없다고 믿었기 때문이다.

부질없지만 나는 어딘가 가슴이 아파 한마디를 남긴다. 이덕일은 재주가 많고 능력이 좋은 사람이다. 고백하건데 나는 그가 잘해서 나 같은 일반 시민을 이끌어 주는 지식인이고 지도자이기를 간절히 소망했다. 고조선은 너무도 외롭고 척박한 곳이니까. 그러나 그는 그 좋은 재주와 능력을 이상한 데 사용한다. 그는 왜 그렇게 되었을까. 고조선은, 정말로 어려운 곳인가 보다.

이상 이덕일에 대한 몇 가지 에피소드이다. 물론 아직도 남은 이야기가 많고 이덕일과 재야사학계는 한국의 역사와 사회를 이해하는 데 그 자체로 의미 있는 연구 대상이다. 하지만 이 책의 갈 길도 멀다. 또 지금 주제와 관련해서는 이 정도만으로도 독자들이 충분히 이해했을 거라 생각한다. 그러니 뒤에서 필요한 이야기는 그때 더하고 여기서는 그만 정리하기로 하자. 아래 4개의 의문문이 그것이다.

첫째, 자기를 인정해 주면 나라도 팔아먹을 수 있다는 말이 과한 말인가?

둘째, 이덕일은 정말 친일 청산을 주장하는 사람인가?

셋째, 재야사학계에 이런 분위기와 사람들이 이덕일과 주변의 몇몇 사람뿐일까?

넷째, 당시 촛불을 들었던 무수한 시민은 이덕일의 이 이야기를 들었을 때 어떤 느낌을 받을까? 무엇보다, 이덕일의 이 말을 들은 그 시민들은 대고조선론을 뭐라고 생각할까? 그들이 대고조선론에 진저리 치는 걸 누가 나무랄 수 있단 말인가? 대고조선론을 정말로 압살하는 자들은 누구인가?

제5장

고조선과
21세기 국제 정세

- 프롤로그
- 고조선, 거기에 왜 미국이 있나?
- 세계정세 위에서 고조선의 시나리오

🖋 프롤로그

고조선 문제를 결정하는 최종 심급은 학문적인 문제가 아니다. 그 것은 이미 끝났다. 신채호 이후 100년에 걸친 피와 죽음의 고조선 연구사는 대고조선론의 완승으로 진작 끝났다. 더 정확히 말하면 윤내현의 『고조선 연구』가 출간된 1994년에 종지부를 찍었다. 그것은 바뀌지 않는다. 왜냐하면 그것은 천동설에 대한 지동설의 승리 같은 것이기 때문이다. 이에 대해 윤내현은 일찍이 설파한 바가 있다. 요약하면 이렇다.

'역사가의 임무는 두 가지다. 하나는 사실 자체를 밝히는 것이고 다른 하나는 그것을 해석하는 것이다. 그러나 어떤 경우에도 전자가 후자에, 사실이 해석에 우선한다. 이것은 역사가의 상식이고 철칙이다. 그런데도 당신들은 사실을 외면하고 해석에만 몰두한다. 왜 그러는가? 사실 없는 해석, 그것은 역사가 아니다.'

이렇듯 고조선 문제는 해석이 아닌 객관적 사실로서 정리가 끝난 것이다. 이것은 고조선을 모르는 현대 한국인의 심성에도 깊이 박혀 있다. 보라. 그리고 지금 상상해 보라. 중국의 고대 한나라는 현재의 산해관 밖을 나가본 적이 없다. 나머지는 그 접경 지역에서 다른 종족이나 나라들과 교류하고 경쟁하며 벌어진 부수적인 사건들이다. 따라서 그 바깥의 만주와 한반도와 몽골 전 지역에서는 다른 종족과 다른 나라들의 역사가 있었다. 구체적인 건 잘 몰라도 그럴 수밖에 없다는 걸 우리는 분명히 알고 있다.

이것이 무의식중에 있는 한국 국민의 역사적 심성이다. 아무리 교과서에서 소고조선론을 가르쳐도 중국의 한나라가 산해관을 넘어 만주 지역과 한반도까지 다스렸을 거라는 그림과 느낌이 떠오르지 않는다. 시험을 보려고 줄줄 암기해도 그림과 느낌으로는 선명하지 않은 것이다. 왜 그럴까. 그 전이나 그 이후의 모든 역사, 열국지 시대에서 명나라까지, 즉 만주의 여진족이 중국을 정복한 청나라 이전까지 중화로 상징되는 중국 역사 전체 이야기가 그들을 산해관 이남으로 밀어 넣고 있기 때문이다. 한국인의 머릿속에는 누가 가르친 적이 없는데도 중국은 산해관 이남에 있는 나라라는 사실이 각인되어 있고, 그것은 전 역사의 과정이 그것을 사실이라 가르치는 데서 연유한다.

신채호 이하 정통 대고조선론자들은 이 자연스럽고 막강한 현실 인식을 과학적 연구로 입증한 자들이다. 그것이 1994년에 완성되었으므로 지동설만큼이나 돌이킬 수 없게 되었다는 말이다. 물론 수많은 이유와 억압으로 그 진실은 아직 지하 속에 유폐되어 있다. 때문에 사람들은 그 흔적도 감지하지 못한다. 그러나 소용없다. 갈릴레이는 돌아서서 말했다지 않은가. 그래도 지구는 돈다고. 대고조선론도 마찬가지다. 그래봤자 윤내현의 『고조선 연구』는 영원히 그 자리에 있는 것이고 그게 언제든 사람들은 그 책을 열어 보고 만다. 시간은 무조건 대고조선론 편이다.

이처럼 고조선 문제의 최종 심급은 이미 끝나버린 학문의 문제가 아니다. 그럼 무엇의 문제인가? 국력과 국제 정세와 전 세계 자본의 구조와 운동방식이다. 너무 추상적이고 거창해서 실감이 안 난다고? 그럼 아래 이야기는 어떤가.

첫째, 중국과 미국의 갈등이 격화되면 고조선 역사는 국제적인 문제로 부상한다. 대만과 홍콩은 물론 미얀마를 포함한 동남아시아, 심지어 중동과 아프리카까지 일대일로 사업으로 먹어 치우려는 중국은 진작부터 한반도도 자기 땅이라고 우겨왔다. 중국과 미국이 사이가 좋고 서로 이익을 공유할 동안에는 미국은 이런 중국의 논리를 묵인하거나 지지했다. 사실은 이것이 한국 주류 고대사학계가 지금까지도 기세등등하게 살아남은 진짜 이유 중 하나이다.

반대로 중국과 미국의 사이가 나빠지면 상황이 역전된다. 어떻게든 중국의 팽창을 막아야 하는 미국은 가장 먼저 중국의 팽창 논리, 즉 한반도가 본인들의 땅이라는 중국의 논리부터 분쇄하려 할 것이다. 이것이 2016년 한국의 주류 고대사학자들이 만든 '동북아역사지도'가 폐기된 진짜 이유 중 하나이다. 그 지도는 단순히 더러운 식민사학을 담았다는 것을 넘어 바로 중국의 논리를 대변하는 지도였기 때문이다.

둘째, 일본은 미국에게 전 세계에서 가장 중요한 나라이다. 일본이 미국의 극동 전략의 총체적인 중심부라는 사실만이 다가 아니다. 그것도 엄청나게 중요하지만 그 못지않게 중요한 것은 미국에게 있어 일본처럼 충실하고 헌신적인 나라는 유례가 없다는 사실이다. 태평양 전쟁 때는 지구상에서 없애버릴 작정까지 할 정도로 일본을 증오했지만 맥아더의 군정이 시작된 지 1년도 지나지 않아 미국은 유례없이 미국에 우호적이고 충성스러운 일본이란 나라를 재발견한다. 어디에도 이런 나라는 없었다. 미국의 최고 맹방인 캐나다도 호주도 영국도 이렇게는 안 한다. 미국은 잠시 놀라움과 감동에 휩싸인 후 이 나라를 전례 없는 미국의 전위 혹은 수족으로 키워냈다. 이것이 현대 세계사에서 가장 놀라운 '일본 넘버원' 신화이다.

하지만 일본은 또 다른 신비를 간직한 나라이기도 했다. 어찌된 셈인지 이 나라는 한국이란 나라에 기대지 않으면 생존은커녕 혼자 서지도 못한다. 단지 한국 전쟁 특수로 일본 경제 회복이 가능했다는 정도가 아니다. 이것은 일본 문명의 여명이라 할 수 있는 2천 5백 년 전부터 시작된 운명이다. 한국이 아주 못살고 무력했던 때조차 그랬다. 구한말은 물론 한국 전쟁 이후 한국이 세계에서 가장 가난하고 못사는 나라일 때도 일본은 한국에 근본적인 무엇인가를 기대야만 했다. 남들은 있는지조차 모르는 그 못살고 가난한 나라가 유독 일본에겐 너무도 중요했던 것이다.

식민지 지배와 식민사학은 이 의타성을 강제적이고 항시적으로 유지하고자 하는 일본의 피나는 노력이다. 예를 들어 엄마의 보호를 떠날 수 없는 아이가 어른이 되어서도 엄마를 강제로 집에 묶어두고 그 보호를 유지하려는, 아닌 게 아니라 사뭇 기괴한 현상이다.

그럼에도 미국은 이 기묘한 사실을 받아들였다. 설혹 이해하지는 못했더라도 사정이 그렇다는 현실만은 분명히 확인했다. 그래서 한국의 정치, 경제, 문화, 역사 모든 부분을 일본에 엮어 넣었다. 이것은 한

미일로 이어지는 삼각동맹 같은 문제를 뛰어넘는다. 이것은 정신의 영역에까지 이른다. 이것이 한국의 식민사학이 지금까지 맹위를 떨치는 또 하나의 진짜 이유이다. 그것은 앞서 말한 중국의 팽창주의 이상으로 오래되고 집요한 것이다.

그런데 만약에 미국 입장에서 일본의 중요성이 떨어지는 일이 생긴다면 어찌되는가. 미국에 대한 충성심은 여전하더라도 전위와 수족의 역량이 눈에 띌 정도로 떨어진다면 어찌해야 하는가. 모르긴 몰라도 그런 일이 생기는 것 같다.

셋째, 도대체 그 정체가 뭔지 잘 모르겠지만 어느 순간 한국의 위상이 갑자기 변했다. 굳이 시기를 나누라면 미국의 오바마 정부가 트럼프 정부로 바뀌는 2016~2017년이라 할 수 있다. 오바마 시대의 극동 정책은 누구에게나 분명했다. 일본의 헌법을 바꾸어 보통의 나라처럼 군사력을 운영할 수 있게 하고 이를 중국에 대항하는 극동의 유력하고 자율적인 군사력으로 강화시키는 것이었다. 우리 같은 한국인들은 이 과정을 불안하고 고통스럽게 지켜보고만 있었다. 결국 거의 폭력에 가까운 수준으로 사드가 배치되고 개성공단이 폐쇄되었으며, 일본 아베 정부와의 모욕적인 위안부 협상이 체결되었다. 일본의 재무장은 이제 눈앞에 다가온 듯했다. 그런데 어쩐 일인지 트럼프 정부에 들어서 일본 헌법 개정과 재무장 논의가 쏙 들어갔다. 언제 그런 이야기가 있었느냐는 듯 기억이 가물가물하고, 이는 트럼프 정부를 지나 바이든 정부가 들어선 지금까지도 마찬가지다. 물론 물밑 속에서 무슨 일이 벌어지는지 우리는 모른다. 다만 우리 대중의 눈에 보이는 건 그것밖에 없다.

반면 한국은 트럼프 정부 등장 이후로 욱일승천했다. 북한 김정은 과 미국 트럼프와의 관계를 중계하며 유명세를 타는가 싶더니 산업 기술, 경제 구조, 코로나 대응 특히 군사적인 측면에서 뉴스가 쏟아졌다. 한국은 신남방정책과 신북방정책의 중심고리 중 하나라는 말이 있는가 하면, 영국은 G7 회의에 지나칠 정도로 열심히 한국을 초빙했다. 이게 뭘까. 역시 무슨 일이 벌어지고 있는지 우리는 알 수 없다. 하지만 다음 의 가설은 가능하다.

'일본은 30년 이상의 쇠퇴와 정체로 경제적·군사적인 측면에서 미국의 요구를 충족시킬 역량을 갖추지 못했다. 이로써 오바마 정부의 일본 재무장론은 폐기되거나 축소되었으며 그 대안으로 한국을 주시한다. 차후의 과정은 이것의 진행 상황을 지켜보며 조절한다. 2021년 미 정부가 말하는 한일 동맹의 회복이란 이 새로운 대안을 모색하고 실험 하는 것이다.'

만일 이 가설이 사실이라면 지금부터 한국의 대고조선론은 새로운 지평을 맞이하게 된다. 이 가설을 따르자면 일본과 한국 사이의 모든 것 이 재조정되어야 한다. 정치, 경제, 군사는 물론이고 독도와 동해 표기 와 위안부 문제를 포함한 역사와 문화 및 국민들이 의식까지 조정되어 야 한다. 새로운 대안 위에서 동맹의 회복이란 바로 이런 걸 말한다. 이 게 아니라면 다른 무엇이 동맹의 회복이겠는가. 따라서 대고조선론이 란 역사 문제도 국내만의 문제가 아니다. 그것은 곧바로 미국의 문제이고 때문에 곧바로 세계의 문제이다. 고로 대고조선론의 경계를 어디로 설정하여 공개할 것인가는 본질적으로 국제적인 정치 외교 문제이다. 적어도 현 상황에서는 그렇다. 그리고 이때 윤내현의『고조선 연구』는 한국 고대사학의 금자탑을 넘어 미 국무부의 주요한 참고 문헌이 된다. 그것은 아무 때나 사용할 수 있는 미국의 정책 무기, 그것도 잘 준비된 정책 무기로 기능할 수 있다. 마치 핵무기처럼 사일로에 감추면 영원히 지하에 묻어 둘 수 있지만 사용하기로 작정하면 가공할 만한 전략 무기가 되는 것과 같다. 왜냐하면 미국이『고조선 연구』를 승인하는 순간 일본의 모든 고대사와 현대사와 정신문화가 무너질 것이기 때문이다. 나는 미국의 그 유명한 국가안보국을 포함한 주요 기관이 이 사실을 이미 알고 있을 거라 생각한다.

물론 이 모든 건 나의 사견이다. 그러므로 공감할 수 없는 부분도 많을 것이다. 하지만 괜찮다. 아직 프롤로그니까. 대신 본격적인 가부는 이어지는 이야기 속에서 가늠하기로 하자.

⇔ 고조선, 거기에 왜 미국이 있나?

미국 의회조사국과 동북아역사재단 역사지도

지금부터의 이야기는 약간 복잡하다. 독자들의 집중이 다소 필요할 것 같다.

2015년 10월 5일 '미디어 오늘'은 다음과 같은 제목의 기사 하나를 보도했다.

'역사 왜곡 동북아역사재단 역사지도, 미국에도 보냈다'

동북아역사재단은 노무현 정부 시절인 2006년에 중국의 동북공정에 대비하기 위해 만들어진 기관이다. 그럼에도 이 재단은 개관 즉시 한국의 주류 고대사학자들에 의해 장악되었다. 왜냐하면 학계의 고대사학자들로는 그들밖에 없었기 때문이다. 또 당시의 노무현 정부는 정치적으로 취약했고 한국 주류 고대사학계가 어떤 곳인지 알지도 못했다. 거기까지 미칠 여건과 역량이 없었다. 국민들의 분노가 컸으므로 정부의 의지는 강했지만 결국 생선은 고양이에게 맡겨진 셈이다. 이후 동북아역사재단은 중국 동북공정에 대응하기는커녕 중국 동북공정의 한국지부나 밀정 같은 역할을 해왔다. 이것이 어쩌다 폭로되어 위와 같은 기사가 난 것이다. 그러자 이 기사의 앞뒤로 동북아역사재단을 성토하는 기사들이 이어졌다. 그 제목과 기사 안의 소제목들을 몇 개를 살펴보면 다음과 같다.

'동북아역사재단이 보낸 지도, 동북공정 · 식민사학 내용 반영

– 《초이스경제》

동북아역사재단 동북공정 지도 논란 충격 내막
과거 조선총독부 만든 한사군한반도설, 중국이 다시 이용
재단, 동북공정과 유사 맥락 자료 미국 보냈다 비판 받아

– 《주간현대》

동북공정 · 식민사학 인정하는 지도 미 의회에 제출
동북아역사재단 '식민사학 온상' 비난…관련 학자 과거 전력 드러나
여야 의원, 학계 "우리 역사를 왜곡 · 훼손"…"재단 해체" 주장도

– 《주간한국》

동북공정, 식민사관 인정하는 지도 미국에 보낸 정부

– 《중앙일보》

동북아역사재단에 대한 비판과 성토의 강도가 대단하다. 동북아역사재단과 주류 고대사학계에 대한 언론의 폭로와 분노가 이렇게 통렬했던 적은 해방 이후 한 번도 없었다. 그 전에는 재야사학계나 일부 국민들만이 그랬을 뿐이고 이를 듣거나 아는 다른 국민은 거의 없었다. 그런

데 난데없이 이와 같은 대규모의 언론 공세가 폭발했다. 더구나 이 사건은 국회에서부터 터져 나와 기사화된 것으로 이면에는 정부까지 개입되어 있었다. 실로 대단한 사건으로 주류 고대사학계는 이로 인해 사상 초유의 위기에 처했다. 심지어 앞서 말한 5공화국 때 재야학계를 앞세워 주류 고대사학계를 공격했던 일조차 이 사건에 비추면 애들 장난이나 다름없었다. 왜 이런 일이 발생했을까?

내막을 살펴보기 전에 먼저 알아 둘 것이 있다. 언론의 주류 고대사학계에 대한 이 강력한 성토는 짧은 시간 지속된 후 다시 반복되지 않았다는 것이다. 뿐만 아니라 2년 뒤엔 이와 정반대로 주류 고대사학계를, 지금 이 기사들에서 자신들이 식민사학의 아성이라고 성토하는 바로 그 주류 고대사학계를 전에 없던 규모로 지원했다. 그것이 앞서 말한 문재인 정부 출범 시 새로 내정된 도종환 문체부 장관에게 가했던 언론의 총공세이다. 그 당시 기사들에서 보았듯이, 주류 고대사학계의 젊은 학자들을 등에 업고 고대사 문제로 장관 내정자를 집중 비판했던 사건이다. 이때는 언론이 주류 고대사학계의 소고조선론이 식민사학이기는커녕 사이비 역사학에 맞서는 과학적이고 양심적인 학문이라고 추켜세웠다.

그야말로 극과 극을 달리는 언론의 태도인데 이에 대해서도 앞에 적시한 바 있다. 이들은 파가 나뉜 서로 다른 언론도 아니고 항상 같은 언론이며 이들의 고조선에 대한 태도는 시기와 상황에 따라 멋대로 변한다고 했다. 그래서 어떤 때는 주류 고대사학계가 망국의 식민사학이 되는 것이고 다른 때는 동일한 주류 고대사학계가 과학적 학문이 되는 것이다. 그러므로 언론이 주류 고대사학계나 재야사학계나 고조선에 대해 말할 때는 항상 이면을 물어야 한다. 그 시기마다 거기엔 어떤 목적이나 필요가 있다. 단순히 구독자를 늘리려는 의도거나, 시류에 따라 언급하는 것이거나, 혹은 위의 사례들처럼 매우 엄중한 정치적·외교적 이유가 있을 때도 있다.

결국 언론에게 한국 고대사 문제는 필요할 때 어떤 식으로도 사용할 수 있는 상당히 중요하고 유용한 도구이다. 이는 한국 고대사 문제가 현실에서도 그런 도구로 상용된다는 뜻이다. 그렇기 때문에 한국 사회는 자신의 고대사를 어정쩡한 상태로 놓아두며, 이것이 고대사 문제가 언제나 해결되지 않은 논쟁 상태에 놓여 있는 진정한 이유이다.

이것을 염두에 두고 잊지 말아야 한다. 그래야 앞으로의 이야기들을 제대로 이해할 수 있다. 그럼 이야기를 계속하자. 사상 초유의 강도로 주류 고대사학계를 공격하는 위의 기사들이 갑자기 그리고 단기간 쏟아진 이유가 무엇인가. 먼저 첫 번째 인용했던 '미디어오늘'의 기사 일부를 읽어볼 필요가 있다. 서두에 말한 대로 약간 복잡하니 다소의 집중이 필요하다.

5일 국회 교육문화체육관광위원회 국정감사 교육부 산하 동북아역사 재단에 대한 국정감사에서 동북아역사재단이 만든 '동북아역사지도'를 미국 의회조사국(CRS)에 보냈고 CRS 최종보고서에 실린 사실이 논란이 됐다. 동북아역사지도에는 중국 동북공정과 일제 식민사관이 반영됐다는 비판이 있다.

새누리당 이상일 의원은 "외교부 의뢰를 받은 재단은 지난 2012년 8월 31일 CRS에 '한중 역사적 변화에 대한 한국의 시각'이란 검토자료를 제출했는데 자료에 중국 동북공정과 일제 식민사관이 만들어낸 역사 왜곡을 담은 지도를 포함했다"며 "이는 미 상원 외교위원회가 CRS에 향후 북한 유사시 중국이 북측 영토에 대해 역사적 연고권을 주장할 경우를 대비한 보고서"라고 비판했다.

요약하면 당시로부터 3년 전인 2012년에, 동북아역사재단이 외교부 의뢰를 받아 미국 의회조사국에 자신들이 만든 '동북아역사지도'를 보냈는데, 그것이 미국 의회조사국의 최종보고서에 실렸다. 그런데 이 지도는 중국의 동북공정과 일제의 식민사관을 반영했다는 비판이 있다. 한편, 이 사실을 알아낸 사람은 다름 아닌 국회의원이다. 그리고 CRS(이하 미국 의회조사국으로 통칭)이란 미 상원 외교위원회의 위촉을 받아 보고서를 제출하는 곳인데, 이번에 미국 의회조사국이 받은 위촉은 '향후 북한 유사시 중국이 북측 영토에 대해 역사적 연고권을 주장할 경우를 대비한 보고서'를 작성하여 제출하라는 것이었다.

따라서 이 모든 소동은 미국 의회조사국 때문에 생긴 일이다. 왜냐하면 동북아역사재단과 그 지도가 중국 동북공정 및 일제 식민사관을 반영한다는 비판은 언제나 있어 왔기 때문이다. 예를 들어 앞서 몇 번이고 말했던 사건, 2013년 국회 국정감사장에서 김학준 동북아역사재단 이사장이 윤내현을 리지린 표절자라고 외치던 그때도 마찬가지였다.

말했듯 문제를 지적한 의원의 초점은 동북아역사재단이 왜 식민사학에 가까운 이야기만 하느냐는 것이었다. 이처럼 동북아역사재단이 중국 동북공정의 주구이고 식민사학의 아성이라는 비판은 항상 있어 왔으며, 이에 관여하는 국회위원들, 특히 2013년에 발족된 국회 '동북아역사왜곡대책특별위원회' 소속의 국회의원들은 누구나 알고 있는 사실이다. 그 위원회의 초대 위원장이 남경필 의원이고 위에서 말했던 도종환 의원은 그 위원회 위원 중 하나였다. 이것은 모두 언론에 공개된 국회와 국가의 기본적인 공지사항들이다.

이렇듯 언제나 있어 왔고 관련된 사람들은 누구나 아는 사실이 이렇게 큰 문제로 비화된 이유가 무엇일까. 다른 때와는 무엇이 달랐을까. 바로 그것이 미국 의회조사국이다. 이것 하나만이 다른 때와 달랐다. 그러니까 이 모든 소동의 근원은 전에는 듣도 보도 못한 미국 의회조사국이란 것 때문이다. 고조선에 난데없는 미국이 솟아난 것이다. 아무래도 이 사연을 좀 더 깊이 살펴보아야 할 것 같다. 아래는 위 기사에 이어지는 대목이다.

2012년 3월 CRS는 보고서 초안을 작성했다. 이 의원에 따르면 보고서에는 중국의 역사 왜곡을 담은 담기양의 '중국역사지도집'과 '중국근대변계사' 등을 활용해 동북공정 내용을 그대로 실었다. 하지만 CRS연구진은 미 의회에 해당 보고서는 중국 측의 자료로 작성한 것이니 한국 측 자료 등을 참고해야 한다고 했다.

같은 해 6월 미국 상원외교위원회는 주미한국대사관과 외교부를 통해

CRS보고서 초안에 대한 견해를 밝혀달라고 동북아역사재단에 요청했다. 최종보고서는 같은 해 12월 발간됐다. 이 의원은 동북아역사재단이 제공해 CRS보고서에 실린 12자의 지도에 중국 동북공정과 일제 식민사관을 나타내는 내용이 담겨진 것을 밝혀냈다.

이것도 요약하면 이렇다. 위촉을 받은 미국 의회조사국은 2012년 3월에 보고서 초안을 작성했는데 주요 자료가 중국 동북공정의 자료였다. 미국 의회조사국은 이 보고서가 일방적인 중국 측 자료만 실었으니 한국 측 자료 등도 참고해야 한다고 유보를 달아 보고했고, 미국 상원 외교위원회는 그 보고대로 주미 한국대사관과 외교부를 통해 동북아역사재단에게 미국 의회조사국의 초안에 대한 견해를 밝혀달라고 요청했다. 이에 동북아역사재단은 예의 지도를 제출하였는데 그것이 바로 중국 동북공정과 식민사관을 담은 지도였다. 미국 의회조사국은 동북아역사재단의 이 지도를 그대로 담아 같은 해 12월에 최종보고서를 발간했다.

듣고 보면 놀랄 일이 한두 가지가 아니다. 일단 사건의 무게와 심각성이 엄청나다. 이 보고서는 2012년 당시, 유사시 중국이 북한 영토에 대한 역사적 연고권을 주장하는 경우, 쉽게 말해 중국이 북한을 병합하려는 의도를 보일 경우를 대비하기 위한 것이다. 이 자체가 일단 놀랍다. 그러나 그 못지않게 놀라운 것은 이 보고서 작성 과정 중에 한국 외교부가 개입되어 있었다는 사실이다. 그럼 동북아역사재단의 이 지도와 자료가 미국 의회에 제출된다는 사실을 외교부와 정부는 알고 있었는가? 알고 있었다. 이에 대해서는 다른 언론사의 보도가 있다.

> (2012년) 9월 3일 재단은 국무총리실, 외교부, 교육부에 미국 측에 발송
> 한 자료와 함께 공문을 보내는 등 관계부처에 보고했고, 10월 23일에는 당
> 시 정재정 전 동북아역사재단 이사장과 관련 전문가가 직접 미 상원 외교위
> 원회와 CRS 관계자를 만나 재단이 작성한 검토 의견을 직접 설명해 12월
> 11일에 재단의 검토의견이 그대로 반영된 최종보고서가 발간됐다.
>
> – ≪초이스경제≫, 2015.10.05

기사에서 보듯 동북아역사재단은 모든 걸 모든 관계부처에 보고했
다. 그리고 나서야 재단이사장이 직접 미국에 가서 미 상원 외교위원회
와 미국 의회조사국 관계자를 만나 직접 의견을 설명했다.

이로써 두 가지 사실을 알 수 있다. 재단이사장이 국가 모든 관계 기
관에 보고하고 직접 미국으로 날아가 미 상원 외교위원회와 미국 의회
조사국 관계자를 만나 설명했다니, 이는 어지간히 중대한 일이었다는
사실이 그 하나다. 다른 하나는 그럼에도 불구하고 이 모든 사건에 책임
을 진 당사자는 동북아역사재단과 재단 이사장이었고 관여된 기관, 즉
국무총리실, 외교부, 교육부에는 전혀 책임을 묻지 않았다는 사실이다.
국회는 왜 정부의 관계 기관들에 대해서는 더 이상 언급하지 않았을까?
또 상당히 억울했을 텐데도 동북아역사재단은 자신의 보고를 허락하고
미국에 보낸 정부의 책임에 대해서는 거의 언급하지 않았다. 학문적인
차원에서는 강고하게 변명을 했지만 상부 기관인 정부에 대해서는 아무

말도 하지 않는다. 적어도 언론에 보도된 기사에서는 일언반구도 없다. 동북아역자재단은 왜 그랬을까?

　그리고 가장 궁금한 사실이 하나 더 있다. 이 사실을 당시 국회의원인 이상일 새누리당 의원이 언제, 어떻게 알았느냐는 것, 그리고 왜 3년이 지난 후에서야 이 문제를 그렇게 큰 목소리로 제기했느냐는 것이다. 이에 대한 언론 보도, 즉 이상일 의원이 어떤 계기로 이런 문제 제기를 하게 되었는가에 대한 상세한 기사는 없다. 그러므로 추측할 수밖에 없는데 가장 상식적인 답은 이상일 의원이 국정감사 중 우연히 자료를 발견했고 그 자료가 망국적 식민사관과 동북공정을 담고 있다는 사실을 확인하게 되어 문제를 제기했다는 것이다. 아마 그럴 것이다. 하지만 나는 더불어 다른 계기도 있을 수 있다고 생각한다. 어떤 식으로든지, 가령 소문으로라도 미 정부가 한국 측에 문제 제기를 했을 수 있다는 것이며 이상일 의원의 국정감사 속에는 이 문제 제기가 포함될 수 있다는 것이다. 그런데 이것은 꼭 추측만은 아니다.

　사실 이 사건은 2015년이 아니라 2012년 11월, 그러니까 미국 의회조사국의 최종보고서가 제출되었던 12월 이전에 벌써 문제가 되고 있었다. 누가 어떻게 문제를 제기했는가는 '안산인터넷뉴스' 11월 4일자 기사에 상세히 보도되어 있다. 이 기사는 다음과 같이 시작된다.

미 의회 조사국의 왜곡된 '동북아역사 보고서' 관련 정부대응 촉구

'동북공정 저지 100만 국민운동'을 펼쳤던 사단법인 국학원(원장 장영

주)은 최근 미국 의회조사국의 보고서에 수록하는 중국의 일방적 주장에 대한 성명서를 11월 2일(금) 10시에 발표하고 이를 외교통상부와 청와대, 미국대사관에 직접 전달했다.

나는 국학원이란 단체가 어떤 단체인지 모른다. 당연히 그곳의 원장인 장영주라는 인물에 대해서도 아는 바가 없다. 아마 독자들도 그럴 것이다. 그런데 이 이름 모를 단체가 지금 말하고 있는 미국 의회조사국 보고서에 대해 항의를 하고 있는 것이다. 어떤 항의인가. 기사는 이렇게 마무리된다.

국학원은 성명서를 통해 "미 의회보고서에 고구려와 발해가 중국의 지방정권이며 중국의 역사라는 왜곡 사실이 일방적으로 기록되는 것은 중국의 입장이 국제적으로 공인받게 되는 심각한 일"이라 지적하고 "국민의 역사인식에 심각한 폐해와 자괴감을 주는 중차대한 사건으로 이에 대한 한국 정부의 강력한 대응을 촉구한다"고 했다.

이어 "진실과 평화와 상호존중의 원칙 아래에서 기술되어야 하는 역사자료가 왜곡으로 점철된 중국의 일방적 주장을 게재함으로써 발생되는 동북아 역사 분쟁의 고착화를 미국 정부가 분명히 책임져야 한다"고 강조했다.

또 여기에 이어 상당히 긴 분량의 성명서 전문도 수록했다. 그 성명서는 아주 날카롭고 정확해서 관심 있는 독자라면 일독할 가치가 충분한 내용이다. 다시 말하지만 나는 이 기사에 나오는 기관이나 인물에 대해 아는 바가 없다. 그러나 이 기사와 성명서만은 놀라운 것이다.

이 기사는 이미 2012년 11월에, 3년 후인 2015년에 발생할 모든 상황과 문제와 대안을 선명하게 파악하고 있었다. 게다가 이들은 청와대와 외교통상부와 미국대사관에까지 성명서를 전달하고 항의했으며 그들로부터 대답까지 들었다. 그래서 묻는 것이다. 이렇게 분명한 사건과 항의가 그때는 간단히 무시되고 소리 없이 묻혀 버렸는데 왜 하필 2015년에 문제가 된 것이냐고. 국회가 발견하고 검토하기로 했다면 2012년에 훨씬 검토하고 발견하기 쉬웠을 텐데 왜 뜬금없이 3년 뒤에나 표면으로 드러났느냐고.

하지만 이에 대한 논의는 잠시 뒤로 미루자. 대답을 위해 돌아보아야 할 것들이 남았기 때문이다. 대신 좀 더 구체적인 사안을 살펴보자. 이 기사 이후에 어떤 일들이 벌어졌는가가 그것이다.

우선 이때부터 2016년에 이르기까지 수차례의 고대사 관련 토론회가 열렸다. 국회와 동북아역사재단이 주최한 것으로 주류 고대사학계의 소고조선론자들과 주로 재야사학계의 대고조선론자 사이에 벌어진 토론이다. 이는 토론회로서는 대단한 일이다. 권위가 있는 자리에서 이 정도의 규모로 양자 간에 토론이 벌어진 건 해방 이후 처음 있는 일이다. 특히 재야사학계는 처음으로 대등한 대우를 받았다는 점에서 의미가 크다. 그리고 이때의 토론은 영상으로 남아 관련자들에게 소중한 자료가 되었다. 그러나 정말로 중요한 핵심은 다른 곳에 있다. 그것은 다음 두 가지다.

첫째, 2016년, 동북아역사재단의 '동북아역사지도' 출판 불가 판정

둘째, 2016년, 동북아역사재단의 한국고대사프로젝트(EKP) 지원중단, 마크 바잉턴 한국 고대사 연구 중단

사실 2015년 국회와 언론의 동북아역사재단에 대한 전례 없는 성토는 현실적으로 이 두 가지를 겨냥한 것이었다. 그것은 실제로 진행되었고 그러자마자 언론과 국회는 이 얘기를 더 이상 꺼내지 않았다. 이것이야말로 구체적인 목표의 핵심이었다는 반증이다. 그래서 그 목표가 달성된 이후 언론과 국회에는 마치 아무 일도 없었던 것처럼 고요가 찾아왔다. 그러다 다시 언론과 국회를 시끄럽게 한 것은 그로부터 1년 뒤, 앞서 말했던 2017년 도종환 장관에 대한 언론과 국회의 공격이었다. 이것들은 무엇인가. 특히 위의 첫 번째, 두 번째는 무엇인가. 바로 다음 절의 주제이다.

두 가지 프로젝트와 동북아역사재단의 실체

첫 번째 사안은 간단하다. 앞에서 여러 번 말했듯 동북아역사재단이 제작한 지도가 폐기된 것이다. 국회와 언론이 그렇게 성토했으니 폐기될 수밖에 없다. 그런데 엄밀히 말하면 폐기는 아니다. 이 점은 상론할 필요가 있다.

'동북아역사지도' 사업은 무려 2008년부터 시작된 것이다. 그 형식

은 동북아역사재단이 '서강대-연세대 산학협력단'에 지도 제작 용역을 주어 8년간 45억여 원을 제공한 것이다. 물론 동북아역사재단이나 '서강대-연세대 산학협력단'은 주류 고대사학자들이 핵심을 이룬다는 점에서 사실상 같은 것이다. 그런데 국회와 여론이 개입하여 성토하자 재단이 '서강대-연세대 산학협력단'의 지도에 '출판 불가' 판정을 내린 것이다. 그러니까 상황이 바뀌면 이 프로젝트가 다시 시작되지 말라는 법은 없다. 하지만 아직까지 그런 번복은 없고 당분간 그럴 가능성도 없다. 위의 폐기란 이런 의미다. 이는 흔히 말하는 '정치적 표현'이라 할 수 있다. 폐기를 온건하게 표현하면서도 또 그 이면에 다시 시작할 수 있는 가능성을 남겨 주류 고대사학계를 적당한 선에서 옹호, 유지한 것이기 때문이다. 단순화시켜 말하면 지도는 일단 폐기하되 주류 고대사학계 세력은 최대한 손상시키지 않고 유지하며 통제하에 두겠다는 것, 더 쉽게 말하면 이번 지도만 출간하지 못하게 하고 나머지는 그대로 온존시킨다는 뜻이다. 현재 한국 상황이나 세계 상황을 돌아보았을 때 가장 적절한 처리다. 소고조선론 식민사학은 국내적으로나 국제적으로 아직은 꼭 필요한 것이기 때문이다. 그러나 주류 고대사학자들이 이 사건으로 해방 이후 최대의 패배와 위기를 경험했다는 것만은 틀림없는 사실이다. 그래서 이후 그들이 『역사비평』을 위시해 도처에서 광분하기 시작했다고 앞서 말했다.

두 번째 사안 2016년, '동북아역사재단의 한국고대사프로젝트(EKP) 지원중단, 마크 바잉턴 한국 고대사 연구 중단'에 대해서는 약간의 설명이 필요하다. 이 사건도 본질은 '동북아역사지도' 제작과 같은 것인데 형식과 과정이 매우 인상적이다. 그리고 그 함의가 대단히 의미심장하여 뒤에서 심도 있게 검토할 것이다. 일단 사건 자체를 알아본다.

동북아역사재단은 2007년부터 하버드 대학에 있는 한국학연구소를 통해 'Early Korean Project'란 사업을 지원하기 시작한다. 번역하면 '한국고대사프로젝트'이고 줄여서 'EKP'라 한다. 그리고 이 사업을 주도하는 핵심적인 인물이 문제의 마크 바잉턴이란 미국 사람이다. 지원 액수가 얼마인지 정확히 알 순 없지만 이것도 총액으로 수십억 원에 달할 것이다. 그럼 이 프로젝트는 무슨 일을 했는가.

이런저런 연구 사업을 했다고 하는데 핵심은 영어로 쓴 한국고대사 관련 책 6권을 발행한 것이다. 그런데 그중에는 2013년에 출간된 『한국 고대사에서 한군현 (The Han Commanderies in Early Korean History)』이란 책이 있었다. 저자는 위에서 말한 문제의 인물 마크 바잉턴이다. 제목대로 중국 한나라가 고조선을 멸망시키고 세운 한사군에 대한 책으로 내용은 극단적인 소고조선론, 즉 이병도와 송호정의 이론을 따른 것이다. 바로 이 책이 문제가 되었다. 시작은 이덕일을 중심으로 한 한국의 재야사학계가 이 책이 식민사학을 담은 국제적 망신이라고 성토하면서 국가에 동북아역사재단에 대한 공익 감사를 청구한 것이다. 감사원은 늘 하던 대로 형식적인 대답을 했다. 이 책에 대한 지원을 둘러싼 동북아역사재단의 심사 문제는 좀 있지만 식민사학 부분은 학계가 논의할 사안이라는 것이다. 그렇지만 동북아역사재단은 2014

년에 이 프로젝트, 곧 마크 바잉턴에 대한 지원을 갑자기 중단했다. 그리고 2016년 종료된 계약을 더 이상 연장하지 않았다. '동북아역사지도'와 더불어 사실상 함께 폐기된 것이다. 이상이 사건의 개요이다. 그럼 지금부터 상황을 전체적으로 개관해 보기로 하자. 도대체 동북아역사재단이란 탄생부터 지금까지 무얼 하는 곳이었는가, 그 본질이 무엇인가를 확인해 보자는 말이다.

동북아역사재단은 2006년 노무현 정부 시절에 중국의 동북공정에 대응하라고 만든 기관이라 했다. 동시에 그 기관은 필연적으로 주류 고대사학계가 장악할 수밖에 없었다고 했다. 정확한 액수는 모르지만 이제 그들은 수십 수백억 원대의 국민 세금을 동원하여 뭔가를 할 수 있다. 그들은 무얼 했는가.

처음에 국민들이나 관심 있는 사람이 본 것은 그들이 연구서, 번역서, 자료집 등을 발간하는 것이었다. 그래서 누구나 그게 전부인 줄 알았다. 물론 그중에 쓸 만한 번역서나 자료집도 혹간 있지만, 자신들이 직접 쓴 연구서는 대부분 주류 고대사학계 소고조선론을 대변하는 것으로 상당히 질이 떨어지고 짜증이 나는 것이었다. 예를 들어 그들은 자신이 부여받은 임무에 따라 국민 대중을 위한 고대사, 가령 발해나 부여, 고구려 등과 관련된 대중 서적을 출간했다. 하지만 그 내용은 대중이 재미와 자부심을 느끼기는커녕 무슨 말인지조차 알 수 없는 것들이다. 그저 천연색 사진이나 잔뜩 붙여 놓았을 뿐이다. 그들이 항상 하던 대로 포장은 그럴싸하지만 내용은 대중이 모르게 하는 것이었다. 그러니까 밖에서는 항상 의심과 비판의 목소리가 끊이지 않았다.

그럼에도 사람들은 그게 다인 줄 알았다. 한마디로 요약하면 '동북아역사재단은 주류 고대사학자들의 이론, 혹은 식민사학 관련 서적과 자료집을 만드는 곳이다'라는 정도로 아는 것이다. 정말이지 그들이 '동북아역사지도' 제작이나 마크 바잉턴 같은 인물을 통해 하버드 대학에서 한국 고대사 프로젝트 같은 일을 할 거라고는 아무도 생각하지 못했다. 그러나 그들은 언제나 상상 이상이었다.

이제와 돌아보니 그들은 2007년, 동북아역사재단이 문을 열자마자 '동북아역사지도' 제작과 마크 바잉턴을 통한 한국고대사프로젝트를 기획하고 실천했다. 그리고 이것이야말로 보이지 않는 그들의 민낯이요, 정수이다. 왜 그런가. 이 일들의 핵심인 학문적 이론에서 가장 중요한 인물은 송호정과 김태식이다. 그리고 송호정의 이론은 소고조선론에서 김태식의 이론은 가야사에서, 일제 강점기로부터 전수된 식민사학의 엑기스 중 엑기스다. 일제의 식민사학이란 한사군의 낙랑군이 지금의 평양에 있었고 일본의 임나일본부가 옛 가야 지역인 한반도 남부에 있었다는 것이다. 그밖에 수천 편의 책과 논문이 어떤 얘길 하건 상관없다. 일제 식민사학은 오로지 위의 두 가지, 한사군의 낙랑군과 일본의 임나일본부를 사수하는 것이다. 다른 말로 하면 한반도와 북쪽과 남쪽에 그 두 개의 철심을 요지부동으로 박아 놓는 것이다. 송호정과 김태식은 이 두 가지를 일제 논리 그대로 21세기의 현재에 에누리 없이 복원시켜 놓은 자들이다.

'동북아역사지도'와 마크바잉턴을 통한 하버드 프로젝트는 이 이론을 한국은 물론 전 세계에 부동의 기정사실로 각인시키려는 기획이다. 그래서 이 기획들이 주류 고대사학계의 민낯이자 정수인 것이다. 앞서 말한 겉으로 보이는 일들, 책이나 자료집 발간은 이에 비추면 유인 작전이나 교란 작전 수준에 불과했다.

그럼 왜 하필 다른 학자들이 아닌 송호정과 김태식인가. 이에 대해 좀 더 알아보겠다. 앞서 송호정 이야기를 많이 했으니 그것을 바탕으로 이 사연을 요약해 보자.

일제 식민사학을 고스란히 이어받은 이병도는 해방 후 한국이 나치에서 해방된 프랑스와 같았다면 극형에 처해도 이상하지 않은 인물이었다. 프랑스는 나치 부역자들을 그렇게 처리했기 때문이다. 그러나 알다시피 해방 후 한국에서 친일파들은 모두 주류 세력으로 복귀했고 이병도 역시 한국 주류 고대사학계의 우두머리 중의 우두머리가 되었다. 따라서 낙랑군 평양설과 일본의 임나일본부설도 한국 고대사학계에서 확고하게 살아남았다. 그리고 상당한 세월 평화롭게 지냈다. 그러나 언제부턴가 문제가 생겼다.

우선 고조선 분야에서 윤내현이 등장했는데 이 과정은 앞에서 상세히 논의했다. 윤내현 때문에 학문적 위기에 처한 주류 고대사학계는 혼돈을 겪다가 노태돈에 이르러서야 어설플지언정 대안을 만들고, 노태돈은 이를 바탕으로 송호정을 키워냈으며 송호정은 노태돈의 중심지 이동설을 넘어 다시 이병도의 축소된 소고조선론으로 돌아갔다는 내용이었다. 이렇기 때문에 고조선 분야에서는 다른 학자가 아닌 송호정의 이론이 핵심이 된다. 21세기에, 중국의 고고학 자료에 기대어, 내용은 형편없지만 고조선 1호 박사라는 그럴싸한 포장으로, 그러나 본질은 그 케케묵은 이병도의 일제 식민사학으로 확고하게 회귀한 이론. 그게 송호정의 이론이기 때문이다.

그렇다면 이제 남쪽의 가야와 임나일본부가 남는다. 여기에서도 윤내현의 등장과 같은 사건이 발생했는가? 발생했다. 1960년대 북한의 학자 김석형의 등장이다. 오늘날 그의 책은 대한민국에도 출간되어 보통의 책이나 다름없지만 1960년대 당시 남한의 일반 국민은 그의 책은커녕 그런 사람이 존재하는지도 알지 못했다. 그러나 1965년에 출간된 그의 저서 『초기 조일관계 연구』는 일본 열도를 뒤집어 놓았다. 김석형의 이론이 임나일본부가 허구인 것은 물론 사실은 일본 열도가 가야, 백제, 신라, 고구려의 식민지였다고 말했기 때문이다.

이렇게 되자 일본과 한국의 주류 고대사학자들은 김석형에게 이를 갈다시피 했다. 그들이 김석형을 거론할 때는 일단 욕부터 시작한다. '북한의 정치적 지도와 사상에 억지로 맞추어진 이론이다', '민족주의적 관념으로 오도된 이론이다', 심지어 '일본에 대한 사적 원한과 복수심에 치우친 이론이다' 하는 것들이 그것이다. 한마디로 김석형의 이론은 학문이 아니라는 것이다.

하지만 사정이 그렇게 간단하지는 않다. 윤내현이 말했듯 역사는 사실이 먼저지 그 따위 욕설은 아무 의미도 없다. 김석형의 책은 지금도 어디에서나 구입할 수 있고 일단 그 책을 읽게 되면 설득되지 않고는 배겨나기 어렵다. 문제는 사람들이 잘 읽지 않고, 읽어도 다소 난해하고 복잡해서 이해가 어렵다는 것이지 사실 자체는 어찌해도 흔들 수가 없다. 뿐만 아니다. 앞서도 잠시 언급했지만 이 책은 그 유명한 책『총, 균, 쇠』의 저자 재레드 다이아몬드도 인정한 책이다. 그가『총, 균, 쇠』2판의 부록으로 새로 첨부한 주요한 논문은 일본 문명과 인종의 기원에 관한 것인데, 이 책에서 재레드 다이아몬드가 학술적 차원에서 거론한 단 한 명의 인물이 김석형이다. 김석형은 이 정도다. 그야말로 1대 100이다. 과학은 당신이 믿든 안 믿든 사실이기 때문이다. 따라서 김석형의 연구도 일본 식민사학의 심장에 도사리고 있는 폭탄이 되었다. 그 연구는 언제나 그 자리에 있기 때문에 국내·국제적 여건이 무르익는 순간 자동으로 폭발한다. 대신 회귀나 제거는 불가능하다. 윤내현의 고조선 연구와 더불어 김석형의 연구는 폭발하는 순간 일본 고대사와 현대사 전부를 붕괴시킨다.

한편 이에 대한 한국 주류 고대사학계의 태도는 어떠했는가. 사건의 규모로는 윤내현 이상이었지만 주류 고대사학계는 별로 반응하지 않았다. 왜냐하면 그것은 1960년대 북한에서 발생한 사건이었기 때문이다. 남한의 주류 고대사학계로서는 저세상에서 벌어지는 일과 다름없으므로 특별히 신경 쓸 게 없었던 것이다. 그러나 그런 평화도 영원할 수는 없었다. 1980년대부터 북한에서는 김석형의 제자 조희승이 활동하기 시작했다. 그의 책도 지금은 대한민국에 출간되어 있다. 조희승은 자기 스승의 이론을 현대적으로 발전시켜 더욱 공고히 했다. 무엇보다 그는 이 바탕 위에 가야사를 정립하기 시작했다. 그리고 한국에서는 윤내현이 활동하고 있었으며 세계는 점점 개방화되고 있었다.

이때서야 손 놓고 있던 주류 고대사학계가 움직였다. 그들은 새로 부여된 이 임무에 총력을 기울였다. 그 결과가 바로 김태식의 『가야연맹사』이다. 예를 들어 김태식을 키워낸 지도 교수들 중에는 당연히 노태돈이 들어있다. 기타 주류 고대사학계의 악명 높은 원로들이 김태식의 선생들로 포진되어 있었다. 그렇기 때문에 김태식의 이론 『가야연맹사』의 핵심 내용이 무엇인지는 자명하다. 분명한 군사 활동을 했던 임나일본부가 가야에 있었다는 이론, 바로 이병도와 일제 식민사학으로 뜨겁게 회귀하는 그 이론이었다. 이래서 다름 아닌 김태식이 선택되어야 했다. 북의 송호정과 남의 김태식, 낙랑군 평양설의 송호정과 가야 임나일본부설의 김태식, 이게 동북아역사재단의 이론적 심장이자 21세기에 완전 무장으로 돌아온 일제 식민사학의 본령이다.

'동북아역사지도' 제작과 마크 바잉턴의 고대사 프로젝트는 동북아역사재단의 민낯을 가장 노골적이고 가장 전투적으로, 그리고 가장 효과적으로 실현시키는 수단이다. 왜 그런가.

'동북아역사지도'는 수십억 원을 들여 송호정과 김태식의 이론을 녹여 넣은 화려한 지도로서 이것을 대한민국 정부 이름으로 국내외에 기세등등하게 공지하고, 나아가 전 세계를 향해 대한민국 정부 입장으로서 못을 박는 것이다. 반대로 이렇게 해외에 널리 퍼져 세계인의 인식이 고정되면 이번엔 그 지도를 한국 국민에게 들이밀어 전 세계가 인정한 지도이니 그대로 따르라고 우길 셈이다.

마크 바잉턴의 고대사 프로젝트도 마찬가지다. 역시 수십억 원을 들여 송호정과 김태식의 이론을 녹여 넣은 외국인 저자의 영어책을, 하버드 대학의 이름으로 온 세상에 퍼뜨리고 각인할 생각이다. 이 권위로 모든 나라에서 가장 객관성 있고 신뢰성 있는 한국 고대사 연구로 인정받은 다음, 이 역시 거꾸로 한국에 가져와서 한국 국민들에게 들이밀 심산이다. 하버드 대학의 권위로 인정받은 책이니 믿으라는 말이다.

이것이 동북아역사재단이 탄생하는 그날부터 시작했던 진짜 사업이다. 이제 와서 하는 말이지만 생각해 보면 너무나 당연해서 감동이 올 지경이다. 학문적으로 완전히 파산한 주류 고대사학계지만 막강한 권력과 돈과 인맥을 여전히 장악하고 있다고 했을 때, 바로 동북아재단의 이 두 가지 사업을 획책하지 않는다면 다른 무엇을 하겠는가. 자연스럽다. 지극히 자연스럽다.

그러나 이 야심찬 기획이 어쩐 일인지 2016년에 직격탄을 맞고 파산해버렸다. 2007년부터 근 10년 동안 수십 수백억 원의 세금을 빼먹어도 아무 탈이 없던 이 사업, 국민들은 이런 게 있는 줄도 몰랐던 필승의 '도라 도라 도라' 작전이 이렇게 허망하게 무너지다니 이게 어찌 된 일인가. 다행히 이 수수께끼에 접근할 수 있는 실마리가 하나 있다. 바로 마크 바잉턴이란 인물이다.

마크 바잉턴, 마크 램지어, 그리고 모두가 아는 아무도 모르는 세상

여기서 하려는 이야기는 세상의 이면에는 정치적 술수와 정치적 조작과 정치적 커넥션이 많다는 것이다. 멀쩡해 보이는 것도 이면에 뜻밖의 사연이 있었음을 나중에 발견하는 경우가 있다. 이를 가리켜 모두가 아는 아무도 모르는 세상이라 표현한 것인데, 모두가 안다는 건 세상이 그렇다는 걸 누구나 안다는 것이며, 아무도 모른다는 건 그럼에도 불구하고 지금 당장의 이면은 좀처럼 파악하기 힘들다는 것이다. 이런 현상을 고조선과 세계정세라는 측면에서 살펴보려는 것이며 마크 바잉턴은 이에 어울리는 사례라는 것이다.

마크 바잉턴은 앞서 말한 동북아역사재단이 하버드 대학과 연계하여 기획한 한국고대사프로젝트에 직결된 사람이다. 이 사람은 세 가지 점에서 특이한 인물이다.

첫째, 동북아역사재단이 지원한 예의 고대사프로젝트에 등장하는 인물은 이 사람 하나뿐이다.

둘째, 이 사람은 이력과 프로필이 분명하지 않다. 언론에도 자세히 나와 있지 않고 검색해도 별 자료가 없다.

셋째, 이 사람은 '동북아역사지도'가 폐기된 2016년과 2017년에 언론에 자주 등장했다. 그 전이나 후에도 등장한 적이 있긴 한데 이 시기에 집중적으로 나왔다. 물론 언제나 하버드 교수라는 찬란한 타이틀을 들고 나온다. 고조선 박사1호라는 송호정의 타이틀을 거뜬히 능가하는 것으로 광고 효과는 최상급이다. 그런데 나와서 하는 이야기가 하나

같이 주류 고대사학계가 하는 이야기와 똑같다. 재야사학계를 강하게 비판하거나, 도종환 전 장관을 강하게 비판하거나, 동북아역사재단을 성토한 국회나 의원을 강하게 비판하는데 이 모두가 주류 고대사학계 사람들의 복사판이다. 또 어떨 땐 중국의 동북공정을 비판하기도 한다. 이것도 주류 고대사학자들이 간혹 입발림으로 하는 소리와 똑같다. 이 사람은 정체가 뭔가.

우리 같은 보통 사람이 검색해서 알 수 있는 마크 바잉턴은 다음과 같은 사람이다.

마크 바잉턴은 1963년생 미국인이다. 1983년 대구에서 공군으로 군복무를 한 적이 있다. IBM에서 엔지니어로 근무를 하다가 그만두고 하버드 대학에서 한국 고대사로 석사와 박사를 받았다고 한다. 그는 하버드 대학 한국학연구소에 근무하다 동북아역사재단이 지원한 한국고대사프로젝트를 맡게 되었다.

대충 이 정도다. 그런데 그가 박사이고 교수라고는 하지만 정확히 하버드의 어떤 분야 어느 기관에서 박사를 받았는지, 어떤 종류의 교수인지는 말해주지 않는다. 그냥 박사고 교수라고만 언론에 나온다. 자료를 찾아도 더 이상 상세한 자료가 없다. 이 말은 나 같은 일반인이 적당한 검색으로는 알 수 없다는 뜻이다. 이래서는 그가 누군지 잘 알 수가 없다. 그럼 이게 다인가? 하지만 '모두가 아는 아무도 모르는 세상'에서는 간혹 의외의 실마리가 삐져나오기도 한다. 이런 실마리가 딱 하나 그러나 충격적으로 드러난 적이 있다.

'news1'의 2017년 6월 14일자 뉴스에는 '도종환 "환단고기" 읽어보지도 못해..역사관 낙인 힘들었다"'라는 제목의 기사가 있다. 여기엔 김세연 전 의원의 발언이 들어있다. 단 한 구절의 그것은 다음과 같다.

최근 국내 언론을 통해 후보자를 비난한 바 있는 하버드대 마크 바잉턴 교수는 지도교수가 웨이춘청(魏存成)로 1990년 중국이 동북공정 기획할 때 고구려사와 발해사를 담당한 핵심 기획자다.

이걸 어떻게 이해해야 하나? 하지만 이 말을 한 사람은 다름 아닌 대한민국 국회의원이다. 앞서 동북아역사재단과 미국 의회간의 스캔들을 밝힌 것도 국회의원이었다. 이들이 가진 정보는 단순한 것이 아니다. 헌법 기관인 국회의 의원들은 본래 그런 정보를 처리해야 하는 권리와 의무를 가진 주체이고, 김세연 전 의원이 국민에게 던진 이 짧은 발언은 그만 한 무게를 가지고 있다. 그 선상에서 이 발언을 음미하기로 하자.

그러니까 마크 바잉턴은 중국동북공정의 핵심 기획자의 제자인데 하버드 대학에 있는 한국학연구소라는 곳에서 근무를 하다가 동북아역사재단과 선이 닿았다는 말이다. 여기서 마크 바잉턴 자신이 동북공정의 핵심 기획자라는 말인지 아니면 핵심 기획자의 제자라는 말인지는 정확히 알 수 없다. 하지만 나이도 있고 하니 여기서는 동북공정 핵심 기획자의 제자라는 뜻으로 일단 이해하기로 한다. 물론 기획자이자 동시에 기획자의 제자일 수도 있으나 어차피 동북공정과 밀접한 관련이 있다는 점에서는 다 똑같다.

한편 한국학연구소란 하버드 대학의 한 연구소에 불과하니까 거기엔 누구라도 들어갈 수 있다. 가령 동북공정을 국제적으로 확장하려는 중국인 학자가 들어간대도 문제가 안 된다. 그럼 동북아역사재단은 무슨 짓을 한 것인가. 하필 중국동북공정 핵심 기획자의 제자를 만나서 그에게 수십억 원을 뿌렸단 말인가? 무엇을 위해? 의문은 또 있다. 동북아역사재단은 그를 어떻게 만났을까. 손수 물색을 했을까? 혹은 이들을 연결시킨 비선이 따로 있는 걸까?

이래서 모두가 알지만 아무도 모르는 세상인 거다. 우리처럼 평범한 사람들은 이제 곤경에 빠졌다. 뭐가 뭔지 분간할 수가 없다. 중국과 미국과 한국에 동시적인 커넥션을 가진 마크 바잉턴 같은 사람이 개입되어 있다면 한국 고대사와 고조선은 우리가 모르는 사이에 이미 국제적 이슈가 되어 있는 셈이다. 각 나라들이 자기 입장에 따라 조율하고 협상하는 대상, 즉 정치적 조작과 술수와 커넥션이 활개 치는 곳이 되었기 때문이다. 그렇다고 그 가부와 내막을 다 알 수 있는 것도 아니다. 국회의원의 정보는 동북아역사재단과 미국 의회간의 스캔들처럼 정확하고 강력한 타격으로 제시될 때도 있지만 김세연 의원의 발언처럼 여운만 남기고 사라질 때도 있다. 그럼 어째야 하는가.

이럴 때 우리 같은 일반 국민이 취할 수 있는 입장은 하나밖에 없다. 언제나 그렇듯, 명확한 결론을 내릴 수는 없지만 가능한 모든 상황을 고려하는 것이다. 고조선도 그렇다. 세계 정치 지형에서 고조선이 어떤 상황에 처해 있는지 우리는 잘 모른다. 그러나 있을 수 있는 모든 가능성을 고려한다. 이런 입장에서 앞으로의 논의를 정리할 것인데 예행연습삼아 '모두가 알지만 아무도 모르는 세상'에 대해 약간의 복습을 해두기로 하자.

첫 번째 복습 대상은 그 유명한 마크 램지어 하버드 미쓰비시 재단교수이다. 2021년 3월 그는 어떤 학술지에 「일본군 위안부는 성노예 피해자가 아니라 자발적인 매춘부」라는 내용의 논문을 발표하여 온 세상에 소란을 일으켰다. 특히 우리들 한국인의 내장을 뒤집어 놓은 이 사람의 이야기를 세세히 할 필요는 없다. 뉴스가 쏟아지고 있으니까. 여기서 필요한 것은 그 핵심이다.

마크 램지어 사건은 '일본이란 국가가 어마어마한 금액의 로비 자금을 전 세계에 상시적으로 뿌려 왔으며, 이를 통해 무수한 기관과 에이전트를 암암리에 양성해 왔고 이들은 필요에 따라 각국 정부와 외교라인과 지원 단체와 연계하여 대규모 조작을 일삼아 왔다'는 사실을 새삼 명시한 사건이다. 모두가 알지만 아무도 모르는 세상의 최신·최고급 사례이다. 당연히 우리의 복습 대상이다. 세상의 이면에는 이런 것이 우리의 일상과 항시적으로 공존한다. 다시 말하지만 우리가 다 알던 사실이다. 구체적으로 잘 모르고 바쁜 일상에 잠시 잊고 지낼 뿐이다.

다음 사례는 2004년 '한겨레21' 12월 10일자 기사 '제국주의의 유산, 아시아의 마약'이다. 한겨레의 비판적 기사지만 여기서는 그것과 상관없이 일부 사실만을 발췌한다.

미 중앙정보국(CIA)은 라오스의 소수민족인 몽족 게릴라를 조직하면서 그 대가로 몽족의 아편 재배를 조직적으로 지원했고, 또 이들이 생산한 마약을 자신들이 운영하는 에어아메리카(AA)로 사이공의 '안전지대'까지 실어다주었다. 그 결과, 베트남 전쟁판은 마약 소굴로 변했고, 참전 미군의 10~15%가 마약을 복용하기에 이르렀다. 이건 1970년대를 지나면서 세계적으로 마약 소비가 폭발적으로 늘어나는 직접적인 계기가 되었다.

이런 이야기를 처음 듣는 사람도 있겠으나 관심을 가진 사람들에겐 한참이나 지난 익숙한 이야기다. 급박한 전쟁 상황에서 미국은 마약 자금을 운용했으며 일부는 자국 장병들의 위안용으로 사용했다. 덕분에 미국은 전 세계 최대의 마약 소비국이 되었다. 이러한 미국은 단기간에 마약을 제거할 수 없다. 일정 비율의 중독자와 문화가 고착되었으므로 당장 금지시키면 국민들의 반발과 일탈로 체제를 유지할 수 없다.

그러므로 미국은 적당한 수준에서 통제를 해야 하며 이는 남미의 콜롬비아와 멕시코 마약 조직과 직결된다. 나르코스라는 유명한 드라마 시리즈에 나오듯 미국 정부는 원하기만 하면 그 조직들의 누구라도 체포할 수 있다. 그러나 그런 일을 자주하지 않는다. 오직 미국 정부의 통제 한계를 넘는 조직만 처리한다. 이것은 미국이 미국의 마약 수요, 남미의 마약 공급, 천문학적 마약 자금과 연결된 남미 경제 상황을 자신들의 입장에서 조율하고 있다는 뜻이다. 이런 미국을 나쁘다고 말해서는 안 된다. 미국은 그럴 수밖에 없으며 동서고금을 막론하고 같은 조건의 국가는 언제나 같은 일을 한다는 사실 인식이 중요하다. 우리 이야기에서는 특히 그렇다. 냉철하게 사실들을 직시해야 한다. 이 역시 모두 알고 아무도 모르는 세상의 한 단면이다.

1985년 플라자 협정이란 것이 체결된다. 핵심은 미국이 일본의 엔화 가치를 두 배나 올려버린 것이다. 이런 얘기에 익숙하지 않은 독자는 세세한 이야기는 몰라도 된다. 여기서는 이 한방으로 그때까지 최고의 번영을 누리던 일본이 90년대 이후 현재까지 잃어버린 30년의 늪에 빠지게 되었다는 것만 확인하면 된다. 물론 그것이 일본 침체의 모든 원인은 아니다. 그러나 일본의 몰락을 논하는 어떤 이야기도 이 플라자 협정 이야기를 빠뜨리지 않는다.

요지가 무엇인가. 미국이 작정하면 일본 같은 경제대국조차, 그것도 자기의 가장 중요한 동맹국조차 필요하면 한순간에 절단 낼 수 있다는 사실이다. 이것은 트럼프 정부가 중국의 최대 기업인 화웨이를 하루아침에 무너뜨린 최근 사태와도 맥이 닿는다. 강대국이란 말만 강대국이 아니다. 그들은 진짜로 강대국이며 지금 당장 무엇이든 해낼 수 있는 구체적인 권력이다.

끝으로 이제는 누구나 알고 있는 김대중 납치 사건을 복습한다. 이 사건엔 당시 한국 정권과 한국 정보부, 일본 정부와 일본 야쿠자 조직, 그리고 미국 정부와 미국 정보부가 얽혀 있다. 최종 심급에서 김대중을 구해낸 것은 미국 정보부와 미국 정부다. 이것은 워낙 유명한 이야기이므로 더 할 것이 없다. 문제는 한 가지 의문이다. 미국 정부는 당시 한국 정부와 우호적 동맹이면서 왜 한국 정부의 필사적인 의지를 거슬러 김대중을 구해냈는가? 일반적인 답은 미국이 인권을 중시했기 때문이라는 것이다. 그러나 다른 대답도 있다. 미국은 한국 정부를 통제할 수 있는 여러 대안을 확보하려 한다. 그래서 한국의 가장 대립적인 두 세력을 경쟁적으로 공존시켜야 한다. 그래야 상황에 따라 극동과 한국에서 미국의 운신과 선택의 폭을 넓힐 수 있다. 비단 한국에서만이 아니다. 전 세계 어디에서든 모든 강대국은 이렇게 한다.

이 정도가 우리가 모두 알면서도 아무것도 모르는 세상에 대한 복습이다. 이제 본래 우리 이야기, 고조선 이야기를 마무리하기로 하자.

🐟 세계정세 위에서 고조선의 시나리오

지금까지 고조선이 국제적인 문제라는 것을 확인했다. 어쨌든 그것은 미 의회의 주요한 관심사로 상정된 적이 있으며 이 때문에 한국 정부가 대응을 해야 했다. 반대로 한국 학계와 정치계는 고조선이 국제 정세에 위치하는 방향에 따라 운신을 조정했다. 하지만 이런 정황은 아주 잠깐, 동북아역사재단의 '동북아역사지도' 제작이라는 의외의 사건 하나에서만 드러났을 뿐 전에는 상상하지도 못한 일이었다. 그렇다고 그냥 치워두거나 잊어버릴 수 있는 사건도 아니다. 흔히 말하듯 표면으로 드러난 빙산의 작은 부분임을 깊이 느끼게 하는 사건이다. 이에 앞선 이야기를 바탕으로 드러나지 않은 나머지를 추적해 보기로 한다.

미국이 한국을 처음 접한 19세기 후반 이래로 최소한 150년 이상 미국에게 한국의 고대사는 소고조선론이었다. 미국 입장에서 한국은 중국과 일본 사이에 낀 아주 작고 미개한 나라였으므로 관심의 대상조차 아니었던 데 반해, 일본은 마주한 첫날부터 지금까지 적으로서든 친구로서든 극동에서 가장 중요한 나라였다. 이런 상황에서 미국이 일본을 주목하는 건 당연한 현상이며 극동에서 그런 일본의 역사 서술을 받아들이는 것도 당연한 현상이다. 게다가 시간이 갈수록 일본의 고대사에 대한 집착이 강해졌으므로, 특히 태평양 전쟁 이후 운명 공동체나 다름없는 동맹으로서 일본과의 관계를 감안할 때, 미국은 일본의 고대사 서술을 더욱 지지해야했다. 이는 이미 학문의 문제를 넘어 정치적인 문제였다. 이렇게 해서 미국이 이해하는 한국의 고대사는 시종일관 소고조선론이 된 것이고 그것은 날로 강화되어 오늘날까지도 완강하게 유지되고 있다. 이것은 앞으로도 쉽게 바뀌지 않는다. 말했듯 이것은 학문적인 문제가 아닌 정치적인 문제이며 미국에게 일본의 중요성이 유지되는 한 그 정치적 태도가 변하지 않을 것이기 때문이다.

2차 대전 이후 극동에서 벌어진 가장 큰 사건은 1969년 미중 수교이다. 배경으로서는 일단은 소련을 견제하려는 정치 외교적 이슈가 중요했다. 하지만 이어지는 일련의 상황은 정치 외교적 이슈를 훨씬 뛰어넘는 것이었다. 특히 소비에트가 붕괴한 이후 중국의 부상은 가히 세계사적 사건이었으며 그중에도 미국에겐 비할 수 없이 중요한 국면이었다. 1980년대 등소평 체제가 들어서고 중국의 개방 정책이 시작되는 순간 중국은 미국에게 전에 없던 의미가 되었다. 어떤 의미인가.

- 저렴한 비용으로 엄청난 양의 미국 물건을 생산해 주는 전대미문의 공장
- 세계 최대의 소비 시장인 미국에 가장 싼 값으로 무한한 소비 상품을 제공해 주는 공급자
- 사상 초유의 인구를 가진 사상 초유의 거대 시장
- 미국 국채를 무제한으로 구입하는 미국 정부의 마르지 않는 자금줄
- 물밑의 금융 자본과 개별 기업 및 주요 인물들 사이에 공유되는 거대한 이권들

중국은 미국에게 이런 의미였다. 따라서 그들의 동행은 필연이었고 이 밀월은 최소한 30년 동안 아름답게 지속된다. 그럼 이런 중국의 등장은 한국 고대사에 어떤 영향을 주었는가. 아무 영향도 주지 않았다. 미국이 확고하게 유지하고 있는 한국의 소고조선론은 중국에게도 대단히 흡족한 것이었기 때문이다. 이렇게 해서 미국은 한국의 소고조선론이 더욱 마음에 들었다. 극동, 아니 당시로서는 전 세계를 통틀어 가장 중요한 국가인 일본과 중국이 동시에 좋아하는 소고조선론이므로 이 역사는 압핀으로 고정된, 박제된 나비처럼 되었다. 그것은 영원히 변하지 않을 역사처럼 보였다. 어찌나 훌륭한(?)역사였든지 미국은 이 역사를 아예 잊어버렸다. 관심조차 갖지 않았던 것이다.

미중 관계에 이상이 생기고 미국이 중국에 대해 불안을 느끼기 시작한 때가 언제인가를 특정할 수는 없다. 중국이 빠른 속도로 발전하면서 점진적으로 증가한 불안이고 균열이기 때문이다. 대신 우리 입장에서는 미국 의회조사국이 동북아역사재단 이사장을 미국으로 불러들여 보고서를 작성했던 2012년과, 동북아역사재단의 '동북아역사지도'에 한국 국회의 제동이 걸리기 시작한 2015년을 기준으로 삼을 수 있다. 그 언저리 전후에 미중 관계의 파열이 시작되었다는 건 분명하기 때문이다. 이를 우리 대중이 아는 수준에서 미국 오바마 정부의 행보로 환산해 보기로 하자.

2008년 오바마 정부가 출범할 때까지 미중관계는 그렇게 나쁘지 않았다. 그러나 2016년 오바마 정부 막바지에는 양국 간의 긴장이 극에 달했다. 그 결과로 일어난 일이 우리가 너무도 잘 알고 있는 한반도의 사드 배치다. 우리는 사드가 뭔지 자세히는 몰라도 중국에게 대단히 위협적이고 불쾌한 무기라는 건 안다. 그것을 중국의 코앞 한반도에 공개적으로 배치한 사건이므로 이는 미중 사이가 악화된 정도를 남김없이 보여주는 사례라 할 수 있다. 덕분에 한국은 가운데서 심하게 두드려 맞았다. 어쨌든 이 사건은 미중관계의 심각한 균열을 유감없이 드러낸 사건이다. 그럼 결론이 무엇인가.

2008년 중국과 큰 문제없이 출발한 오바마 정부는 점차로 강력해지는 중국의 국력과 그에 따른 중국 정권 및 정책의 변화로 위기감을 느끼기 시작했다. 그래서 대책을 세우기 시작했는데 그 대표적인 전략이 일본을 재무장시켜 중국에 맞서게 하는 것이었다. 이런 일을 하는 데는 일본의 우익이 최적이다. 그래서 아베가 선택되었고 미국은 아베노믹스(아베 신조 총리의 경기부양책)의 무지막지한 양적 완화를 묵인하는 등 지원을 아끼지 않았다. 이때 한국의 식자들은 의아함을 감추지 못했다. 어떻게 인권을 최우선시하는 미국 민주당 정부가 전범의 나라, 그것도 그 전범의 적자인 아베와 일본 우익을 지지할 수 있는가?

그러나 앞서 말했다. 이 나라는 베트남 전쟁의 승리를 위해 자국의 장병 전체를 마약 중독자로 만드는 일도 마다하지 않는 나라이다. 그 전 2차 대전 때는 이탈리아를 탈환하기 위해 다 죽어가던 마피아를 살려내 미군의 지원 세력으로 삼았고, 남미에서는 좌익 정권을 제거하고자 무장 반군을 조직하고 그들에게 불법 무기를 마구 지원하던 나라이다. 이

건 세상이 이미 다 아는 사실이다. 이런 나라가 중국이라는 위기를 맞이해서 일본 우익을 키워 재무장을 획책하는 게 뭐가 이상한 일인가. 따지고 보면 의아해야 할 이유가 없는 일이고 심지어 탓할 일조차 아니다. 우리는 냉철해야 하며 이 일은 동서고금을 막론하고 항상 있는 일, 모두가 알지만 아무도 모르는 그런 흔한 일 중의 하나이기 때문이다. 다만 이 일의 마지막이 개성공단 철수와 한일 위안부 협정과 한반도 사드 배치로 막을 내렸다는 걸 잊지 말고 기억해야 한다는 것뿐이다. 개성공단 철수는 북한과의 화해 분위기를 철회하고 각을 세움으로써 중국과의 대립구도를 분명히 하자는 것이며, 한일 위안부 협상은 일본 재무장을 위해 아베 정부와 일본 우익의 입지를 강화하자는 것이고, 사드 배치는 그 자체로 중국에 맞서는 의미가 분명한 것이다. 이렇게 2008년에서 2016년까지의 오바마 정부의 1막 2장 장편극이 마무리 되었다.

2012년 동북아역사재단 이사장이 미국 의회조사국에 불려갔을 때는 오바마 정부의 대중 관계 변화가 표면화된 첫 시점이라 할 수 있다. 앞에서 보았다시피 바로 그때가 미 상원 외교위원회와 미국 의회조사국이 '중국이 북한의 영유권을 주장할 경우에 대비한 중국과 한국의 고대사를 검토했던 때'이다. 모르긴 몰라도 중국과의 심각한 대결이나 무력충돌 가능성을 미 정부와 의회가 처음으로 고려하기 시작한 것 아니겠는가. 그럼 이 상황에서 미국이 좋아했을 한국의 고대사는 어떤 것이었을까.

당연히 소고조선론이다. 왜인가. 아직은 미국이 중국과 본격적으로 대립하는 때가 아니다. 그런데 이 보고서는 세상에 공개되는 보고서이다. 그렇다면 여기에 대고조선론을 집어넣어 미리부터 중국을 자극할 필요가 있는가? 물론 없다. 그건 외교상의 금기이다. 더구나 대고조선론은 일본이 아주 싫어하는 이야기이며 미국은 이 사실을 잘 알고 있다. 그래서 미국 의회조사국 보고서에 아직까지는 소고조선론이 들어 있어야 한다.

하지만 여기엔 문제가 하나 남아있다. 미국 의회조사국이 보고서에 임의적으로 소고조선론을 기록하면 한국 정부, 특히 한국 국민이 이의를 제기하거나 저항을 할 수 있다. 이것은 제법 심각하다. 남의 나라 역사를 마음대로 재단하는 일이라 국제 여론상 타격이 적지 않은 사안이다. 그래서 한국 정부를 통해 동북아역사재단 이사장이 불려왔다. 그가 소고조선론에 인증 도장을 찍어줄 것이기 때문이다. 마침내 미국 의회조사국의 보고서에는 한국 정부와 한국 학계가 공인한 소고조선론이 합법적으로 등재되었다. 이게 2012년에 미국이 원하는 것이었고 그래서 어느 누구도 더 이상 다른 이야기를 하지 않았다. 물론 그 당시 이름도 모르는 작은 단체와 사람들이 성명서를 내고 항의를 하기는 했다. 하지만 그것은 메아리 없는 탄식으로 묻혔다. 미국이 원하는 한 그 정도는 일도 아니다. 나머지는 침묵의 평화였다. 하지만 그 평화 이면엔 소리 없는 변화들이 발생하고 있었다.

그로부터 1년 뒤인 2013년 12월, 대한민국 국회에서는 특별한 일이 하나 생겼다. 국회 본회의 의결을 거쳐 '동북아역사왜곡대책특별위원회'가 구성된 것이다. 바로 이 위원회가 그로부터 2년 뒤 동북아역사재단의 '동북아역사지도'를 폐기시킨 근본 원인이다. 이 위원회는 출범하자마자 주류 고대사학계와 재야사학계 혹은 소고조선론자와 대고조선론자들을 만나기 시작했다. 이후 비슷한 활동을 이어갔으며 급기야 '동북아역사지도'를 폐기하고 소고조선론자들과 대고조선론자들의 전례 없는 토론회를 열게 하는 원동력이 되었다. 또한 정확히 그 선에서 멈추고 더 이상 눈에 띄는 활동이 없어진 위원회이기도 하다. 예들 들어 '동북아역사지도' 폐기 이후 주류 고대사학계 소고조선론자들이 발악하듯 국회를 비난하는데도 그에 대한 응답이나 반격을 하지 않았다. 한때 언론에서 동북아역사재단을 식민사학의 아성이라 성토하던 목소리도 흔적 없이 사라졌다. 이 위원회는 이처럼 독특한 성격을 가진 위원회였다.

그러나 대관절 이 위원회는 왜 생긴 걸까. 중국의 동북공정 문제는 이미 10여 년 전부터 심각했었다. 그래서 2006년에 동북아역사재단까지 생겼던 것이다. 그런데 그 10년 동안, 혹은 동북아역사재단이 생긴 후 7년 동안, 아무 말도 없었던 국회가 갑자기 '동북아역사왜곡대책특별위원회'라는 걸 결성한 것이다. 국회는 그 긴 시간 동안 침묵하다 하필 2013년에 이런 위원회를 만들어야 했단 말인가? 무슨 일이 있었기에?

하지만 눈에 띄는 관련 사건은 아무 것도 없었다. 일부 언론에서는 이 위원회가 일본의 역사 왜곡이나 위안부 문제에 대처하기 위한 것이라고 했다. 그러나 대한민국 국민이 일반적으로 알고 있는 일본 역사 왜곡과 위안부 문제는 동북아 고대사의 문제가 아니라 식민지 근대화론이나 일본의 전쟁 범죄 부정 혹은 독도 문제 같은 현대사 문제다. 게다가 이 문제들은 어제 오늘 이야기가 아닌 항상적인 것이다. 따라서 그것만으로는 동북아 역사 왜곡, 특히 고조선 문제와는 맥이 닿지 않는다. 여전히 이 위원회의 출범 원인은 오리무중이다. 또 동북아 역사 문제를 두고 동북아역사재단이 그렇게 오랫동안 그렇게 엉뚱한 짓을 해왔는데도 관심조차 없었던 국회였다. 그럼에도 이 위원회는 갑자기 생겨난 것이다.

'동북아역사왜곡대책특별위원회'가 왜 생겼는지 나는 모른다. 아마도 내가 모르는 다른 이유가 있을 것이다. 하지만 그 이유가 무엇이든 당시 미국의 대중 정책이 급선회 하고 있었다는 사실만은 분명하다. 오바마의 재균형 정책이니 센카쿠 열도 분쟁이니 하는 관련 뉴스가 지속적으로 보도되었기 때문이다. 이제 미국은 중국을 전 방위에서 봉쇄하거나 견제하려 한다. 당연히 동북아시아 지역에서 중국의 팽창도 저지해야 한다.

그런데 미국은 한국의 동북아역사재단이 '동북아역사지도'라는 굉장한 지도를 만든다는 사실을 알고 있다. 더불어 마크 바잉턴이란 중국 동북공정 핵심 기획자의 제자와 손잡고 하버드 대학에서 '동북아역사지도' 못지않게 굉장한 영문판 '한국고대사'를 출간하려는 것도 알고 있다. 2007년 이 작업이 시작될 때와 그 후 몇 년 동안 이것은 미국에게 문제가 되지 않았다. 오히려 환영하는 쪽이었다. 가장 중요한 동맹국인 일본이 항상 원하는 것이기 때문이다. 하지만 2013년을 전후한 시점에 와서는 대단히 곤란해졌다. 한국 정부와 미국의 하버드 대학이 눈으로 선명하게 보이는 거대 지도와 하버드 대학의 권위로 포장된 한국 고대사를 전 세계에 배포하고, 전 세계 차원에서 공론화하려는 것이기 때문이다. 다른 건 몰라도 이건 안 된다. 이렇게 극단화된 소고조선론, 즉 사실상 중북 동북공정의 복사판인 지도와 책을 세계에 공인시킬 수는 없다. 이 작업은 중단되어야 한다.

우연이건 필연이건 이 작업은 2년간의 활동을 거친 한국 국회, 구체적으로 '동북아역사왜곡대책특별위원회'에 의해 폐기되었다. 동북아역사재단과 한국 주류 고대사학계가 무엇을 하든 좋다. 다만 이 지도와 책이 출간되는 것만은, 상황이 바뀌기 전까지는 확실하게 금지되어야 한다. 그리고 실제로 그렇게 되었다.

그러나 다른 문제가 또 하나 남았다. 그 지도와 책의 출간을 막았다고 해서 한국의 소고조선론과 주류 고대사학계를 제거하거나 위축시켜서는 안 된다는, 못지않게 중요한 사명이다. 왜냐하면 지금 미국 정부가 필사적으로 추진하고 있는 일본 재무장을 위해, 아베 정부와 일본 우익을 철저하게 지원해야 하며 그러는 한 한국의 소고조선론을 한일 양국 사이에서 유지해야 하는 건 최고 중요 사항에 속하는 일이기 때문이다. 그래서 이들은 지도와 책이 폐기되는 타격을 입은 대신 2016~2017년 『역사비평』 광풍을 위시하여 모든 지점에서 역공을 전개했다. 그리고 그 역공은 아무런 제한을 받지 않았다. 제한을 받기는커녕 적극적인 지원을 받았다. 어제까지 그들과 그들의 소고조선론을 역사 왜곡과 식민사학의 아성이라 성토했던 언론은 정반대의 기사를 쏟아냈다. 창끝을 돌려 오히려 재야사학계와 대고조선론을 무자비하게 공격했다. 그것은 사이비 역사학이며 왜곡된 국수주의라는 것이다. 결국 1년도 지나지 않아 주류 고대사학계는 원상 복귀했다. 덕분에 모두가 행복해졌다. 지도와 책은 확실하게 폐기되었고 주류 고대사학계와 동북아역사재단과 불멸(?)의 소고조선론도 확실하게 원래 자리를 찾았기 때문이다.

2017년 미국에 트럼프 새 정부가 들어섰다. 이 정부는 오바마 정부보다 훨씬 강력하게 중국을 견제했다. 일본과의 동맹 관계도 여전했고, 트럼프가 다소 거만하고 이기적인 태도를 취하긴 했지만 아베와의 관계도 여전히 끈끈했다. 하지만 어찌된 셈인지 일본 재무장화론은 갑자기 수그러들었다. 대신 무역 전쟁을 포함한 미국의 직접 공격이 두드러졌다. 또 4년이 지나 미국에는 바이든 새 정부가 들어섰다. 대중 강경책은 여전한 가운데 구체적 전술들에서는 크고 작은 변화가 있었다. 일본과의 관계도 여전했다. 일본 재무장화론도 여전히 거론되지 않았다. 덕분에 한국에 사드 사태처럼 힘들고 곤란한 일이 다시 생기지는 않았다. 대신 바이든 정부는 한국과 일본의 동맹 회복을 강조한다. 한국 정부에겐 여전히 힘겨운 주문이지만 그래도 과거 위안부 협상이나 개성공단 철수 같은 일이 생기지는 않았다.

이런 상황에서 고조선 문제는 원상 복귀한 그대로 유지되고 있다. 지도와 책이 폐기되었을 뿐 한국의 고대사는 주류 고대사학계 소고조선론이 여전히 대세이다. 그리고 여기에 아무도 이의를 달지 않는다. 국회도 정부도 언론도 모두 말이 없다. 물론 이것은 트럼프 정부와 바이든 정부의 대중·대일 정책에 정확히 부합하는 것이다. '지도와 책을 막아라, 그러나 소고조선론은 그대로 유지하라'는 지상 명령은 '중국은 막아라, 그러나 일본은 그대로 유지하라'는 지상 명령과 동치이기 때문이다.

이것이 21세기 세계정세 속 고조선의 위치이다. 그리고 고조선 문제를 결정하는 최종 심급이 학문적 연구가 아니라는 말의 의미이다. 말했듯 학문적 결론은 진작 끝났다. 나머지 변수는 바깥의 조건과 정세뿐이다. 곧 한국의 국력과 국제 정세와 세계 자본의 운동이 결정한다. 이것이 고조선이라는 멀고도 먼 드라마의 운명이다.

제6장

세계, 한국, 고조선, 그 현재와 미래

- 세계
- 한국
- 고조선

앞에서 21세기의 고조선은 국제적인 문제이고 아직은 크게 드러나지 않았지만 잠재적으로 만만치 않은 사안임을 확인했다. 따라서 고조선의 현재와 미래는 세계적 변화와 그에 맞물리는 한국의 변화에 직결된다. 이 변화를 한국의 국력과 세계 자본 구조 변화라는 말로 표현하기도 했다. 여기에서는 그 변화들을 생각해 보기로 한다.

⬯ 세계

언제나 변하는 세상이지만 최근 몇 년 사이의 변화는 특별해 보인다. 예를 들어 얼마 전까지 말로만 듣던 4차 산업 혁명이 눈앞에 보이는 듯하다. 이 변화를 우리 같은 일반 대중이 접할 수 있는 선에서 정리해 보자.

- 거의 무한량에 가까운 미국의 셰일가스가 개발된 이후 석유의 시대는 종말을 고했다. 석유는 여전히 중요하지만 그것은 농업이 중요한 것과 비슷한 의미로 바뀌었다. 항시적인 기본 산업일 뿐 과거와 같이 지구촌을 들었다 놓을 만큼 중요한 변수는 아니다. 그래서 한때 미국에게 가장 중요했던 중동 석유의 확보와 관리는 더 이상 미국의 최우선 순위가 아니다. 이런 상황을 맞이하여 사우디와 카타르 등 주요 산유 국가는 국가적 운명을 걸고 산업의 전환을 꾀한다. 가령 새로운 에너지원으로

수소 산업을 육성한다든가 대량의 천연가스 생산을 새로운 목표로 설정한다. 사우디의 수소 산업과 관련된 수백조 원대의 스마트 도시 건설 기획은 여기에 참여하려는 기업들의 경쟁을 일으켰으며 그 선두에는 한국의 기업들도 있다. 또 카타르가 천연가스 운반을 위하여 수백 척이나 되는, 전에 없는 규모의 천연가스 운반선을 발주 중에 있고 이것은 이 분야에 압도적인 선두를 달리는 한국 조선업의 최대 관심사 중 하나이다. 또 군사적인 측면에서 미국은 오랫동안 밀접하게 관여했던 사우디와 예멘 반군 사이의 전장에서 발을 뺐다. 이 자리는 한국이나 이스라엘 같은 새로운 군사 및 군수 산업 강국들이 메꾸거나 혹은 미국으로부터 위탁받을 전망이다. 모두 석유의 시대가 저무는 데서 발생한 일이다.

　– 석유 시대 이후 석유 위치를 대체한 것은 반도체이다. 한때 반도체는 컴퓨터, 스마트폰, 차량용 반도체의 부품 정도에 그쳤다. 한국의 삼성과 대만의 TSMC가 이 반도체를 주도하며 막대한 매출과 이윤을 창출했지만 여전히 그것은 다른 산업의 부품 생산에 그치는 것이었다. 그렇기 때문에 미국에는 반도체 생산 기업이 거의 없다. 못해서 없는 것이 아니라 안 해서 없다. 왜냐하면 과거 이 산업은 미국 거대 자본이 원하는 만큼의 이윤율을 충족시키지 못했기 때문이다. 그래서 다른 제조업들처럼 사실상 일본이나 한국이나 대만에 하청을 준 것이라 해도 틀린 말이 아니다. 하지만 지금은 사정이 바뀌었다. 전기차, 자율자동차, AI 산업, 차세대 통신 산업 등 관련 산업들이 너무나 급속히 발전하여

반도체는 과거 석유 이상으로 심각한 전략적 상품이 되었다. 2021년 시점에서 반도체 공급은 폭발하는 수요를 따라잡지 못하고 있고, 미국과 유럽은 이 산업을 안정되게 유지하려고 거의 국운을 걸다시피 몰두하고 있다. 미국과 중국의 반도체를 둘러싼 갈등도 마찬가지다. 이것은 한때 석유를 둘러싼 강대국 간의 각축 이상으로 심각하다. 반도체가 새로운 석유가 되었다는 것은 많은 식자들이 이미 공유하고 있는 상식이다. 그리고 한국은 이 산업에서도 현재 가장 중요한 나라이다. 대만도 중요하지만 한국에 비할 수는 없다.

- 풍력 발전, 수소 에너지, 배터리, 국제 선박 운항의 친환경 규제, 이른바 친환경 에너지 산업이 약진하고 있다. 물론 이 산업들이 지구 온난화로부터 인류를 구하겠다는 도덕적 이유 때문에 발전하는 건 아니다. 냉정한 수학적 함수처럼 움직이는 자본에게 있어 도덕은 본질적인 요소가 아니다. 그것이 이윤 창출과 부합할 때만 자본의 동력으로 채용된다. 그런데 현재의 친환경 에너지라는 모토는 현대 자본과 산업의 이윤 창출에 적극적인 기제가 되었다. 과거 일부 나라에서 선도적이고 실험적으로 운용되던 때와 질적으로 달라진 것이다. 현재의 친환경 에너지 산업은 바탕에 그만한 인프라와 기술력을 깔고 있으며 새로운 에너지 시대로 도약할 역량을 갖추었다. 이는 차후 세계 에너지 생태계를 근본적으로 바꿀 전망이다. 한국은 전남 신안에 2030년까지 48조 원을 투자해 단일 규모로 세계 최대의 풍력 단지를 조성한다. 그때는 해상 풍

력 세계 5강에 들겠다는 포부이다. 한국의 유수한 기업들이 참가하는 것은 물론이다. 잘하든 못하든 세계 10위권의 경제력을 가진 나라로서는 피해 갈 수 없는 사업이다. 또 한국은 수소 차 분야에서 현재 세계 1위이다. 수소 에너지 관련 산업에서도 다른 나라에 뒤지지 않는다. 그리고 풍력 발전은 공해 없는 그린 수소를 만들어내는, 현재로서는 가장 유력한 에너지원이다.

- 단세포 생물이 다세포 생물로 진화하기 위해선 미토콘드리아를 가진 진핵 세포가 되어야 한다. 이것은 세포내 미토콘드리아라는 에너지 생성 기관과 DNA라는 정보 처리 기관이 독립적이면서도 유기적으로 조직되어야 한다는 뜻이다. 이 에너지와 정보 처리의 효과적 통합이 이루어지면서 세포는 단세포를 넘어 세상의 모든 식물과 동물로 발전할 수 있었다. 현대 산업도 비슷하다. 새로운 에너지 기관이 친환경 에너지라면 새로운 정보 처리 기관이 반도체이다. 이 두 가지가 결합되면 무엇으로 발전할지 상상하기가 두려울 정도이다. 아마도 이 두 가지 새로운 산업의 등장이 4차 산업 혁명의 본질일 것이다.

- 새로운 산업은 당연히 모든 분야에 영향을 준다. 특히 세계 경제의 분업과 협업의 재구성, 이에 따른 정치 외교적 변화가 두드러진다. 우선 세계가 산업적 밸류 체인, 즉 산업적 생산과 유통을 원활하기 위해 세계 전체를 연방화하는 경향이 있다. 미국이 50여 개 주의 연방이라면

세계는 200여 국의 부분으로 이루어진 단일 연방처럼 재편되는 경향이 있다는 것이다. 왜냐하면 이렇게 하지 않고서는 앞서 말한 산업들 사이의 공급과 유통을 원활히 할 수 없기 때문이다. 예를 들어 한때 제조업의 공백 지대였던 미국으로 전 세계 반도체 공장들이 들어서고 있다. 유럽은 반도체와 친환경 에너지의 재건을 위해 수십 수백조 원대의 투자를 기획한다. 한편 반도체를 생산하는 한국이나 대만도 네덜란드의 EUV 장비 없이는 아무것도 할 수 없다. 그러나 자신들은 EUV 장비를 만들 수도 없고 만들 생각도 없다. 그 장비는 계속 네덜란드에서 만들어야 하고 거기서 구입해 올 것이다. 애플은 스마트폰 분야에서 삼성과 치열하게 경쟁하지만 역설적으로 애플의 아이폰에서 가장 높은 비중을 차지하는 부품은 삼성의 제품들이다. 둘은 경쟁 이상으로 공생 관계다. 이처럼 고도의 기술과 정밀성을 추구하는 현대 산업은 지구 전체 차원에서 협업과 분업의 연결망을 긴밀히 유지해야 한다. 이것은 2차 세계대전 직전 대공황기의 지역별 경제 블록과 질적으로 다르다. 그 정도 블록으로는 새로운 산업 생태계를 유지할 수 없다. 그래서 전 세계 차원의 단일적 시스템이 구성되는 중이다. 이런 정도의 세계적 규모는 과거에 있어 본 적이 없다. 만일 세계 정부라는 고래로의 구상이 일말의 가능성이라도 있다면 그것은 현대 산업의 전 지구적인 유기적 구조에서만 단초를 찾을 수 있을 것이다.

　－ 이것은 최근 활발하게 논의되는 국제적 정치 외교에 직접적으로

반영된다. G7을 넘어 새로운 민주주의 국가 한국, 호주, 인도를 덧붙인 D10 구상이나 이를 현실적으로 전망하는 영국의 공식 발표가 그 사례이다. 영국은 2021년 G7회의에 한국, 호주, 인도를 공식적으로 초청했다. 이 세 나라는 단지 선진국에 조금 가까워졌다거나 예전보다 좀 더 잘살게 되었다는 이유로만 주목된 것이 아니다. 현대 산업에 있어 이 나라들이 세계적 원료 공급지와 생산 기지로서 빼놓을 수 없는 나라이기 때문에 주목되고 있다.

여기에 이들의 군사적 역할이 첨가된다. 한국과 인도는 이미 세계 4위와 6위의 군사력을 보유하고 있고 호주는 최소한 2차 세계대전 이후로 미국과 영국 사이에 있는 남태평양의 절대적인 군사요충지였다. 호주는 지금도 이 역할에 충실하다. 2차 세계대전 때는 일본으로부터 심각한 위협을 경험했으며 지금은 중국으로부터 위협에 시달리고 있기 때문이다. 이처럼 군사적 협력으로 보강된 산업적 연계는 점점 강화되고 있다.

이런 의미에서 미국, 호주, 일본, 인도로 이어지는, 세간에 유명한 쿼드도 단순한 안보 체제에 그치지 않는다. 시작은 대 중국 안보협력으로 출발했을지라도 지금은 산업적 연계를 보강하는 측면도 무시할 수 없다. 무엇보다 이 모든 것은 2021년 미국 바이든 초기 정부의 정책에 직접적으로 반영되었다. 바이든 정부는 첫날부터 전통적 동맹 관계의 회복을 선언했다. 하지만 이것은 과거와 다르다. 과거에는 미국을 중심으로 한 동심원적 관계 설정이었다면 지금은 훨씬 수평적이고 다면적이다. 가령 바이든 정부 초기의 가장 인상적인 조치로서 '반도체 희토류 공급망 확보 행정명령'이란 것이 있다. 반도체와 희토류와 배터리와 의료 용품을 안정적으로 확보하기 위해 시급히 대책을 추구한 것이다. 하지만 이 중 어느 것도 세계적 산업망과 협업 없이는 불가능하다. 미국이 산업에서 이만큼 세계 의존적이었던 경우는 찾아보기 어렵다. 경제적 측면에서 세계 연방화는 당분간 돌이킬 수 없는 추세일 것이다. 현재 동구권에 대규모로 진출하는 한국 주요 제조업 기업들을 감안하면 이러한 경제적 연방 체제는 브라질에서 폴란드까지 전 세계를 관통하는 단일 체인으로 연결되는 것처럼 보인다.

　– 미국을 중심으로 전 세계 국가가 중국과의 대립이 심화되는 이유도 새로운 경제적 변화와 깊은 관련이 있다. 이에 비추면 중국의 패권적, 탈법적 행패와 위협은 부차적인 것으로 보일 지경이다. 중국은 전통적인 제조업에서 값싼 노동력과 생산력을 제공하고 동시에 비교 불가의 시장성을 담보했다. 하지만 이 시스템은 4차 산업 혁명으로 불리는 새로운 산업시스템에 적응하지 못했다. 적응은커녕 엔진에 낀 돌멩이처럼 치명적인 장애가 되었다. 이들은 연방화되어 가는 세계 산업 시스템을 도처에서 방해한다. 협업과 분업을 촉진해도 모자랄 판에 독점, 자국 기업 특혜, 기술 절도, 통상 보복, 자국 중심주의와 과도한 국수주의를 거침없이 자행한다. 이는 근본적으로 시진핑 체제라는 전 근대적 독재 체제에서 비롯할 것이다. 만일 등소평–강택민–후진타오로 이어지는 정

권 교체만 순조롭게 이어졌어도 이렇게까지 되지는 않았을 것 같다. 하지만 중국 공산당은 본래부터 전 근대적 집단이었으므로 시진핑을 계기로 모택동식 독재로 회귀하는 건 필연이었을 것이다. 중국의 독재 체제가 어찌나 전근대적이었던지 그 후진성과 극단성은 현 시기 또 하나의 최대 독재 체제인 러시아 푸틴 체제도 상대가 안 될 정도다.

푸틴은 자국의 국민들을 적어도 궁핍에 시달리게 해서는 안 된다는 걸 알고 있다. 유럽과의 에너지 수출을 포함한 제반 경제 관계를 훼손해서는 안 된다는 것도 잘 알고 있다. 한국은 러시아와 상당히 우호적인 관계인데 러시아는 한국으로부터 전자 제품과 식료품처럼 싸고 유용한 생필품을 자국민에 효과적으로 공급하고 있으며, 러시아의 주요 사업인 북극해 유전과 북극항로 개발은 최고 수준의 쇄빙선을 건조하는 한국 조선업과 밀접한 관계가 있다. 이런 관계는 중국과의 교류처럼 한국에게 위협적이거나 불안을 초래한 적이 없다. 이렇듯 러시아는 세계 밸류 체인에 큰 무리 없이 적응하고 있으며 최소한 방해가 되지는 않는다. 이는 트럼프 전 대통령이 G7에 한국, 인도, 호주에 덧붙여 러시아를 포함하는 G11을 제안한데서도 나타난다. 아직도 철의 장막의 연장이라 할 수 있는 러시아의 현실을 정확히 알 수는 없지만 중국과는 분명히 다르다.

이와 같은 중국에 대한 세계 자본의 태도는 중국의 제한과 봉쇄를 가능한 한 충격이 없는 연착륙으로 완수한다는 것이다. 2021년 한국을 방문한 바이든 정부의 토니 블링컨 국무장관은 중국과의 관계를 대결 경쟁 협력의 다면적 관계라고 말했다. 유럽은 한편으로 경제 협상을 이어가면서도 신강 위구르 인권 문제에 대해서는 극단의 대립을 마다하지 않았다. 이런 현상은 우리에게도 익숙하다. 세계 자본이 중국에 원하는 것은 세계 경제에 타격을 주지 않는 범위에서 중국을 약화 또는 붕괴시키고 그 사이에 얻어 낼 수 있는 모든 이윤을 뽑아내는 것이다. 예를 들어 2021년 초에 파산한 중국 기업 칭화유니그룹의 해외 자산이 채권단에 의해 동결된 사건이 있었다. 칭화유니그룹는 중국 반도체 굴기를 상징하는 유명한 기업으로 그것이 디폴트를 일으켜 파산했다는 사실 또한 못지않게 유명하다. 그런데 채권단에 의해 이 기업의 해외 자산이 중국의 통제에서 벗어났다. 기업이 파산을 일으켰으므로 당연한 일이기도 하지만 이 기업의 자산이 얼마나 될지 아는 사람은 없다. 소문으로는 중국 해외 자산의 규모가 대단하다고 한다. 이것을 중국 아닌 다른 누군가가 통제하겠다는 것인데 우리의 상식에 따르자면 결국 바깥의 어떤 자본들이 이 해외 자산을 통째로 집어삼킬 것이다. 이런 식의 먹거리가 중국에는 어마어마하게 쌓여있다. 트럼프 정부의 압박으로 중국에서 외국 금융자본의 운신 폭이 크게 확장되었으며 이 자본들이 껍질을 벗겨내기로 작정하면 어떤 일이 벌어지는지 우리들은 충분히 보아왔다. 가령 IMF를 얻어맞는 건 일도 아니다. 이것이 세계 자본의 대 중국 자세이다.

한편 여기에 덧붙여 군사적 대응도 적극적이다. 중국 남부에서 중국과 갈등이 고조되고 있는 인도는 세계 4위의 군사 대국에 핵무기를 보유하고 있으며, 미국이나 일본은 쿼드 체제로 이를 뒷받침한다. 일본 군사력은 본래 동해로 내려오는 구 소련연방의 해군, 특히 잠수함을 막기 위해 준비된 전력이었다. 이제 이 전력은 센카쿠 열도를 따라 남중국해로 나서는 중국 해군에 맞서는 전력이 될 것이다. 여기에 최근엔 영국이나 프랑스 함대마저 남중국해에서 작전을 수행한다. 2020년 8월 한국의 대통령은 현무4 탄도미사일 발사 시험에 성공했다는 축하 메시지를 공개적으로 발신했다. 일부 언론은 이 미사일의 위력이 전술핵 수준이라고 보도했다. 그간 미사일 협정 개정을 통해 이제 한국의 미사일에는 핵탄두를 제외하고는 제한이 없다. 또 그 후로 어디까지 발전했는지도 알 수 없다. 다만 보도된 것만으로 평가해도 한국은 몇 분 만에 중국 동부 모든 도시들에 수천 발의 전술핵 급 미사일을 꽂아 넣을 수 있게 되었다. 몇천 킬로를 날아가는 순항 미사일은 원칙적으로 그 유명한 산샤 댐도 파괴할 수 있다. 대체 미국은 왜 한국 미사일의 사거리와 중량 제한을 해제했을까. 숱한 이유가 있겠지만 그 핵심에 중국에 대한 고려가 있다는 걸 모르는 사람은 없다. 전쟁이란 언제나 예측할 수 없는 것이고 그 승패도 마찬가지지만, 중국이 이와 같은 범세계적 군사력에 맞설 수 있다고 생각하기는 어렵다. 경제적으로 뿐만 아니라 군사적으로도 중국은 서서히 몰락하는 것 말고 방법이 없어 보인다.

그렇다고 중국이 순순히 바뀌거나 국제 사회와 세계 자본에 순응할 것 같지도 않다. 누군가 중국을 1930년대 일본 군국주의와 같다고 했는데 적절한 표현이다. 이런 체제는 호랑이 등에 올라탄 사람과 같아서 내릴 수도 멈출 수도 없다. 2차 세계 대전 당시 독일 나치와 일본이 달랐던 점은 독일은 히틀러가 사라져도 독일을 관리할 수 있는 다른 세력과 지배층이 있었다는 사실이다. 그들은 일부 나치 집단과 전혀 다른 사람들이었다. 그러나 일본은 전 지배층이 군국주의자였다. 그들로서는 전부 제거되거나 이기거나 둘 중의 하나밖에 없었다. 그래서 그들은 끝까지 전쟁을 멈출 수 없었고 전쟁이 끝나자 전 지배층이 패배한 사무라이의 자세로 미군정에 복종하고 충성했다. 중국도 마찬가지다. 이 나라는 1억 명의 공산당이 지배하는 사회이다. 한 번이라도 멈추면 1억 공산당 전체가 몰락하는 것이며 중국에는 이들을 대체할 다른 세력이 없다. 때문에 그들에겐 선택의 여지가 없으며, 현재까지 축적해둔 돈과 군사력과 자원으로 버틸 수 있을 때까지 강경책으로 일관해야 한다. 물러서는 순간 균열이 발생할 것이며 1차적으로는 내분이라는 권력 투쟁이, 2차적으로는 티베트와 위구르와 홍콩과 대만의 저항과 분리 운동이, 3차적으로는 하층 민중의 권리 투쟁이 발생할 것이다. 중국이든 다른 나라든 이런 시스템에서는 그렇게 될 수밖에 없다. 소비에트 붕괴 이후 러시아와 동유럽 전체가 이미 보여주었던 현상이다. 이상의 구도가 국제 사회에서 중국의 가장 확률이 높은 미래이다.

- 중국 못지않게 놀라운 나라는 일본이다. 앞서 말했듯 2012년 아베 정부가 등장한 이래 일본은 재무장의 신화에 몰두했다. 이는 아베 정부와 일본 우익의 염원이었고 미국 오바마 정부의 가장 중요한 대외 정책이었다. 계획대로라면 떠오르는 중국의 위협에 맞서 일본은 동아시아와 동남아시아의 맹주이자 총사령관이 되었어야 한다. 일본은 그럴

자격이 있다. 이 나라는 세계 3위의 경제력을 보유하고 있고 수십 년간의 활동 속에서 동남아시아 경제와 정치와 문화에 압도적인 영향력을 행사하고 있었으며 2차 세계대전 이후 미국의 가장 충성스러운 동맹국이었다.

그러나 오바마 정부의 마지막 노력에도 불구하고 일본의 재무장화는 실패한 듯 보인다. 트럼프 정부 이후 일본 재무장화 이슈는 다시 떠오르지 않았다. 왜 그럴까. 가장 눈에 띄는 것은 일본이 지금도 막강한 경제력을 보유하고 있으면서도 어쩐 일인지 새로운 밸류 체인, 즉 4차 산업 혁명에 걸맞은 산업 역량은 전무하다는 것이다. 반도체 친환경 에너지 전기차 그 어디에도 일본의 흔적이 없다. 이는 군사력에 즉각적인 영향을 준다. 지금도 세계 5위의 군사력을 보유하고 있지만 이 나라 잠수함은 항해 중에 상선을 피하지 못하고 충돌한다. 단순한 사고일 수도 있으나 여러 사안을 고려할 때 그 정도에서 멈추지 않는다. 한때 전 세계 선박 수주의 절반을 차지하며 세계 최고의 조선 기술을 자랑하던 일본의 조선업은 오늘날 가망 없이 몰락했다. 이런 나라는 최신 군함을 만들거나 운용하기 어렵다. 4차 산업 혁명의 기술을 갖지 못하면 비행기도 못 만든다. 거기에 이들이 만드는 무기들은 왜 그렇게 비싼지 알 수가 없다. 그간 최첨단의 미국 무기를 사들이며 쌓아놓은 군사적 스펙은 지금도 압도적이지만 이것이 중국을 상대할 만큼 실질적 힘을 가지고 있는지 의심스럽다. 특히 끊임없는 경쟁의 연속 속에서 끊임없이 발전해야 하는 군사력임을 감안할 때, 첨단 산업이 부재한 일본의 가능성은 매우 실망스러운 것이다.

결국 아베 정부 8년의 재무장 실험은 실패했다. 일본이 해야 할 일이 남았다면, 가지고 있는 돈으로 많은 미국 무기를 사 주고 일본에 주둔한 미군 부대를 가능한 한 풍족하게 부양하는 것이다. 그나마 남아 있는 막대한 군사 무기와 장비의 임무는 그것이 재래식으로 변할 때까지 현상을 유지하고 주변 경계를 수행하는 것이다. 이 점에서는 아직도 일본이 매우 중요한 나라이다. 특히 미국에게 그렇다. 미국은 할 수 있는 한 오랫동안 일본의 이런 역할을 기대할 것이다. 그러나 재무장화는 안 된다. 그것은 밑 빠진 독에 돈을 붓는 것이며, 미국 정부의 정력 낭비이다.

그렇다면 일본은 이런 현실을 받아들일까? 그 현실을 직시하고 정치와 경제와 사회를 개혁하고 재정비하여 바닥에서 다시 출발할 수 있을까? 그렇게 할 수 없다. 왜냐하면 일본의 지배층이 본질적으로는 중국 지배층, 즉 중국 공산당과 같기 때문이다. 이 말은 2차 세계대전 이후 지금까지 일본 지배 세력과 그 지배 세력의 성격이 1930년대의 지배 세력과 동일하다는 의미이다. 이런 세력은 개혁하지 못한다. 어떤 개혁이든 지배 세력 전체를 붕괴시키기 때문이다. 그들은 중국만큼 많은 돈과 자원을 쌓아두고 이것으로 버틸 수 있는 데까지 버티며 다른 대안들을 모색한다. 어떤 대안? 다름 아닌 한국을 무너뜨리는 것이다.

일본의 혐한 정책은 단순한 감정의 문제도 아니고 단순히 정권 유지를 위한 수단도 아니다. 그것은 구체적인 전술이자 국가의 사활을 건 정책이다. 왜 그런가. 일본이 지금처럼 정체된 모습을 유지한다면 한국의 성장은 직접적으로 일본을 침식하게 된다. 반도체, 전자, 조선 전부가 그렇다. 한국이 성장하면 무조건 일본이 다친다. 가령 다른 나라와는 이렇지 않다. 예를 들어 한국의 삼성 반도체가 파운드리(반도체 생산을 전담하는 기업) 사업에 적극적으로 뛰어들었다 해서 동종 사업 세계 1위인 대만이 침식당하는 건 아니다. 늘어가는 파운드리 수요에 맞추어 양자는 치열한 경쟁 속에서 발전할 수 있으며 실제로도 그렇다. 한국은 대부분의 나라와 이런 관계를 가지고 있으며 실은 대부분의 나라가 서로에 대해 그렇다. 하지만 일본은 다르다. 한국이 일본에 아무런 적대행위를 하지 않아도 한국이 발전하면 마치 제로섬 게임마냥 일본이 다친다. 말했듯 정체되어 있기 때문에 그렇다. 한쪽이 변하면 따라서 변화하고, 경쟁에서 밀리기라도 하면 다른 대안을 찾아야 한다. 일본이 이걸 할 수 없기 때문에 한국이 아무것도 안 하고 제 길만 가도 일본의 목에 칼을 들이미는 위협이 된다. 따라서 일본이 변하지 않고 살아남으려면 한국을 무너뜨리는 것 말고는 방법이 없다.

나아가 이런 전술, 다른 나라를 조작과 협잡을 통해 무너뜨리는 전술은 일본의 1천 년 사무라이 전통에 사무친 특기이다. 1917년 러시아 혁명이 일어나 시베리아에 반 볼셰비키 연합군이 진출하자, 일본은 가장 앞서 가장 많은 군사를 동원하여 가장 오랫동안 시베리아 지방 작전을 수행했다. 이른바 기회를 찬스로, 약해진 러시아를 틈타 남부 시베리아를 장악하고 싶었던 것이다. 안타깝게도 이 작전은 실패했다. 2차 세계대전이 발발하여 프랑스가 독일에 함락되자 번갯불에 콩 볶아먹듯 신속하게 일본은 프랑스령 베트남에 상륙했다. 이것도 기회를 찬스로 삼고 약해진 프랑스를 틈타 동남아시아를 맨입으로 먹고 싶었기 때문이다. 당시 미국과의 관계에서는 한편으로는 회담을 지속하면서도 결국에는 선전포고 없이 진주만을 기습했고 전쟁에서는 항상 야간 기습 작전을 선호했다.

한국을 무너뜨리는 방식도 똑같다. 수출을 규제하고 하버드 대학교수 마크 램지어를 매수해 위안부가 매춘부라는 논문을 쓰게 하고, 1년 365일 방송에서 한국 이야기를 하며 기회를 노린다. 일본을 조금만 이해한다면 이런 행태는 자연스러운 일본의 모습이라는 걸 금방 알게 된다. 일본을 탓하기 전에 현 일본 시스템과 지배 체제로서는 다른 방법이 없다는 걸 저절로 알게 되는 것이다.

그렇다면 이런 일본의 전략은 성공할 것인가? 그건 모른다. 일본은 아직도 강력하기 때문이다. 일본 정부의 부채가 국민 총생산의 250퍼센트를 넘어가고 총액 또한 무려 1경 원을 넘어가며, 일본 중앙은행이 어마어마한 규모로 주식을 매입하는, 전 세계에서 유례없는 미친 짓을 해도 그간 벌어 놓은 돈과 현재의 경제 규모는 이를 끄떡없이 버텨낸다. 군사력 또한 현재까지는 한국을 뛰어넘는다. 이런 일본이 한국을 향해 쉬지 않는 야간 기습 작전을 벌이는데 그 누구도 승부를 보장할 수는 없다. 반면 한국은 홀로 발전해서 의도하지 않는 일본 침식을 점점 확장한다. 숱한 사례가 있지만 최신의 예를 들자면 2021년 3월 일본 최대 통신 기업인 NTT가 삼성의 5세대 통신 장비를 선택했다. 그렇게 한국을 미워해도 이런 엄청난 장비를 한국에서 들여와야만 했던 것이다. 그러니 알 수가 없다. 거기에 한국의 대통령은 다시는 지지 않겠다고 선언했고, 미국은 그런 한국 대통령에게 일본과 동맹을 회복하라고 주문했으며 한국의 대통령은 이 주문의 곤혹스러움을 공개적으로 표출했다. 여기는 멈출 수 없는 전쟁이 지금도 한창이다. 앞으로도 길든 짧든 이 전쟁은 지속될 것이다.

🐍 한국

경제, 군사, 외교

반도체, 배터리, 조선, 철강, IT, 자동차, 건설. 이 산업들은 한국이 세계 1위를 차지하거나 최고 수준에 달해 있는 산업들이다. 이 산업들의 특징은 무엇인가. 먼저 이 산업들은 4차 산업 혁명의 기초를 이루는 첨단 사업들이다. 또 이 산업들은 하부의 소재, 부품, 장비 등 이른바 소·부·장 산업의 총합이다. 하지만 단순 조립으로는 불가능하다. 이 산업은 기술력과 자본력 양자에 걸쳐 진입 장벽이 매우 높은 산업에 속하며 지금 이 순간에도 쉴 새 없이 기술 개발이 이루어지고 있는 분야이기 때문이다. 이는 현대 경제의 첨단 기초 산업이라 할 수 있다. 앞서 말한 새로운 시대의 석유와 같은 것이다.

한국은 언제부터인가 이 4차 산업 혁명의 기초를 이루는 첨단 산업의 메카가 되었다. 이것은 새로운 의미의 세계 공장이며 이 기술의 위쪽과 아래쪽, 선진국과 개발도상국을 이어주는 핵심고리이다. 한때 세계에서 가장 가난했던 나라가 어떻게 이런 일을 하게 되었는가는 다른 연구가 필요할 것이다. 어쨌든 현재의 한국은 이런 일을 하고 있다.

또 한국은 다음과 같은 기술과 생산력을 가지고 있다.

첫째, 세계에서 다섯 번째로 가스터빈(gas-turbine)을 국산화 하는 데 성공했다.

둘째, 한국의 '한화에어로스페이스'는 세계 항공 엔진 부품 생산에서 최고의 신뢰와 수주를 받는 기술을 확보했다.

셋째, 자력으로 위성을 쏘아 올릴 수 있는 기술을 사실상 국산화했다.

넷째, 국산 전투기 사업, 이른바 KF - X 사업에서 세계 최고 수준의 레이더와 전자 장치를 국산화하는 데 성공했다.

다섯째, 한국은 자주포를 포함하여 잠수함과 훈련기 등 군사 무기 수출에서 놀라운 성과를 내고 있다.

모두 뉴스에서 여러 번 보도했던 내용들이다. 이 산업들이 의미하는 바는 앞서 말한 첨단 기초 산업과 결합하여 한국이 모든 종류의 첨단 무기를 자체 생산할 수 있는 기초를 갖추었다는 것이다. 첨단 전투기, 첨단 군함, 탄도미사일, 항공모함 등이 모두 포함된다. 심지어 한국의 국방부 장관은 금세기 첨단 전략 무기의 결정체인 초음속 미사일 개발 의지를 공개 선언했다. 물론 기초를 갖추었을 뿐 자체 생산을 완료할 수 있는 건 아니다. 또 거기까지 가는 데 걸리는 기간이 얼마나 될지도 모르고 군사 기밀이므로 알 수도 없는 것이다. 하지만 KF - X는 이미 시제기가 출고되었다. 이 사업의 진행 과정은 한국이 무기 생산국으로서 얼마나 역량이 있는가를 알려주는 중요한 계기가 될 것이다. 관심을 가진 국민들이 성원과 기대감에 차 있는 이유도 여기에 있다. 비관과 낙관이 엇갈리지만 그간 한국의 도전은 낙관적인 소식을 훨씬 많이 알려 왔다.

중요한 것은 이에 대한 미국의 입장이다. 한국의 무기 개발에 미국은 언제나 양면적인 태도를 보인다. 한편으론 무기 판매 경쟁국이자 군사적 통제를 주도하는 입장에서 한국의 무기 개발을 억제하려 한다. 하지만 다른 한편으로는 미국을 대신해서 한국이 다른 동맹국, 가령 호주나 인도와 같은 나라에 필요한 무기를 공급하고 자신들이 수행하기 어려운 분야에서 새로운 연구와 실험을 해주기를 바란다. 무엇보다 동북아시아에서 주요한 동맹국인 한국의 군사력이 강화될 필요가 있다. 이런 측면에서는 억제가 아닌 권장과 지원을 한다. 세계 모든 지역에서 미국의 전략이 우선시 된다고 했을 때 현재 한국의 무기 개발 상황을 감안하면 미국의 입장은 억제보다는 권장과 지원 쪽에 있는 것 같다.

이와 같은 경제와 군사 두 가지 측면은 한국의 국제적 위치와 외교적 위상을 결정한다. 극동에서 경제적, 군사적 주요국으로서 한국의 가능성을 타진하는 것이 그것이다. 이는 유럽에서 영국과 독일과 프랑스가 차지하는 위치와 비슷하다. 원래 이 역할은 일본이 해야 하는 것이었다. 실제로 그동안 일본이 수행해온 것이기도 하다. 하지만 앞서 말했듯 언제부터인가 일본은 이 역량을 잃어가고 있었다. 지금도 막강한 경제력과 생산력을 보유하고 있지만 첨단 기초 산업은 파산에 가까울 만큼 몰락했다. 이것을 다시 일으킬 가능성도 별로 없어 보인다. 나아가 정치, 경제, 사회, 문화 모든 측면에서 불안과 위기와 정체와 퇴행을 양산한다. 따라서 세계 자본은 저절로 대안을 모색하기 마련인데 현재 아시아에서 그 대안은 오직 한국밖에 없다. 2021년 한국은 블룸버그 혁신지수 세계 1위에 선정되었다. 더불어 2020년 1인당 국민소득은 이탈리아를 앞질러 처음으로 G7국가를 넘어섰고, 구매력 기준 1인당 국민소득은 일본조차 뛰어넘었다. 어떻게 한국이 대안이 아닐 수 있겠는가.

물론 이 가능성이 얼마나 현실화될지는 알 수 없다. 역사의 진행은 과거에 대한 가정이 있을 수 없는 만큼이나 미래에 대한 예측도 불가능하다. 하지만 나는 한국 사람이다. 나는 한국이 그 가능성을 현실로 실현할 거라고 생각한다.

한국의 민주주의

만민공동회, 3.1운동, 4.19 혁명, 5월 광주 항쟁, 6월 시민 항쟁, 광화문 촛불 시위. 이것은 1898년에서 2016년까지 120년에 걸친 한국 시민 민주주의의 역사로 거의 불가사의에 가까운 세계사적 사건들이다. 각각의 운동도 그렇고 그 유구한 일관성과 역사성은 더욱 그렇다. 다른 데서 유례를 찾아볼 수 없으며 특히 그 독창성과 선도성에 있어서 압도적이다. 예를 들어 3.1운동은 이후 중국 5.4운동과 간디가 주도한 인도 비폭력 저항의 모델이자 효시라고 한다. 오늘날 이 역사는 홍콩 시위와 미얀마 민주화 운동의 롤 모델이며 차후에도 세계 모든 민주화 운동의 이정표가 될 것임이 틀림없다. 이 중 사람들에게 덜 알려져 있는 것이 만민공동회인데 거두절미하고 그 규모와 강도만 보자면, 1898년 11월 초에서 12월 하순까지 당시 서울 인구 10분의 1에 육박하는 시민들이 무려 40여 일 이상 철야 농성을 했던 운동이다. 지금으로 치면 100만 명의 시민들이 40여 일간 시청 일대에서 철야 농성과 시위를 지속한 것과 같다. 여기서 그 의미를 자세히 말할 여유는 없지만 그 시기에는 전 세계 누구도 상상할 수 없었던 놀라운 사건이었던 것이다. 한국에 왜 이런 일이 발생했는가는 그 자체로 흥미로운 질문이지만 지금 중요한 것은 이 역사가 현재와 미래에 가지는 의미이다.

21세기 들어 한국 민주주의는 새로운 지평을 열었다. 몇 가지 예를 들어보자. 앞서도 말했던 배구계의 학교 폭력 사건이 첫 번째 사례다. 이 사건의 결론은 명백한 징계이다. 그런데 여기에는 행정 기관, 검찰, 경찰을 포함하여 어떤 공권력도 개입하지 않았다. 그럼에도 이런 일에는 좀처럼 움직이지 않는 배구 협회가 신속하게 물리적 징계에 나선 것이다. 왜 그랬는가. 공권력 못지않게 두려운 힘이 작동했기 때문이다. 어떤 힘인가. 시민이 가진 유무형의 정보력과 조직력과 자본력이다. 이 시민들은 옛날처럼 단지 비판과 시위에 그치는 시민이 아니다. 이들은 대규모의 입장권을 구매하는 자들이며, 각 구단의 광고 효과를 극대화하는 자들이며, 인기와 관심으로 배구계의 모든 사람의 구체적인 생계를 보장하는 사람들이다. 이것을 돈으로 환산한다면 계산조차 어려운 액수다. 이런 시민들이 배구계 학교 폭력에 이의를 제기한다는 것은 그 많은 돈을 회수하겠다 선언한 것과 같다. 만일 배구계가 말을 듣지 않는다면 이 시민들은 말 그대로 배구계로 하여금 쪽박을 차게 할 수 있었다. 다시 말해 자본력을 포함하여 전에 없던 힘을 갖춘 시민이 등장한 것이다. 그 새로운 힘 중에는 통신 수단과 인터넷을 통한 막강한 정보력, 이를 바탕으로 누구도 주도하거나 통제하지 않지만 자발적으로 형성되는 조직력이 두드러진다.

이런 일은 브레이브걸스라는 아이돌 그룹의 역주행에서도 드러났다. 이들은 10여 년 동안이나 인기를 얻지 못해 해체 직전에 있었다. 하지만 갑자기 며칠 만에 4년 전의 노래가 인기를 끌어 전 가요계를 석권하는 기염을 토했다. 그런데 이 인기는 단순한 인기가 아니다. 이 인기는 지난 수년간 국군 장병들이 자신들의 문화 속에서 일궈 낸 성과다. 대한민국에서는 군인들마저 완전히 자발적이고 민주적인, 그러면서도 병영 바깥의 사회 전체와 소통 가능한 보편적 문화를 창조할 수 있다. 이런 사례도 전 세계에서 예를 찾아보기 어려울 것이다.

또 〈조선구마사〉라는 드라마 사건도 있었다. 드라마가 한국 역사를 왜곡하고 중국의 동북공정을 추종한다고 시민들이 이의를 제기한 사건이었다. 처음엔 그것이 그저 비판으로 끝날 줄 알았다. 잘해야 시청률을 떨어뜨리는 정도가 고작이라고 생각했다. 하지만 아주 빠른 속도로 광고주들이 손을 떼기 시작했다. 결국 이 드라마는 방영과 제작이 중지되었다. 왜 이런 일이 생겼는가. 앞의 사례와 똑같다. 시민이 전에 없던 힘을 가졌던 것이며 이 힘은 광고주 기업들에게 직접 타격을 가할 수 있을 만큼 강력했다. 그 타격이 아니라면 기업과 자본은 결코 물러서지 않는다.

이런 변화의 가장 극단적인 사례는 한국의 자랑인 세계적 팝스타 방탄소년단이다. 이들의 성공은 전에 없던 두 가지 질문을 남겼다. 하나는 절대로 동양인을 용납하지 않는다는 미국의 빌보드 차트를 어떻게 뚫어낼 수 있었느냐는 것이며, 다른 하나는 그 거대한 팬덤이 어떻게 이처럼 건전할 수 있느냐는 것이다. 여러 분석과 대답이 있겠지만 내가 보기에 가장 근본적인 원인은 지금 말하고 있는 것, 곧 전에 없던 힘을 가진 새로운 대중의 등장이다.

먼저 첫 번째 질문에 대해 생각해 보자. 실제로 미국 음악 시장과 미디어 시장은 방탄소년단을 전혀 수용하지 않았다. 그러나 방탄소년단의 팬들은 과거의 팬들과 달리 자발적 조직력과 정보력과 돈이 있었다. 이들은 옛날처럼 환호만 하고 수동적으로 음원만 사는 팬들이 아니다. 그들은 모든 곳에서 적극적으로 움직이는 팬이었다. 그 힘이 얼마나 강했던지 미국의 관련 자본이 응하지 않고는 배길 수가 없었던 것이다. 두 번째 질문도 마찬가지다. 이들이 슈퍼스타 팬덤으로서 전례 없이 건전한 이유는 자신들이 무언가를 만들어 낼 수 있는 힘을 가졌다는 사실을 자각했기 때문이다. 원래 청소년 문화는 기득권을 가진 어른들의 문화에 비해 약하고 소외되어 있다. 아직은 가진 것이 없고 힘이 없기 때문이다. 그래서 모든 청소년 문화는 일탈 혹은 최소한 저항의 신호를 담고 있다. 그러나 방탄소년단의 팬덤은 옛날 팬처럼 힘이 없는 청소년 팬들이 아니었다. 왜냐하면 그들은 동양인을 거부하는 미국 팝 시장에 대항하여 자신들의 힘으로 자신들의 스타를 최고의 위치로 끌어올렸기 때문이다. 이런 의미에서 그들은 대자본과 어른들을 이겨낸 사상 최초의 청소년 팬덤이다. 이런 힘을 가지고 있고 이 힘으로 구체적인 성과를 이루어 낸 주체들은 더 이상 일탈하거나 저항하지 않는다. 대신 그 힘과 성공을 즐기고 누리며 나아가 새로운 것을 만들려고 한다. 그래서 방탄소년단의 팬들은 건전하다. 오히려 어른들보다 건전하고 긍정적이다.

그럼 세계적 차원의 이 팬덤 문화는 어디에서 왔는가. 당연히 한국의 방탄소년단 팬덤 문화에서 왔다. 그럼 한국의 방탄소년단 팬덤 문화는 어디에서 왔는가. 최소한 서태지 이후 수십 년간 시행착오를 거치며 만들어진 한국 청소년 팬덤 문화에서 왔으며, 이것은 그 시간 동안 한국 민주주의의 경험과 직결되어 있다. 이 문화가 배구계의 학교 폭력 사건을 해결하고, 병영 안의 국군 장병들이 범사회적 가요 스타를 만들어 내고 일반 시민들이 〈조선구마사〉 같은 오도된 드라마를 퇴출시켰다.

결국 방탄소년단 현상은 그 본질에 있어서 한국의 새로운 민주주의와 새로운 시민문화가 전 세계로 수출된 것이라 할 수 있다. 이게 아니면 방탄소년단을 둘러싼 그 밖의 수천가지 설명이 통하지 않는다. 방탄소년단이 아무리 실력이 있고 기획자가 아무리 수단이 좋고 현대 문화의 흐름이 아무리 특이하다 해도, 그것만으로는 방탄소년단의 이 놀라운 성공과 팬덤을 설명할 수 없다. 정보력과 자발적 조직력으로 무장된 힘을 가진 새로운 대중의 등장, 오로지 이것만이 방탄소년단의 성공을 설명할 수 있다.

이런 현상은 한국 사회의 코로나 대응 방식에서 절정을 이룬다. 단순히 코로나 확진자나 사망자 통계만 보더라도 한국의 코로나 대응은 세계 최고 수준이다. 그러나 봉쇄를 포함한 강력한 혹은 강제적 통제 없이도 코로나 대응에 성공한 나라는 한국밖에 없다. 이것은 정말로 특이한 현상이다. 한국 사람들은 흔히 서구 시민들의 대응 방식을 힐난한다. 그들은 마스크조차 쓰기 싫어했다. 하물며 다른 종류의 자발적 통제는 어림도 없다. 그들은 자신들이 코로나에 감염될 자유마저 요구하는 것 같았다. 그러나 냉정하게 바라보면 그것이 그들의 민주주의 전통이라고 할 수 있다. 또 그런 전통으로 서구 민주주의는 수많은 성취와 성공을 이루었다. 하지만 코로나에 대응에서는 실패했다. 반면 한국 민주주의는 자발적인 통제를 기꺼이 수용했다. 덕분에 봉쇄와 강압 없이 코로나 국면을 통과했다. 하지만 그렇다고 해서 한국의 새로운 민주주의가 서구의 자유주의적 민주주의보다 더 나은 것인지는 아직 알 수 없다. 다만 한국 민주주의 전통이 얼마나 특이한가는 분명히 확인할 수 있다. 그렇다면 미래는 어떤 민주주의를 선택할까. 어느 것이 미래 사회에 더 적합할까. 미래니까 역시 알 수 없다. 그러나 이번에도 나는 한국인이므로 미래의 민주주의는 한국의 민주주의일 것 같다. 그리고 이 민주주의는 한국 사회의 가장 위대한 전통이자 미래를 향한 가장 중요한 잠재력이라고 생각한다.

☞ 고조선

앞서 『총, 균, 쇠』의 저자 재레드 다이아몬드는 고대 한국과 일본과의 관계에서 북한의 학자 김석형을 유력하게 참고했다고 말했다. 이것은 놀라운 일이면서도 이례적인 일이다. 일반적으로 세계 학계는 김석형에게 주목하지 않는 데 반해 저명한 석학이 독자적으로 관심을 보였기 때문이다. 이런 일이 왜 생겼는가. 간단하다. 하나는 학문적 진실성 때문이며 다른 하나는 한국의 국제적 성장 때문이다. 이슈화되고 있는 당대 국제 문제에 관심을 갖는 재레드 다이아몬드는 당시 부상하는 중국만큼이나 한일 관계의 모순에도 관심을 가졌다. 거기에 한 번 정리된 이후로 사라질 수 없는 김석형의 학문이 있었고, 그러는 한 재레드 다이아몬드 같은 학자가 이를 피해갈 수는 없다.

한국의 정통 대고조선론도 마찬가지다. 신채호 이후 100년간 피와 고통으로 성립된 정통 대고조선론은 지금도 이 순간도 사라지지 않는 금자탑으로 그 자리에 서 있다. 그것은 내부에 수천 년간 잠들어 있는 동아시아 고대사의 진면목을 담고 있다. 윤내현은 1만 년 이전부터 선명하게 구별되는 중국과 만주-한반도의 역사적 여명을 다시 묘사했다. 그것은 사마천의 『사기』 이후 편견과 오류와 무지로 얼룩진 지난 2000년간의 혼돈과 환상을 깨끗이 지운다. 대신 그 자리에 투명하고 장엄한 사실의 드라마를 전개한다.

이 세상에 가장 아름답고 위대한 것은 진실이다. 심지어 중국 역사마저도 그 진실을 통해 진정한 아름다움과 위대함을 회복한다. 이에 반해 동북공정의 추한 야욕으로 얼룩진 중국의 가짜 역사는 얼마나 기괴하고 불쌍한지 모른다. 지금부터 5500년 이전, 황하 중류 문명의 인구 증가로부터 중국 동부 산동 반도로 이어지는 문명 교류와 과격한 전쟁의 드라마는 중국 같은 거대한 국가가 어떻게 언어적 통일이 가능했는가를 설명할 수 있는 유일한 이론일 것이다. 이것이 윤내현이 가르친 것이다. 그 가르침을 따라갔을 때 시간과 공간상에서 사상 초유의 규모를 자랑하는 중국 문명이 제대로 보인다. 이것은 얼마나 장엄하고 위대한가. 그러나 중국은 자신들의 이 놀라운 역사를 진실로서 바라보기는커녕, 누더기를 갖다 붙이듯 주변의 아무 역사나 뜯어 붙여 반쯤 쓰레기로 만들어버렸다. 이것은 욕심밖에 없는 멍청한 부자가 누런색의 오물을 금이라고 생각하고 그것으로 제 몸과 집을 온통 치장하는 것과 같다. 그러나 이 부자도 조만간 죽고 만다. 중국의 전근대적인 공산당 독재도 마찬가지다. 그것은 역사의 이면으로 사라질 것이고 그 순간 중국 공산당이 만든 누더기 역사도 본래의 자리로 돌아가야 한다. 사실은 사실로 돌아갈 수밖에 없기 때문이다.

사실로의 귀환은 일본에게도 고스란히 적용된다. 21세기의 오늘날에 일본처럼 행동해서는 그 전망이 몹시 어둡다. 왜 진실을 그렇게 두려워하는가. 왜 이웃 나라와 함께 경쟁하고 발전하려 하지 않는가. 동남아시아에서 그렇게 세력이 좋았던 일본이 쇠퇴하는 이유는 단지 일본의 힘이 약해졌기 때문만이 아니다. 지배 아니면 복속밖에 모르는 일본이 동남아시아를 오만하게 지배하려 했기 때문이다. 국가 간의 갈등은 먼저 상호 이익을 모색한 이후에 고려해야 하는 것이다. 어느 나라에게나 기본이 되는 이 상식이 일본과 중국에게만 통용되지 않는다.

만일 전쟁을 해서 이기는 경우라면 그런 태도는 나름 효과적일 것이다. 일본은 19세기말 청일 전쟁에 승리한 후 국가 예산의 몇 배나 되는 배상금을 얻어내면서 외국과의 전쟁이 주는 맛을 처음 알았다고 한다. 반대로 10년 후 러일 전쟁에서는, 승리는 했지만 배상금을 받을 수 없게 되어 전 국민의 소동이 일어났다, 이겼는데 왜 이득이 없느냐는 것이다. 우습게도 이것이 일본 민권 운동의 효시라고도 한다. 이후 일본은 끊임없이 전쟁을 통한 승리와 승리를 통한 이익을 추구해 왔다. 2차 세계대전 이후, 실제 전쟁이 아닌 냉전 시대에도 마찬가지였다. 일본은 한국 전쟁을 통해 이익을 얻었고 소련과 냉전 중인 미국의 유일한 하청 공장으로 복무할 때 승승장구했다. 나중에 대만, 홍콩, 싱가포르, 한국으로 이루어진 아시아의 4마리용이라는 다른 세계 공장이 세워지고 무엇보다 중국이라는 대공장이 등장하자 일본은 타격을 받기 시작했다. 이 새로운 공장들과의 관계는 더 이상 전쟁이나 지배가 아닌 경쟁과 협력의 관계여야 했다. 하지만 일본은 전 역사를 거쳐 다른 나라와 경쟁과 협력이란 걸 해 본 적이 없다. 지배 아니면 복속밖에 모른다. 그래서 경쟁과 협력은커녕 더욱 웅크려 기왕의 우월적 지위와 지배권만을 유지하려고 전전긍긍했다. 그렇게 해서는 이처럼 개방된 세계에서 버틸 수 없다. 돈 주고도 배우기 바쁜데 구석에 박혀 자신들의 장인 기술이라는 것만 끌어안고 있다면 일본 아니라 어느 나라라도 쇠망하기 마련이다.

하여 일본에 아직도 살아 있는 군국주의 망령 또한 사라질 날이 머지않았다. 그리고 그 망령에 씌었던 사실의 역사도 돌아오고 만다. 그 순간 일본의 망령이었던 소고조선론도 거품처럼 흩어지고 만다.

정통 대고조선론은 이 모든 비전을 품고 고요히 시간을 기다린다. 한국이 동아시아의 대안으로 서고, 한국이 세계 경제와 군사력의 핵심 고리 중 하나로 자리 잡고, 한류의 중심에 자리 잡은 한국 민주주의가 21세기 새로운 국가 개념을 제시할 때 이 비전은 드디어 긴 숨을 내쉬고 일어설 것이다. 곤의 물고기처럼 대붕의 비상처럼 대고조선론은 거대한 몸짓과 날개 짓을 시작할 것이다. 이것이 신채호 이래 100년의 신고로 완성된 정통 대고조선론의 현재와 미래이다.

맺음말

언제 끝날지 몰랐는데 이야기를 하다 보니 어느덧 끝자리다. 실은 그리 내키지 않는 일이었으나 마침표를 찍을 수 있어 마음이 시원하다. 그래서인지 문득 노래 가락 몇 구절이 떠오른다.

가수 정태춘의 노래 중에 〈얘기〉라는 곡이 있다.

- 노래를 구성지게 하는 젊은 총각이 있지만 봄이 되면 새벽같이 머슴을 가야하는 이야기
- 굿거리 푸념을 잘하는 박수무당이 있지만 병이나 굿도 못하고 앓고 있는 이야기
- 수절하는 젊은 과부가 몹시 추운 겨울밤에 아무도 모르게 떠나는 이야기
- 집 나간 자식이 돌아온다는 소리에 동구 밖으로 뛰어나갔지만 초저녁 꿈이었다는 이야기

이런 얘기를 담은 노래이다. 정태춘은 특유의 창법으로 이 노래를 구수하고 담담하게 부른다. 어쩌면 해학까지 담겨 있다. 하지만 들으면 들을수록 이 노래는 슬프다. 담담하고 구수하게 불러서 더 슬프다. 이것은 50년 전만 해도 시골 어딘가에서 항상 볼 수 있는 풍경이었다. 그리고 형태가 바뀌었을지언정 지금도 어디에나 있는 풍경이다. 동시에 수천 년을 지속해온 한반도 사람들의 삶이었다. 나는 고조선이 이 얘기와 닮았다고 생각한다. 눈에 띄지 않지만 모두가 딛고 있는 평범한 흙길이나 이름 없는 대지 같은 것이다. 비밀처럼 숨어 있으나 분명히 거기에 있는 것, 슬프고도 아름다운 그것. 고조선도 그렇게 살아왔다. 슬프고 아름다운 비밀처럼 살아왔다.

정태춘은 토속성과 서정성을 노래한 독보적인 가수라고 한다. 그가 창작한 노래 가사는 거의 시인의 수준이다. 그런 그가 한때는 저항 가수의 대명사가 되었다. 그래서 그는 싸웠고 고통 받았다. 〈아 대한민국〉, 〈92년 장마, 종로에서〉 등이 그런 노래이다. '왜 토속적이고 서정적인 가수는 투사가 되었을까.' 이 책의 입장에서 말하자면 '왜 토속적인 고조선 이야기는 피와 눈물과 영웅들의 드라마가 되었을까'라는 질문과 닮은 데가 있다.

긴 시간을 돌아 가수 정태춘은 또 다른 노래를 불렀다. 〈다시 첫차를 기다리며〉라는 노래이다. 비에 젖은 도로에서 절망의 막차를 타고 떠나야 했던 영혼이 오랜 뒤척임에서 일어나 다시 첫차를 맞이하는 이야기다.

나도 그 첫차를 기다리겠다. 고조선의 첫차가 오는 날, 영실평원의 독사들은 사라지고 푸른 초원이 열릴 것이다. '초록의 그 봄날 언덕길'이 열리면, 지금은 등산로가 없어 갈 수 없는 백록담 왕관을 향해, 그 왕관의 꼭대기에서 만나는 푸른 하늘과 바다를 향해, 나는 첫차의 이 먼 노래를 들려주리라.

고조선과 21세기 - 영실평원의 독사들

© 김상태, 2021

1판 1쇄 인쇄__2021년 07월 05일
1판 1쇄 발행__2021년 07월 15일

지은이__김상태
펴낸이__홍정표
펴낸곳__글로벌콘텐츠
　　　　등록__제25100-2008-000024호

공급처__(주)글로벌콘텐츠출판그룹
　　　　대표_홍정표 이사_김미미 편집_하선연 권군오 홍명지 최한나 기획·마케팅_홍혜진 이종훈
　　　　주소__서울특별시 강동구 풍성로 87-6
　　　　전화__02) 488-3280 팩스__02) 488-3281
　　　　홈페이지__http://www.gcbook.co.kr
　　　　이메일__edit@gcbook.co.kr

값 16,500원
ISBN 979-11-5852-346-6 03910